商业智能与商业分析系列丛书

U0598167

Market Research Technology

市场研究技术

邬家瑛 /主 编
黄宇驰 /副主编

ZHEJIANG UNIVERSITY PRESS
浙江大学出版社

图书在版编目(CIP)数据

市场研究技术 / 邬家瑛主编. —杭州：浙江大学
出版社，2019.3
ISBN 978-7-308-19039-8

Ⅰ. ①市… Ⅱ. ①邬… Ⅲ. ①市场研究—教材 Ⅳ.
①F713.52

中国版本图书馆 CIP 数据核字(2019)第 051615 号

市场研究技术

主　编：邬家瑛
副主编：黄宇驰

责任编辑　曾　熙
责任校对　刘序雯　袁菁鸿
封面设计　春天书装
出版发行　浙江大学出版社
　　　　　（杭州市天目山路 148 号　邮政编码 310007）
　　　　　（网址：http://www.zjupress.com）
排　　版　杭州朝曦图文设计有限公司
印　　刷　杭州钱江彩色印务有限公司
开　　本　787mm×1092mm　1/16
印　　张　18.75
字　　数　440 千
版 印 次　2019 年 3 月第 1 版　2019 年 3 月第 1 次印刷
书　　号　ISBN 978-7-308-19039-8
定　　价　56.00 元

前　言

本教材可作为市场营销专业学生的工具书,能够有效帮助营销专业的学生解决营销决策中遇到的实际问题,具有较强的实用性。

市场上的同类教材,往往将研究方法和研究问卷分析分隔开来。有的教材只介绍调研方法、统计方法,没有将调研与营销研究相结合,没有介绍如消费者细分研究、品牌知名度研究、购买的影响因素研究等与营销密切相关的调研问卷及其分析方法。也有的教材介绍了消费行为习惯和态度研究、价格研究等与市场营销密切相关的调研问卷的设计,但是没有调研方法,也没有统计分析方法,因此,都不够全面。

编者从事市场研究的教学工作15余年,在本教材的编写过程中,加入了自己研究中的经验,注重将理论和实践相结合。

编者在教学中,一直探索如何将调研报告的所有环节,即研究方案、问卷设计、调查执行、报告撰写等与营销中的消费者研究相结合,利用SPSS软件解决营销研究中常见的问题,让学生掌握一套切实可行的市场研究方法。

本教材在出版前已经试用了5年,一直受到学生的好评,不仅可作为市场营销专业学生研究市场的理论性教材,也可作为学生毕业论文研究方法的参考。

本教材是编者多年从事市场研究的经验的积累,阐述了市场研究中常见的定量和定性的方法、问卷和量表设计的方法、SPSS在市场研究中的基本运用等与市场营销密切相关的研究专题。

由于水平有限,书中难免存在不足之处,恳请专家学者批评指正。

编者

2018年6月

目　录

第一章
市场研究分析概述

教学目的

　　市场研究是将营销学和统计学相结合发展出的一个领域,是借助统计学的方法了解市场、掌握市场信息,从而进行营销决策的一门学科。通过本章的学习,学生可建立起对市场研究分析的基本认识,理解市场研究分析的重要意义,清楚市场研究分析技术的原则和内容,了解市场研究中的科学和道德基础,掌握科学研究中的逻辑推理能力。

第一节　市场研究的内涵和发展

一、市场研究的内涵

(一)市场营销与研究

　　企业想要比竞争者更好地满足消费者的需求,赢得竞争的优势,就必须研究市场,预测未来的市场需求。

　　营销的本质是什么? 或者说,营销与其他管理活动,如人力资源管理、财务管理、物流管理等管理活动的根本区别是什么? 这是许多营销管理人员不断思考的问题。如果说企业的本质是创造顾客价值,在为顾客创造价值的过程中,研发、生产提供满足顾客需要的产品,人力资源管理为此提供人力支撑,财务活动提供资金支持,物流活动提供物质基础。但是,关键的问题是——顾客的需求是什么? 这些支撑部门都没有回答。

　　顾客的需求是什么? 这是营销活动要回答的核心问题。

　　需求是人们使自己从不满意到满意的愿望,能让人们感受到满足,当人们觉得不满足时,需求就产生了。因此,营销的核心就是需求。

　　那么,需求是什么? 顾客有什么需求? 这些看似简单的问题一直困扰着营销管理者。营销管理理论让我们理解了营销的基本概念,了解了需求的重要性,以及环境因素、目标市场营销策略、4P(product, price, place, promotion)营销组合策略的含义。但是,如何发现需求、如何细分市场、如何创新产品、如何合理定价、采取什么样的促销手段和渠道规划方法,这些问题还需要用一种科学有效的理论来回答。

当今社会处于一个信息快速发展的时代。也就是说,现代营销管理越来越多地依赖信息进行决策,越来越趋向用数据说话,以往惯用的凭主观判断来进行市场营销决策的成功率已经越来越低。

随着市场营销的发展,掌握市场信息的需求日益迫切。市场营销不仅要关注宏观环境和微观环境的变化,更要倾听消费者的声音,这就需要掌握听取消费者声音的方法。随着科学技术的发展,大数据的挖掘和发展不断得到重视,越来越多的企业用大数据进行营销分析,了解消费者的特征,这对营销发展是一个非常有价值的突破。在大数据的背景下,营销调研仍不可缺少,它作为数据收集的一种重要手段在市场营销的数据分析研究中仍旧存在重要的作用。

现代市场研究已经不是一般人所想象的使用一份调查问卷,询问消费者的感受与态度,进行一些数学统计与分析的方式了。从某种意义上说,市场研究已经成为现代营销的基本组成部分。无论是广告、销售、人事、生产,还是消费品、工业品或服务,几乎所有行业都将市场研究作为生存与发展的基本工具之一。

(二)市场研究概述

1. 市场研究的定义

关于市场研究的定义,学术界和企业界存在不同的看法。

根据国际商会和欧洲民意和市场研究协会关于市场和社会研究的国际准则中的定义,市场研究是市场信息领域中的一个重要方面,把消费者、顾客、公众与商家通过信息的形式联系在一起。它包括将相应问题所需要的信息具体化,设计收集信息的方法,管理并实施数据收集的过程,分析研究结果,得出结论并确定含义。

美国市场营销协会将市场研究定义为一种通过信息将消费者、顾客和公众与营销者联系起来的研究过程。这些信息用于识别和确定市场机会和问题,产生、改进和评估营销活动,监督营销绩效,改进人们对营销过程的理解。

现代营销之父菲利普·科特勒认为,营销调研是系统地设计、收集、分析数据资料以及提出跟公司所面临的特定的营销状况有关的调查研究结果。

综上所述,市场研究是一种将消费者、客户、公众与市场营销人员连接起来的信息系统。信息用来确定与定义市场机会与问题,生成、优化与评价市场行为,监控市场表现,加强公众对市场的了解。其内容包括定义与问题相关的信息,设计方法并收集数据,管理监控数据收集过程,分析结果,交流结果与解决问题。

2. 市场研究的关键点

对于市场研究概念的理解,要掌握以下几个关键点。

第一,市场研究具有科学性。科学的研究方法是采用观察、实验等方法获取数据,并通过比较分析、逻辑推断等获得新的知识的一类方法。科学性是市场研究的基本特征。

第二,市场研究具有系统性。市场研究对研究程序有周密细致的规划和安排,研究人员一般要遵循既定的研究程序和日程安排去进行。

第三,市场研究具有客观性。研究人员在研究过程中不应受个人或其他权威人士的价值取向及信仰的影响,而要保持中立的态度。客观性是科学研究的精髓,市场研究是客观的科学研究方法在市场营销中的应用。

第四,市场研究具有针对性。市场研究不同于企业营销信息系统中的情报收集等其他获取信息的手段。其他手段一般是进行常规的、连续的信息收集和管理,而市场研究针对的是特定的营销问题。

第五,市场研究具有辅助性和局限性。它只是信息管理的工具和手段,能够提供营销决策所需的必要信息,减少信息的不确定性,降低营销决策的失误率,但它不能保证决策的完全无误。

二、市场研究的起源和发展

(一)国外市场调研的发展阶段

市场调研是现代市场营销学中的一个重要组成部分,是企业了解市场状况及信息的重要手段,是企业营销战略正确预测与决策的基础。市场数据分析研究是随着商品生产和交换的发展而产生和发展起来的。然而,市场调研这门学科是 20 世纪初在美国发展起来的。

小卡尔·迈克丹尼尔博士在其著作《当代市场调研》中指出,市场调研形成一门学科,大致经历了三个阶段。

1. 第一阶段——萌芽期(1900 年以前)

最早且有记载的市场调研是 1824 年 8 月由《宾夕法尼亚哈里斯堡报》(*Harrisburg Pennsylvanian*)进行的一次选举投票调查。

为制定营销决策而开展的第一次市场调研是 1879 年由艾耶父子广告公司(N. W. Ayer & Son)系统地进行的。它对州和地方官员进行调查以了解谷物产量的期望值,调研目的是为农业设备制造者的广告投放进行规划。

学院研究者开始进入市场调研领域大约在 1895 年。当时美国明尼苏达大学的心理学教授哈洛·盖尔将邮寄调查引入广告研究。他邮寄了 200 份问卷,最后回收了 20 份完成的问卷,回收率为 10%。随后,美国西北大学的 W. D. 斯考特将实验法和心理测量法应用到广告实践中。

2. 第二阶段——成长期(1900—1950 年)

这一阶段可进一步分为成长初期(1900—1920 年)和快速成长期(1921—1950 年)两个时期。

进入 20 世纪后,消费者需求激增和大规模生产的发展导致更大、更远市场的出现。为了解消费者的购买习惯及其对制造商产品的态度,第一家正式的调研机构——柯蒂斯出版公司商业调研部于 1911 年应运而生,并聘请派林担任首任经理,先后对农具销售、纺织品批发和零售渠道进行了系统调查。后来派林又亲自访问了美国 100 个大城市的主要百货商店,系统收集了第一手资料,将美国各大城市的人口地图、分地区的人口密度、收入水平等资料记录在《销售机会》一书中。在美国,由于派林是第一个在商品经营方面把便利品和选购品区分开来,又提出了分类等基本方法的人,于是人们推崇他为"市场调研"这门学科的先驱,美国市场营销协会(American Marketing Association,简称 AMA)每年都会召开纪念派林的报告会。

受柯蒂斯出版公司和派林的成功经验的影响,越来越多的企业开始建立市场调研部并开展系统的市场调研工作,如美国橡胶公司于 1915 年成立了商业调研部,斯韦夫特公司于 1917 年成立了商业调研部。

1929 年,美国政府和有关地方工商团体共同配合,对全美进行了一次分销普查。这次普查被美国看成市场调查工作的一个里程碑。后来,这种普查改叫商业普查,至今仍定期进行。这些普查收集和分析了各种各样的商品信息资料,如各商品的分销渠道的选择状况、中间商的营销成本等,称得上是对美国市场结构最完整的体现。

20 世纪 30 年代,问卷调查法得到广泛使用。于 1922 年进入调研服务业的尼尔森在怀特早期工作的基础上提出"市场份额"以及其他很多服务的概念,为后来成立美国最大的市场调研机构之一奠定了基础。

到 20 世纪 30 年代末,人们已不再满足于对被调查者回答的简单分析,于是开始根据收入、性别和家庭地位等方面的差异对被调查者进行分类和比较。简单的相关分析开始得到应用,但并不广泛。

到 20 世纪 40 年代末,随机抽样的重要性得到广泛的认识,市场调研在抽样方法和调查过程等方面取得了很大进步。少数曾在美国陆军军需部门服务的心理学家战后进入企业界,推出了有关产品的消费者测试方法。与此同时,美国哈佛大学商学院建立了一个商业调研研究所,由马丁任第一任所长。他们进行调研研究后提出的第一个报告是关于鞋店流通费用的报告。

学术研究方面,美国芝加哥大学教授邓肯于 1919 年发表的《商业调研》是市场调研方面的第一本学术专著。怀特于 1921 年发表的《市场分析》是第一本调研手册书,当时发行量很大。布朗于 1937 年发表的《市场调研与分析》成为当时最流行的大学教科书之一。

20 世纪 40 年代,焦点访谈小组方法的创建使得抽样技术和调查方法取得了很大进展。20 世纪 40 年代后,发达国家市场调研的教科书不断出版,越来越多的大学商学院开设了市场调研课程。在发达国家,市场调研已经作为一门分支学科从市场营销学中独立出来。

3. 第三阶段——成熟期(1950 年至今)

二战后,卖方市场向买方市场的转变使得产品的竞争力日益下降。企业通过市场调研发现市场需求,然后再生产适销对路的产品满足这些需求变得越来越重要。

20 世纪 50 年代中期,出现了依据人口统计特征进行的市场细分研究和消费者动机分析研究。市场细分和动机分析的综合调研技术又进一步促进了心理图形和利益细分技术的发展。20 世纪 60 年代,许多描述性和预测性的数学模型先后被提出,如随机模型、马尔科夫模型和线性学习模型。更为重要的是,计算机的快速发展使得调研数据的储存、分析和提取能力大大提高,市场调研已成为这一信息系统的重要组成部分,并日益发挥其在现代企业经营管理中的重要作用。

20 世纪 90 年代以来,信息技术在市场调研中得到大力发展,如通过安装在超市的账单扫描器收集市场信息,用微机和移动式终端来分析资料,用电脑来辅助电话访谈,应用多媒体信息技术进行电视访谈和应用互联网进行网上市场调查,等等。

(二)中国市场调研的发展阶段

市场调研在我国总体上还处于刚刚起步阶段,但目前我国的市场调研业快速成长,专业性的市场调研公司不断诞生。到 2000 年为止,全国拥有 500 多家市场调研公司,主要集中在北京、上海、广州等城市。2001 年 4 月 17 日,《中国经营报》指出,中国的市场调研业是一个极富增长潜力的行业、一个更规范化的行业、一个走向专业化的行业、一个面向国际的行业。

市场调研在中国的发展比较缓慢,具体的发展历程如下。

1. 第一阶段——引进时期(1978—1985 年)

在这一阶段,主要是通过对国外市场营销学著作、杂志和国外学者讲课的内容进行翻译介绍,选派学者、专家到国外访问、考察、学习,邀请外国专家和学者来国内讲学等方式,系统介绍和引进国外市场营销理论。但是,当时对该学科的研究还局限于部分大专院校和研究机构,从事该学科引进和研究工作的人数还很有限,对于西方市场营销理论的许多基本观点的认识也比较肤浅,大多数企业对该学科的接触还比较少。然而,这一时期的努力毕竟为我国市场营销学的进一步发展打下了基础。

经过前一时期的努力,全国各地从事市场营销学研究、教学的专家和学者开始意识到,要使市场营销学在中国得到进一步的应用和发展,必须成立各地的市场营销学研究团体,以便相互交流和切磋研究成果,并利用团体的力量扩大市场营销学的影响,推进市场营销学研究的进一步发展。

1984 年 1 月,全国高等综合大学、财经院校市场学教学研究会成立。在以后的几年时间里,全国各地各种类型的市场营销学研究团体如雨后春笋般纷纷成立。各团体在做好学术研究和学术交流的同时,还做了大量的传播工作。例如,广东市场营销学会定期出版会刊《营销管理》,全国高等综合大学、财经院校市场学教学研究会在每届年会后都向会员印发各种类型的简报。各团体分别举办了各种类型的培训班、讲习班,有些还通过当地电视台、广播电台举办了市场营销学的电视讲座和广播讲座。这些活动既推广、传播了市场营销学知识,又扩大了学术团体的影响。在此期间,市场营销学在学校教学中也开始受到重视,有关市场营销学的著作、教材、论文在数量上和质量上都有很大的提高。

2. 第二阶段——应用时期(1986—1994 年)

1985 年以后,我国经济体制改革的步伐进一步加快,市场环境的改善为企业应用现代市场营销原理指导经营管理实践提供了有利条件。多数企业应用市场营销原理时,偏重于分销渠道、促销、市场细分和市场营销调研部分。

在此期间,无论是市场营销教学研究队伍,还是市场营销教学、研究和应用的内容,都有了极大的扩展。全国各地的市场营销学学术团体,改变了过去只有学术界、教育界人士参加的状况,开始吸收企业界人士。其研究重点也由过去单纯的教学研究,改为教学研究和企业的市场营销实践的结合。全国高等综合性大学、财经院校市场学教学研究会也于

1987 年 8 月更名为"中国高等院校市场学研究会"。

学者们已不满足于仅仅对市场营销一般原理的教学研究,而是开始深入研究其各分支学科,并取得了一定的研究成果。在此期间,市场营销理论的国际研讨活动进一步发展,这极大地开阔了学者们的眼界。1992 年春,邓小平南方谈话以后,学者们还对市场经济体制的市场营销管理,中国市场营销的现状与未来,跨世纪中国市场营销面临的挑战、机遇与对策等重大理论课题展开了研究,这也有力地扩展了市场营销学的研究领域。

市场研究在中国的起源离不开宝洁公司将市场调查理念在中国进行的传播和发展。20 世纪 80 年代,宝洁公司进入中国,开始关注中国消费者的需求,尝试在中国的各大中小城市开展市场研究。但是,当时的中国根本就没有市场调查公司,因此,宝洁公司最先找到了统计局和高校,委托他们来进行市场调研,因而也促使一些人员纷纷下海成立市场调查公司。因此,宝洁公司不仅为中国的消费者带来了产品,还培养了一批市场研究人员。

3. 第三阶段——国际化时期(1995 年至今)

1995 年 6 月,由中国人民大学、加拿大麦吉尔大学和美国康科迪亚大学联合举办的第五届市场营销与社会发展国际会议在北京召开。中国高等院校市场学研究会等学术组织作为协办单位,为会议的召开做出了重要的贡献。来自 46 个国家和地区的 135 名外国学者和 142 名国内学者出席了会议。25 名国内学者的论文被收入《第五届市场营销与社会发展国际会议论文集》(英文版),6 名国内学者的论文荣获国际优秀论文奖。从此,中国市场营销学者开始全方位、大团队地登上国际舞台,与国际学术界、企业界的合作进一步加强。

中国的市场调研业产生于 20 世纪 80 年代初期,它是伴随着社会主义市场经济体制的确立而逐步成长起来的。1984 年,民办的北京社会与经济发展研究所在内部成立了社会调查中心,这是较早的有案可查的民办调研机构。1986 年,北京社会调查所(后改称中国社会调查所、中国市场调查所)和北京社会调查事务所(后改称中国社会调查事务所)成立,最早将民意调查结果推向媒体。1987 年 7 月,广州市场研究公司正式注册成立,这是中国第一家提供有偿服务的以"公司"命名的专业市场调研机构。1991 年下半年,在北京、广州又诞生了数家调研机构,但真正有较多调研机构成立的时间是在 1992—1993 年。1992 年,由中华人民共和国国家统计局 423 号文件批复成立中国市场调查研究中心(China Market Research Center,简称 CMRC)。

按照执业主体的不同,中国的市场调研机构可分为民营机构、政府机关主办机构、合资机构、学术研究及新闻单位创办机构等四种类型。

民营机构又称民办机构,它是由个人独资或多人合资创办的私营或股份制市场调查机构,目前主要分布在北京、上海、广州三地。

政府机关主办机构主要指国务院各部、委、局,地方政府部门和国有企业创办的市场调研公司,如全国各级统计部门创办的各类信息咨询中心、调研中心等。

合资机构主要指中外合资、中外合作联合创办的市场调研机构。

学术研究及新闻单位创办机构,则指一些大专院校、科研院所和广播、电视等媒体单位创办的调研机构,如一些大学创办的统计调查所、市场调研中心、北京的央视调查咨询中心等。

三、市场研究的发展趋势

全球市场调研实践正在不断发展和趋于成熟。在全球 40 多个国家和地区拥有办事处的世界第二大市场调查企业——国际调查公司(Research International)总裁菲利普·巴纳德(Philip Barnard)对变革中的国际市场调研问题做了一些预测。

(一)全球调研需求趋势

近 20 年来,顾客的需求发生了许多变化,其中最主要的变化有以下几个方面。

1. 使用者越来越广泛

利用市场调研的不再完全集中于生产、包装类消费品的公司,尽管它们仍是使用市场调研最多的一类企业。近几年增长最强劲的是消费者服务业(尤其是金融服务)、公用事业及受管制行业等领域的企业。全球的私有化政策加速了这个趋势。

2. 市场调研边界拓宽

定制/专项调研机构不再局限于从事产品和信息传播调研与使用者关系及态度研究。由于受到全面质量管理运动的推动,顾客满意度、服务质量、企业绩效、品牌权益和战略定位等方面的测评也有了很大的发展。

3. 国际化

这个明显的趋势有很多表现形式。企业的国际品牌的开发将"外面的"世界与公司营销人员、调研人员的日常生活拉近。

许多大型跨国公司确立了营销调研总的指导方针,以保证公司采用的方法和技术在全球范围内实现标准化和协调一致。然后,这些公司指定合适的调研提供者(或者是全球合作伙伴)在全球范围内开展调研工作。这个过程也可以反过来运作,即国际化的调研企业为客户建立和精选全球调研方法的组合。

随着以前那些封闭型经济体的开放,以及拉美、亚太地区新兴经济体的快速发展,调研的国际化趋势得到加强。世贸组织、北美自由贸易区、欧盟和东盟等全球性和区域性贸易组织的建立及其协定的达成更进一步推动了国际化趋势的发展。

(二)全球调研供给趋势

调研供给的全球化趋势在很大程度上反映了调研需求重点的变化。不过,有些供给趋势来自人们对市场调研认识的转变。营销调研被认为是商业服务或专业服务市场中增长最快的一个部门,而且与其他部门相比,它受衰退的影响更小。

1. 业务分布 28 定律

尽管市场调研行业仍然是高度分散的(目前全球主要的调研企业有 3000 多家),但是 20 世纪 80 年代以来的并购还是创造了一小批大型的全球/区域性企业。其中,最大的 25 家企业约占全部市场份额的 55%。仅邓白氏集团(D&B)几乎就占了全球调研业务的1/4。

2.供给的多样化

在过去 10 年中形成的行业结构的特点是,小部分企业成为上市公司或上市公司的子公司,其中有些已发展成为跨国公司(如提供辛迪加信息服务的尼尔森公司,是从事定制调研的国际调研公司),大多数调研企业是私人企业。传统家庭作坊式的企业与专业机构、专业顾问和大型数据超市进行竞争。严格意义上的全球调研企业还很少,但是已经出现了一些比较强的地区性企业和几家全球网络性企业,许多公司还在海外进行技术授权或特许经营。调研公司的广泛性和多样性为客户提供了广阔的选择空间。

3.专业化

客户需求不仅使得大型调研公司按照专业部门来进行重组,而且也推动了专业化供应商的发展。近几年增长最快的调研公司都是专业化企业,如 Millward Brown 公司(参见资料链接 1-1)。

4.国际化

现在,许多调研企业通过与海外的子公司、互联网公司或其他供应商通力合作,为客户开展多国调研。

资料链接:1-1

Millward Brown(明略行)作为全球领先的市场咨询机构一直致力于为客户提供拥有广阔视角的解决方案,以及专业咨询建议。Millward Brown 在 44 个国家拥有 76 家分公司,并服务于全球 TOP100 企业中的 90%。

2006 年,Millward Brown 与华通现代(ACSR)实现了资源整合,成为北京华通明略信息咨询有限公司(Millward Brown ACSR),是 Millward Brown 在中国唯一合法的业务经营机构。合作伙伴华通现代是中国最早也是最著名的本土市场研究公司之一。

重组后的华通明略充分实现了全球资源与华通现代本土优势的完美结合,并在中国获得长足发展。其服务也受到客户的一致肯定,成为在帮助客户维护和保持品牌竞争力方面最领先的市场研究机构之一。

在中国,华通明略服务于多家全球及国内领先企业,华通明略研究成果被权威媒体刊登和转载,引起广泛的社会反响。华通明略用专业化的服务,在全球验证可行的研究模型和方法,为客户寻找商业机会,帮助他们树立和发展自己的品牌,并且进一步优化媒体策略。

今天的华通明略的业务范围已经从媒体和传播评估,扩展到对品牌运行的监控管理及公司的市场策略评估,并成为在广告、媒体、传播及品牌资产研究领域占据领先位置的专业市场咨询机构。

(三)市场研究的新特点

近年来,随着互联网的迅速发展,网民人数不断增加,而其固有的特性是:随时随地、没有国界和时间空间的限制。利用互联网进行市场研究速度快,费用相对低廉,不会像传统市场研究的资料收集方法那样,随着研究地域扩大和样本的加大,研究的时间和费用也随之成倍增长。所以,利用互联网进行市场研究,吸引了众多企业和市场研究公司的关注。

互联网作为新的媒体、新的沟通方式和新的虚拟世界,使传统的营销和经营方式有了创新。例如,企业利用互联网建立用户数据库和与潜在用户双向交流的网站,可以进行一对一的营销。不过互联网作为新的媒体,和传统媒体一样,也有许多需要研究的方面。随着电子商务的发展,企业也需要了解消费者网络购物、消费习惯、消费态度等。

从企业的需求和信息技术的发展来看,未来的市场研究的趋势如下。

(1)获取市场研究结果的速度会加快。

(2)区域和全球性的研究会更多。

(3)应用各种新的统计技术分析方法,研究结果会更加精确化和形象化。

(4)互联网技术的应用将会对传统的市场研究和营销管理有较大创新。

(5)企业不但需要知道具体的营销方案,而且需要知道长远发展的方向。

第二节　市场研究的原则和内容

一、市场研究的原则

(一)市场研究的基本原则

市场研究是一个复杂而细致的过程。为了提高市场调研工作的效率和质量,必须遵循一定的原则,按照科学的程序进行。

1.科学性原则

市场研究不是简单地收集情报和信息,而是通过科学的方法获得市场信息的过程。它要求市场调研人员在从调研设计、抽样设计到资料收集、数据分析和统计处理等过程中,特别是在抽样设计、资料采集方法和统计方法的运用上必须严格遵循科学的程序。坚持对调研的管理和监督,能有效降低各种功利因素对市场调研活动的影响,防止各种伪科学的干扰,以保证调研活动的质量标准。同时,应坚持定性调研和定量分析相结合的科学方法,精确地反映调研结果,为预测和决策提供科学的依据。

2.客观性原则

客观性是指在调研过程中,尊重客观事实,真实准确地反映客观情况,切忌以主观臆造来代替科学的分析。尤其是不要受制于委托方,不要为得到委托方所要求的结果而故意产生一些调研偏差,从而隐瞒事实真相,得到一些片面性的结论,为委托方作不切实际的宣传。市场调研是为企业的决策提供依据的,如果调研后获取的资料内容虚假,可能会对企业产生误导作用,它所造成的危害可能比没有调研还大得多。

3. 时效性原则

时效性原则是指用时效的标准来要求市场营销调研工作,对信息的提供、收集、加工处理和分析必须及时,为企业适时地制定和调整经营策略,从而掌握市场竞争的主动权创造条件。如果不能充分利用有限的时间尽可能多地搜集所需的资料,不仅会增加费用支出,更严重的还会造成企业经营决策滞后,影响生产经营的顺利进行。

4. 经济性原则

经济性原则是指在调研活动中考虑投入和产出之间的对比关系,尽可能地用较少的支出获得更可信有用的信息资料。在调研内容不变的情况下,采用的调研方式不同,费用支出也会有所差别。同样,在费用支出相同的情况下,不同的调研方案也会产生出不同的效果。因此,进行市场营销调研时,必须根据调研的目的,结合企业自身的实际情况,制定切实可行的调研方案,选择适当的调研方式和方法,力争以较少的投入取得最好的效果,以确保调研工作的顺利进行和调研结果的准确。

5. 保密性原则

市场调研的保密性原则体现在两个方面:一是为客户保密。许多市场调研是由客户委托市场调研公司进行的,市场调研公司及从事市场调研的人员必须对获得的信息保密,不能将信息泄露给第三方。二是为受调研者提供的信息保密。不管受调研者提供的是什么信息,也不管受调研者提供的信息重要程度如何都必须保密。

(二)市场研究的国际准则

为了在国际上维护市场营销和民意调查的道德准则,为了保障公众的权利特别是被调查人的权利,同时使调查机构与客户的利益受到相互的尊重,欧洲民意与市场研究协会(European Society for Opinion and Marketing Research,简称 ESOMAR)于 1948 年制定了第一部《市场营销和社会调研业务国际准则》。其后,各国市场研究协会和国际商会代表国际市场营销组织等机构也拟订了许多相关准则。1976 年,欧洲民意与市场研究协会和国际商会决定共同起草一部国际准则以替代以前各机构自己制定的准则,并于 1986 年作了修改。这一新的准则尽可能简明地阐述了从事市场和社会研究的基本职业道德和行业运作原则,同时还规定了在研究过程中研究人员同各方人士(如公众和商业机构,包括客户和其他类型的业内人士)接触时应该遵循的规则。

二、市场研究的分类

为了更好地组织和管理市场研究活动,对市场研究进行分类是非常必要的。然而,按照不同的分类标准可以给出市场研究的多种分类体系。下面是对市场研究的设计、组织和管理有重要指导意义的几种常见分类。

(一)应用性研究和基础性研究

市场研究的目的是为企业营销决策获取进一步的信息,以减少决策的不确定性风险。为了解决市场营销中的具体问题而进行的研究,被称作应用性研究。例如,新产品的价格应该定在 10 元以上吗？消费者的媒体习惯如何？公司应该选择在电视还是在其他媒体上做广告？

基础性研究的目的则纯粹是为了扩展市场营销的知识领域，它不以某个具体的实际问题为目标。基础性研究的结果一般不能直接应用于实践，但是它为进一步理解和解决一般的营销问题提供理论基础和方法。大学或其他学术研究机构所做的市场营销研究，大部分属于基础性研究，企业所做的大部分市场营销研究则属于应用性研究。

（二）定性研究与定量研究

定性研究与定量研究是根据调查的方法和获得数据的性质所做的划分。

定性研究是指获得受访者关于感觉、情感、动机和喜好等深层次信息的研究；而定量研究则是获取样本的定量资料，试图通过样本的某些数字特征推断总体数字特征的研究。

定性研究方法主要包括焦点小组访谈、深度访谈和投影技法等；定量研究方法主要包括各种访问方法、观察方法和实验方法等。当然，有些方法既可以收集定性的数据，也可以收集定量的数据，如观察方法。

（三）探索性研究、描述性研究、因果关系研究和预测性研究

探索性研究的目的是获取资料以帮助研究者正确认识和理解当前的问题，确定问题的范围及进一步研究的方向。探索性研究一般用于大规模的正式调查之前，采用比较灵活的方法，如专家咨询、焦点小组访谈、个案研究、二手资料分析等。探索性研究将研究问题的范围准确界定，并为研究方案设计提供思路和相关的资料。

描述性研究是市场营销调研中使用最多的一类研究，它的目的是描述总体的基本状况和特征。描述性研究要求研究者对问题已经有了很好的把握，数据收集的具体目标已经明确，通常已经形成具体的研究假设和系统周密的研究方案。大多数以大样本调查为基础的定量研究和辨别问题的研究属于此类。描述性研究涉及对总体中各个变量及相互关系的描述，如产品的销售量与广告投入的力度是否相关的问题。但是，如果要回答销售量下降是否是因为广告投入力度减少的问题，就必须进行因果关系研究了。

因果关系研究通常采用实验的方法，即通过观察在某些变量的控制条件下因变量的变化，推断一个变量（因变量）与其他变量（独立变量）之间的关系。

预测性研究的目的是预先估计未来市场的潜力和变化趋势，其方法有定性的，也有涉及统计分析的数学模型方法。

三、市场研究的内容

市场研究涉及市场营销管理的整个过程。对于各个环节出现的一些特定的营销问题，市场研究的方法都能提供解决方案供参考。市场研究运用的一些方法和技术，也不限于研究特定的营销问题。它实际上可以应用于企业经营中出现的其他管理问题，因此它的研究内容是相当广泛的。主要的和常见的市场营销调研活动包括以下几类。

（一）消费者行为习惯研究

消费者行为习惯研究主要包括对消费者基本人文特征的研究和对其购买行为研究。首先,基本人文特征研究通常需要了解以下 8 个方面的信息,即所谓 6 W 和 2 H:购买者是谁(who)、购买什么(what)、为什么购买(why)、何时购买(when)、何地购买(where)、信息来源(which)、购买多少(how much)、如何决策购买(how);其次,要分析不同消费群体之间购买行为的差异以及生活习惯和生活方式的特点。消费者购买行为研究既包括对消费者购买过程的研究,也包括对消费者购买前和购买后的行为研究既包括对消费者购买的实际行动的研究,也包括对消费者购买决策过程中的一系列心理活动的研究。

因此,根据消费者购买行为研究的结果,可以估算市场需求。市场需求研究主要包括对市场需求规模的分析与预测,即估计某类产品或服务市场的现有规模和潜在规模,预测某产品或服务的不同细分市场的短期、中期和远期需求;测算某类产品或服务的各品牌的市场占有率及其动态变化,分析企业与同业竞争者相比的优势和劣势;了解某类产品或服务的市场特点及其变化趋势,掌握消费者购买行为的基本模式及特点,以利于企业把握有利时机、制定最佳的营销组合策略,从而进入有利可图的目标市场。

（二）品牌和市场定位研究

品牌是市场营销活动中一个非常关键的因素。品牌营销计划的执行情况如何? 和竞争品牌比较,本品牌的市场状况是否健康? 存在哪些问题? 应该如何解决? 这些都是营销人员必须了解的。品牌和市场定位研究通常包括品牌知名度和广告知名度、品牌渗透率、最常使用率、细分市场、市场定位等方面的研究。

（三）产品价格测试研究

产品价格测试研究主要包括相关产品的比价研究、差价研究和消费者的价格敏感度研究、新产品定价研究等。在比价研究中要分析和确定同一市场和时间内相互关联产品之间的价格关系,包括原料和半成品的比价、制成品与零配件的比价、进口产品与国内产品的比价,以及原产品与替代品的比价等。在产品差价研究中,要分析和研究产品之间的质量差价、地区差价、季节差价、购销差价、批零差价和数量差价等。消费者的价格敏感度研究和新产品定价研究为企业制定和改进价格策略提供依据。

（四）产品和包装测试研究

产品研究包括对现有产品改进和新产品研制与开发的研究。对现有产品改进的研究主要是改进性能、扩大用途和创造新市场等。对新产品的研制与开发的研究主要是产品概念测试研究,其中涉及消费者对产品概念的理解研究、对产品各个属性重要性的评价研究、新产品的市场前景研究及新产品市场的相关策略研究等。此外,产品研究还能为我们选择合适的产品包装提供有用的信息。

（五）消费者满意度研究

消费者满意度研究越来越受到企业界的重视。企业通过消费者满意度研究了解消费者满意的决定性因素,测量各因素的满意度水平,从而为企业比竞争对手更好地满足消费者需求提供建议。在西方发达国家,消费者满意度研究已经成为大多数企业营销管理过程中的"例行公事"。消费者满意是公司营销管理的出发点,同时消费者满意度也是检验公司营销管理绩效的重要尺度。

(六)广告和媒体测试研究

广告和媒体测试研究由于其特定的研究内容和相对独立的研究方法,形成市场营销调研中一个独立的分支领域。它的研究内容主要包括:为广告创作而进行的广告主题和广告文案的测试;为媒体选择而进行的广告媒体调查,如电视收视率调查、广播收听率调查、期刊和报纸阅读率调查等;为评价广告效果而进行的各类消费者广告前的态度和行为调查、广告中接触效果和接受效果调查及广告后态度和行为跟踪调查等;为制定企业的广告策略而进行的消费者媒体行为和习惯的调查;等等。

后文将从以上六个方面来探讨具体的问卷设计和数据分析方法。

第三节　市场研究中的科学和道德基础

一、科学研究的性质

(一)科学的含义和分类

"科学"虽然是人们在日常生活中经常用到的词,但是人们对科学的理解却各不相同。事实上,科学家也无法就科学的定义达成一致的意见。

综合众多学者的观点,我们认为,科学是为确定研究对象的性质和规律,通过观察、实验和逻辑推理等手段获得的系统的知识及获取这些知识的方法。

科学的目的是认识世界和解释世界,市场研究的目的也就是认识和解释市场营销和管理中出现的问题。科学的方法则是通过观察、调查和实验的手段来获得对研究对象的新的知识。当然,这些科学的方法是不断发展的,方法本身也是科学知识体系的非常重要的部分。系统性、客观性和可实证性是科学的基本特征。

科学可以分成自然科学和人文社会科学两大类。自然科学的研究对象是各种自然现象的规律,包括物理学、化学、生物学、天文学、气象学等,习惯上也把数学、统计学等方法论学科归入自然科学。人文社会科学是指用科学方法获得的,描述、解释和认识人文社会现象的知识体系,包括经济学、社会学、市场营销学、心理学等社会科学学科,也包括哲学、历史等人文学科。

市场营销学无疑属于人文社会科学。它注重研究市场中消费行为的性质和影响因素,也关注社会的交换活动。在市场营销学的发展中,市场营销学学者和营销管理人员学习和借鉴了其他学科(包括一些自然科学)的一些研究方法。数学、统计学和行为科学等研究方法的大量采用,使市场营销学建立在更加科学的基础上。

市场研究技术作为市场营销学的重要分支学科,重点研究用于解决营销问题的各种新的方法和技术,以及这些方法和技术在特定营销领域的应用。

(二)科学方法的步骤

科学方法是求知方法的一种,它也要依靠感觉、经验、直觉、观察和逻辑推理等手段。与传统方法不同的是科学方法有系统的、严格的研究程序。感觉性和直觉性的知识是科学研究的基础,因为它有助于人们理解那些论证的前提条件。经验、观察和逻辑推理对科学方法来讲也是非常重要和必需的。科学方法规定了明确的、严格的步骤,在一定程度上增加了被证实的知识的可靠性和可信性,但是仍然无法从根本上排除不可靠和不可信的问题。市场研究就是通过科学方法认识和解决营销问题。它可以最大限度地减少因信息缺乏而导致的不确定性,有助于减少营销人员在各种行动方案中做出错误选择的风险。市场研究和其他研究方法一样,同样具有它的局限性。但相对而言,科学的市场研究方法比其他方法更可靠,而且这种研究方法可以在不同的时间和空间进行复制,其研究结果可以进行分析和比较。

科学方法一般包括以下六个主要步骤。

1. 问题的界定

问题的界定是科学方法首要的和最重要的步骤,它将实际中以非常复杂和模糊的形式出现的问题,用便于操作的方式进行表述。它希望对问题给予明确清晰的表述,并寻求解决问题的途径和思路,应当说是全部研究过程中最困难也最重要的一步。

2. 假设的建立

科学方法的第二步是建立研究假设。所谓研究假设是对问题答案的预先判断,它使研究的目标更加明确,可以通过实证数据的检验确认接受假设或拒绝假设。一个问题被明确界定的标志就是研究人员可以使用变量的概念来表述问题。

3. 研究设计

问题的界定和假设的检验需要进行数据收集、处理和分析,并对结果进行解释。研究设计就是关于如何进行数据收集、处理、分析和解释的计划和方案。

4. 数据收集

数据收集可以采用各种不同的方法。获取二手数据、定性研究、问卷调查、观察和实验等是科学研究中经常采用的数据收集方法。

5. 数据的分析和解释

简单的数据堆积不能给人们任何有用的信息,我们必须对收集的数据进行处理和分析,发现反映研究问题的各种变量的特征及它们之间的关系,并根据规定的数学和统计学方法对假设进行检验,以决定接受或拒绝给定的假设。对问题研究的深度,在很大程度上依赖于研究人员选择使用的数据分析方法。

6. 报告研究结果

科学研究的目的是解决研究人员面临的问题。对基础性的研究来讲,把研究结果在适当的范围内报告或发布,是研究人员对研究成果具有发明权或知识产权的标志,其他感兴趣的人可以重复验证或在此基础上开展进一步的研究。对应用性的研究而言,研究的结果将提出问题的解决方案,而方案的采用取决于决策人员对研究结果的透彻的理解。因此,写出高质量的数据分析和解释报告也是科学研究中不可忽视的重要环节。

综上可知,科学方法的六个步骤和市场研究的程序基本一致,市场研究方法就是科学方法。

(三)科学研究的特征

在认识到科学方法的优势后,研究人员在研究问题时就应当尽量避免使用非科学方法,而代之以科学方法。但是,科学方法有什么特征呢? 学者们一致认为,以下列举的特征可以说是科学方法区别于非科学方法的最重要的和最显著的特征。

1. 系统性

系统性的特征表现为科学研究有一整套严格的研究程序。一方面,它将研究的问题、研究的假设、收集的信息、分析的结果和最后的结论有机地联系在一起,极大地避免了研究人员在研究过程中的随意性,使研究程序和方法标准化;另一方面,系统性也表现在研究内容不是孤立的,问题的联系中也可提供对相关问题的解释。

2. 客观性

客观性是科学方法的最重要的特征,是科学方法的精髓所在。所谓客观性,就是研究人员在研究过程中尽量避免个人的或文化的偏见,坚持中立原则。在人文社会科学研究中,完全排除个人和文化的偏见几乎是不可能的,但科学方法比非科学方法更能保证减少偏见。

3. 实证性

实证性是指研究结论能够通过观察或实验等方法进行验证,其结论可以被证实也可以被否定。实证性也意味着可重复性,这是科学研究的基本特征之一。

二、科学研究中的逻辑推理

(一)归纳法

正像牛顿注意到树上成熟的苹果不是飞往天上而是落在地上一样,人们通过观察总结已经自动地运用了归纳推理的方法。

归纳推理就是在一些具体观察的基础上推断更大的一般性的结论。如我们看到的玫瑰都是带刺的,由此我们归纳出"所有的玫瑰都带刺"。这就是归纳法,从一个或多个个别的、具体的现象中推出一般性结论,结论可以解释现象,现象支持结论。

归纳法的本质就是在有限证据的基础上推断一般性结论,此结论可以解释观察到的现象。但是,同样的现象或许有不同的解释。

比如,某公司市场覆盖全国,可是各大区销售业绩总是极不平衡,公司总部所在地广州的销售业额总是排在销售排行榜的首位,而北京的销售业绩只相当于广州的 30%。北京地区的销售业绩为什么那么差？为此,我们需要了解北京公司销售管理的一些情况。我们发现其他地区公司已普遍采用深度分销的方式进行销售,而北京公司仍然采用传统的分销方法,坐在公司办公室里等分销商或代理商上门取货,而且发货之后就万事大吉。

由此我们似乎可以推断,北京公司是由于没有采用深度分销方式而销售业绩较差。这个推断在没有被证实之前只是一个假设。同样的现象我们依据其他有效的证据也可以推断出其他的一些假设。比如,北京地区竞争对手力量强大导致本公司销售业绩差,北京地区的政策环境不好导致公司销售业绩差,或者说北京地区消费者就是不喜欢广州的这类产品。这些假设都是通过归纳的方法得出的,它们都有可能最后被证实。

研究者在面对这些相互排斥的假设时更倾向于相信其中的一个,这当然需要进一步的证据。研究的任务就是确认接受或拒绝假设所必需的证据,并设计发现和测量这些证据的方法。

(二)演绎法

演绎法与归纳法是相互对立的。归纳法利用具体实例得到一般结论,而演绎法利用一般结论得到具体的预测。如果我们知道所有的玫瑰都带刺,那么我们校园里的玫瑰也一定是带刺的。演绎法通常有一个所谓的三段式推理,举例如下。

家乐福超市出售的所有商品的品质都是有保证的。(大前提)

我的商品是在家乐福超市购买的。(小前提)

我购买的商品的品质是有保证的。(结论)

如果两个前提为真,结论不可能为假,则演绎是有效的。倘若其前提不真实,或论证形式是无效的,其结论在逻辑上就是不合理的。在上例中,形式是有效的,并且此例中的小前提是很容易确认的。如果我们认为这个商品的品质的确不错,我们可能会认为这是一个合理的演绎。但是,在上例中,或许有人质疑"家乐福超市出售的所有商品的品质都是有保证的"这个大前提。在演绎推理中,只有两个前提都是真的,这个结论才是一个合理的演绎。如果其中的任何一个前提不真,这个结论就不是一个合理的演绎。在研究中,我们经常不经意地使用了无效的演绎。

(三)归纳与演绎的结合

归纳和演绎在研究推理中经常被依次运用,学者们把这一过程称为思辨思维的双向运动。当我们观察一个具体事实并问"为什么会这样"时,归纳就出现了。为了回答这个问题,我们提出一种暂时性的解释(假设)。如果假设可以解释造成问题的事件或事实,那么这个假设就是合理的。演绎就是我们用来检验假设是否能够解释事实的过程。现举例如下。

(1)你为公司的产品做广告,但是销售额没有增加。(事实1)

(2)你提出问题:为什么销售额没有增加?(归纳)

(3)你提出一个结论(假设)来回答这个问题:广告做得很差。(假设)

(4)你用这一假设来推断(演绎),如果广告做得很差,销售额不会增加(经验告诉你,无效的广告不会增加销售额)。(演绎1)

上例中,为了解释"销售额没有增加"这个事实,提出了"广告做得很差"的假设,由此演绎出"无效的广告不会增加销售额,因为公司做的广告是无效的,所以没有增加销售额"这一假设。这个例子也阐明了第二个关键点:为了验证假设的真伪,我们必须从这个假设推出其他事实,然后我们再调查这些事实,以检验这个演绎是否正确。

此例还可以演绎出以下推论。

(5)一个做得很好的广告会增加销售额。(演绎2)

(6)我们重新发布一个有效广告,销售额会增加。(事实2)

三、市场研究中的道德问题

(一)调研者对被访者的道德规范

(1)被访者参与市场研究项目中的任何阶段应是完全自愿的。在邀请被访者参与调查时,不得进行误导。

(2)被访者的个人资料信息受到严格保护。被访者在参与市场研究项目中的个人信息保证仅用于统计分析,不提供给第三方使用,除非法律规定或政府机构要求或被访者本人同意。

(3)调研公司确保信息将不被用于任何非研究目的。

(4)调研公司将采取所有合适的预防措施,以确保被访者在参与市场研究活动时及参与活动后不会受到直接损害或者负面的影响。

(二)调研服务提供者对客户的道德规范

(1)市场研究的实施必须参照一般意义上可被理解和接受的公平竞争的原则。研究者原则上在规定时间内不为同行业其他同类公司服务,以防止客户机密泄漏给第三方。如要与为其他客户实施的相同项目联合进行,必须告知客户,但研究者不得泄露客户的身份。

(2)研究者必须遵守现行的此行业的惯例,即在项目结束后一段时间内保留记录。在双方同意的记录保存期内,客户付出合理的相关费用后,根据客户的要求,研究者在不违背匿名权和保密条款规则的前提下,向客户提供上述记录的副本。

(3)如果客户要求并支付额外的费用,研究者必须允许客户对实地研究的质量及数据进行复核,并提供恰当的技术细节。

(4)在汇报市场研究项目的结果时,研究者必须对研究发现、研究者对结论所做的解释和在此基础上提出的建议做出明确的区分。

(5)公布任何研究结论时,客户有责任确保这些结论没有误导性。客户必须事先咨询研究者,并就公布的形式及内容征得他们的同意。研究者必须对研究及其研究结论中引起误导之处进行修正,并采取必要的措施。

(三)调研者对公众的道德规范

(1)在没有充分数据支持的情况下,调研者不能有意地散布从市场研究项目中得出的结论,误导公众。

(2)由于操作失误造成的误导行为,调研者应及时采取弥补措施进行纠正。

总之,市场调研道德问题很大程度上是一个"诚信"问题。诚信是人们自古推崇的一种美德,每个行业都应该遵守。诚信,更是一种远期的投资,需要付出成本与代价。如果整个市场调研行业都只顾眼前利益,不进行诚信投资,那么最终的博弈结果可想而知。

❓ 思考题

1. 为什么目前越来越重视市场研究?
2. 探索性研究、描述性研究、因果关系研究各自的特点是什么?
3. 市场研究的设计应当按照哪些步骤进行? 你认为关键的步骤是哪些?
4. 为什么说市场研究是科学的?
5. 什么是科学的方法? 市场研究技术为什么是科学的方法?
6. 科学研究的逻辑推理有哪些方法?
7. 如何看待市场研究中的道德问题?

✏️ 实践题

1. 请以小组为单位,实地访问一家市场研究公司,了解该公司的组织构架、人员要求、主要业务类型等,了解和分析该公司运营管理中目前存在的问题,提出解决的措施。
2. 上网查阅资料,分析目前市场调研公司的现状和发展趋势。

第二章

定量研究技术

教学目的

　　定量研究技术是市场数据分析研究中最基本的研究方法,可以对市场特征进行描述,通过具体的数据帮助营销人员更清晰地了解市场。本章的主要内容是研究技术中关于定量研究的概念和类型,各种定量研究的方法、适用的范围和优缺点,重点是入户访问、拦截访问和电话访问方法的操作要求。

第一节　数据收集方法和样本量

一、市场研究数据收集概述

　　市场研究的数据收集总体上可以分为两种形式:一手资料的收集和二手资料的收集(见图2-1)。一手资料的收集主要是指根据研究目的,不能从现有的资料中获得数据,只能为此进行市场调研,直接从市场中获取数据资料的方法。二手资料的收集则刚好与其相反,可以从现有的资料中,如文献、历史销售量、利润及企业内部的一些资料等获得数据的方法,这些资料的获得既快速又不需要很多费用。相对来说,二手资料的获取比较容易也比较便宜,并且效率很高。

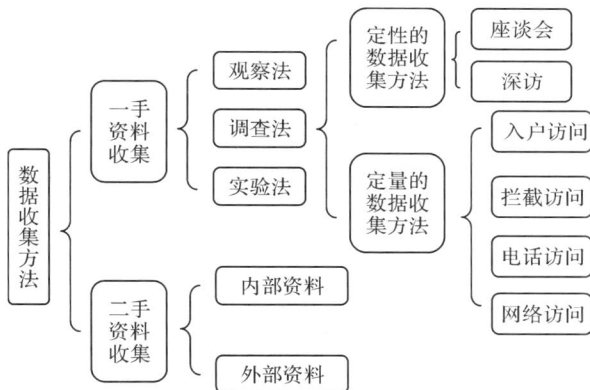

图 2-1　市场研究方法

19

本书主要讨论一手资料的收集方法。在一手资料的收集过程中,从收集方法上又可以分为三种方式,即观察法、调查法和实验法。

(一)观察法

1.观察法的概念

观察法是指调查者凭借自己的眼睛或摄像录音等工具,在调查现场进行实地考察,记录正在发生的市场行为或状况,以获取各种原始资料的一种调查方法。

2.观察法的主要特点

观察者与被观察者不发生直接接触,而是由观察者从侧面直接或间接地借助仪器把被观察者的实际情况记录下来,避免让被观察者感觉正在被调查,从而提高调查结果的真实性和可靠性,使取得的资料更加贴近实际。

3.观察法的类型

观察法的类型很多,市场调研时,根据调查目标的要求选择合适的观察方式,具体如下。

(1)按观察的时间周期可以分成连续性观察和非连续性观察。

(2)按观察所采取的方式可以分成隐蔽性观察和非隐蔽性观察。

(3)按调查者扮演的角色可以分成参与性观察和非参与性观察。

(4)按调查者对观察环境施加影响的程度可以分成结构性观察和非结构性观察。

(5)按观察的对象不同可以分成直接观察和间接观察。

(6)按观察的方式不同可以分成人员观察和机械观察。

4.观察法适用的场合

观察法是现代市场研究中一种基本的调查方法,同其他方法相比,一个明显突出的优势就是可以获得更加真实、客观的原始资料,因而,在市场研究中比较普及,一般适用于下列场合。

(1)对结果的准确性要求较高的。比如,要比较准确地得到顾客对某种新产品的反应,可在所选择的商店里摆上要试验的产品,并记录在正常的购买条件下产品的销售量。

(2)所需要的信息性质特殊,只能用观察法获得的,比如交通流量、顾客在商场的行走路线、销售人员或服务人员的工作情况等。

5.观察法的缺点

(1)观察法获取的仅仅是表面性资料,无法深入探究其原因、态度和动机等问题。另外,由于受时空等条件的限制,观察法只能观察到正在发生的动作和现象,而对已经发生的或将要发生的事情却无法得知。

(2)调查者必须具备较高的业务水平和敏锐的洞察力,能及时捕捉到所需要的资料,同时也必须具有良好的记忆力。

(3)观察法需要较高的调研费用和较长的观察时间。

(二)调查法

调查法是为了获得研究的数据,制订某一计划从而全面或比较全面地收集研究对象某几方面情况的材料,并做出分析,综合得出某些观点的研究方法。调查法中根据收集数据的特性,可以分成定性的数据收集方法(定性研究技术)和定量的数据收集方法(定量研究技术)。在原始资料的收集过程中,调查法运用得最为广泛。

定量研究是指可以提供数量性信息的研究,例如,有多少消费者使用甲产品,有多少消费者使用乙产品;A品牌的市场占有率有多大,B品牌的市场占有率有多大;等等。它的主要功能是解答"有多少""是什么""发生了什么"的问题。在对消费者市场的研究中,对消费者通常采用上门或电话调查的方法;在零售店或大商场通常对消费者进行拦截访问,有时也到消费者家中进行上门访问。调查消费者对于新上市的产品的反应,通常可以采用定点拦截的方法,即租用一个固定场所,约请消费者品尝并提出相应的建议。

在定量研究中,入户调查、拦截调查(包括定点拦截)、电话访问、邮寄访问、网络调查等都是可以使用的方法。但是,邮寄访问由于被访者比较难以控制,反馈率较低等原因,几乎很少使用。网络调查中应注意被访者必须要使用网络这个特殊的条件,如果不注意可能会导致样本的偏差,缺少代表性。另外三种方法则是目前研究中使用较多的,但是也存在不同的使用条件。

本章主要讨论定量的数据收集方法,即定量研究技术。定性研究技术会在第三章中进行介绍。

(三)实验法

实验法是从影响调研对象的若干因素中选出一个或几个因素(即自变量)作为试验因素,在其余诸因素均不发生变化的条件下,了解试验因素的变化对调研对象(即因变量)的影响程度,以决定企业市场营销策略的一种方法。

所谓实验,就是研究人员改变某些因素,比如价格、包装、广告诉求等(通常被称为自变量或实验变量),然后观察这些因素变化对另外的因素(通常被称为因变量)有什么影响。

实验法的实质就是在测量某些变量的过程中,研究人员对研究环境进行人为操控,使得实验变量有不同水平或取值,而其他变量保持不变,然后观察因变量的变化,由此推断自变量和因变量之间的关系。

在实验法中,对因变量的测量方式可以是访问,也可以是观察。因此,实验法中经常包含访问法和观察法。

实验可以在实验室中进行,也可以在现场环境中进行。这两者有各自的优缺点。在现场环境下受众的反应更加符合现实。但是,实验过程中研究人员没有办法控制环境中可能影响测量结果的其他因素,这使得观察到的因变量的变化未必都是由于实验变量的变化引起的。相反,在实验室环境下,研究人员对实验变量及其他变量的控制相对容易,可以更有效地排除其他因素对测量的影响,从而能更加明确地将观察到的因变量的变化归结为实验变量的变化。

二、市场研究的样本容量

(一)样本容量的含义

样本容量又称"样本数",指一个样本的必要抽样单位数目。抽样误差的大小直接影响样本指标代表性的大小,而必要抽样单位数目是保证抽样误差不超过某一给定范围的重要因素之一。

在市场研究中,抽取多少个样本进行研究是困扰研究者的一个问题。有不少的客户认为,总体越大样本就应该越大,因此通常根据总体的百分比来确定要抽取的样本容量,认为样本容量越大,样本的代表性和精确度越高,这其实是一个错误的观点。

样本的容量和样本的代表性没有关系。样本的代表性是由样本的抽样方法决定的,采用随机抽样的方法要比不随机的方法具有更高的代表性。比如,我们要调查全国大学生的媒体接触习惯,如果抽取 5000 个浙江大学城市学院的学生进行调查,甚至 10000 个浙江大学城市学院的学生进行调查,也不能代表全国大学生的媒体接触习惯。但是,如果有全国大学生的总体,从总体中随机抽取 5000 个大学生进行调查,则更具有代表性了。因此,如果在不同城市分别进行推断时,大城市多抽、小城市少抽这种说法原则上是不对的。

样本的容量不影响样本的代表性,却影响调查结果的精确度。样本的精确度是指样本统计数据接近它所代表的总体的真实程度。样本容量与样本统计特征与总体的精确度有关,但并不是倍数关系,如随机抽取 5 个样本的精确度肯定高于随机抽取 1 个样本的精确度,但并不代表比 1 个样本精确 5 倍。

要合理确定样本容量。如果样本容量过大,会增加调查工作量,造成人力、物力、财力、时间的浪费;如果样本容量过小,则样本对总体来说缺乏足够的代表性,从而难以保证推算结果的精确度和可靠性。样本容量确定得科学合理,一方面,可以在既定的调查费用下,使抽样误差尽可能小,以保证推算的精确度和可靠性;另一方面,可以在既定的精确度和可靠性条件下,使调查费用尽可能少,保证抽样推断的精确效果。

(二)影响样本容量的因素

确定样本容量的大小是比较复杂的问题,既要有定性的考虑也要有定量的考虑。从定性的方面考虑样本量的大小,其考虑因素有:决策的重要性、调研的性质、变量个数、数据分析的性质、同类研究中所用的样本量、发生率、完成率和资源限制等。具体来说,更重要的决策,需要更多的信息和更准确的信息,这就需要较大的样本。探索性研究,样本量一般较小,而结论性研究如描述性的调查,就需要较大的样本,收集有关许多变量的数据,以减少抽样误差的累积效应。如果需要采用多元统计方法对数据进行复杂的高级分析,样本量就应当较大;如果需要特别详细的分析,如做许多分类等,也需要大样本。针对子样本分析比只限于对总样本分析所需的样本量要大得多。

从定量的角度考虑样本的容量大小时,通常要考虑下列因素对样本容量的影响。

1. 总体各单位变异程度的大小

总体各单位的变异程度越大,样本越是不均衡或不一致,样本需要的容量也越大。反之,总体各单位差异程度越小,即总体越均衡,则需要抽取的样本容量就越小。在样本容量的计算中,常用的总体各单位的变异程度指标主要是标准差。

2. 允许误差的大小

允许的误差越小,抽样的精确度越高,抽样数目应当越多;反之,允许的误差越大,抽样的精确度越小,抽样数目应越小。如果不允许有抽样误差,就必须进行普查,即全面调查。允许误差的大小取决于研究的目的和要求及企业的实际经费、人力状况。

3. 抽样方法和抽样组织形式

在相同情况下,重复抽样应多抽一些样本,不重复抽样可以少抽一些样本。另外,抽样组织形式不同,需要抽取的数目也不一样。例如,简单随机抽样比系统抽样误差大,因此,在系统抽样时可以少抽一些样本,而简单随机抽样应多抽一些样本。

(三)样本容量的具体计算

样本容量的确定通常是介于理论上的完整方案与实际可行方案之间的一个折中方案。可用置信区间的方法计算样本容量,置信区间是指由样本统计量所构造的总体参数的估计区间。在统计学中,一个概率样本的置信区间是对这个样本的某个总体参数的区间估计。置信区间展现的是这个参数的真实值,有一定概率落在测量结果的周围的程度。置信区间给出的是被测量参数的测量值的可信程度,即前面所要求的"一定概率",这个概率被称为置信水平。通常有两种方法来计算样本容量。

1. 用百分率确定样本容量

用百分率确定样本容量的公式为

$$n = \frac{Z^2 p(1-p)}{e^2}$$

其中,n＝样本容量;

Z＝与所选的置信区间相关的标准误差;

p＝总体估计的差异性;

e＝可接受误差。

当总体参数 p 未知时,可应用下列方法估计:

根据过去的数据或调查数据来估计参数 p;如果没有过去的数据和调查数据,则应选择 $p=0.5$。因为当 $p=0.5$ 时,$p(1-p)$ 的值是最大的,从而避免低估样本容量。举例如下。

95％的置信区间,精确度为±10％时,样本的容量为 96;

95％的置信区间,精确度为±3％时,样本的容量为 1067;

99％的置信区间,精确度为±3％时,样本的容量为 1850。

2. 用平均数确定样本容量

用平均数确定样本容量为

$$n = \frac{Z^2 \sigma_x^2}{e^2}$$

其中，n＝样本容量；

　　Z＝与所选的置信区间相关的标准误差 σ_x；

　　S＝总体估计的差异性；

　　e＝可接受误差。

　　条件：

　　①给定置信度$(1-\alpha)$，若 $1-\alpha=0.95$，则 $Z=1.96$；

　　②容许的抽样偏差 e；

　　③已知总体标准差 σ_x，但是用平均数估计样本容量的最大问题就是总体标准差往往无法获得。举例如下。

　　95％的置信区间，假设标准差为 100，精确度为±10％时，样本的容量为 384。

第二节　入户访问数据收集方法

一、入户访问调查中的抽样

　　入户访问是指调研者进入被调研者家中或单位进行调研的一种形式。这种访问曾被认为是最佳的访谈方式，是唯一可以进行深度访谈和利用特定室内用品测试的有效访谈方式，也是现在唯一一种在理念和消费者刺激的研究中获取调研资料的随机抽样方式。首先，入户访问是一种私下的、面对面的访谈形式，能直接得到信息的反馈，可以对复杂的问题进行解释，在需要使用书面材料加快访谈速度和提高访谈数据质量的时候可以使用专门的问卷技术，能够对被访问者进行相应的启发，等等。其次，入户访问能够确保受访者在一个自己感到熟悉、舒适、安全的环境里轻松愉快地接受访谈。

　　在入户访问调查过程中，人的主观因素（如经验、知识等）对调研结果有一定的影响，从而可能产生调研的误差，主要有抽样误差和非抽样误差两种。抽样误差分为随机抽样误差和系统抽样误差；非抽样误差具体包括替代信息误差、替代样本误差、拒访误差、回答误差、调查员误差等。非抽样误差对调查结果的影响通常比抽样误差更大些。

（一）确定入户访问的样本框

　　入户访问是随机性较强的一种调查方法。对某个小区进行实地考察，根据右手原则（右手原则是实地抽样时，沿着右手走以保证行走路线不重复的一种原则），记录该小区的所有居民住址，该住址就是一个样本框。

　　从理论上讲，入户访问的抽样可以实现概率抽样。但是，在实际操作中，一方面由于拒访率较高，另一方面现在的小区都采用物业管理，进入小区比较困难，所以，入户访问目前的使用率越来越低，随机性也越来越差。入户访问已经越来越多地在零售店等抽样调查中使用。

(二)入户抽样的步骤

1. 入户抽样的方法

如果不考虑被访者拒绝的因素，一般来讲，入户调查属于随机抽样。在入户调查时，通常采用分层抽样、整群抽样及简单抽样等几种方法的结合。

在对一个城市或区域进行入户访问调研时，往往首先考虑是否可以拿到样本框，如果可以拿到样本框，则采用随机抽样的方法来做。但是，在通常情况下，很难获得入户抽样的样本框，或者只能获得部分样本框，比如，通过民政部门或当地的行政区划，可以获得所有的社区或居民小区的名单。

2. 入户抽样的步骤

入户抽样的步骤如下。

(1)将要调研的样本量根据各区域的人口比例分配到要抽取的区域

例如，在某市要调查 1000 个样本，该市由 A、B、C、D 四个区构成，各区的人口数等资料如表 2-1 所示。

表 2-1　各区的样本分布表

区域	区域人口数/万人	各区人口比例/%	各区的样本数(取整)/人
A	12	12.25	123
B	34	34.69	347
C	23	23.47	235
D	29	29.59	296
合计	98	100	1001

在访问过程中可能存在问卷由于某种原因作废的情况。为了保证抽样中样本的数量，一般在抽样中会放大所抽取的样本量，放大的范围可以根据项目研究的废卷率的情况来确定，通常建议放大范围为 10%～20%。

(2)将各区的样本分配到社区或居民小区

例如，A 区要调查 123 个样本，可以利用民政局获得 A 区所有社区的资料，再将社区进行排序，利用等距抽样或简单随机抽样的方法抽取要访问的社区。抽取社区的个数一般根据每个社区需要完成的样本量来确定，如果每个社区完成 10 个样本，则要抽取 13 个社区(取整)。

(3)将居民小区的样本分配到要调查的访问对象

例如，抽取到 A1 社区，一共要完成 10 个样本，可到该小区随机选取一个起点，按照右手原则，间隔一定的户数敲门访问。如果被访者不在或拒绝，则继续访问下一户，直到成功后再间隔一个户数访问，一直到完成 10 份问卷调查为止。

二、访问户和访问对象的确定

(一)访问户的确定

如果抽样方案中已经具体地给出了待访问户的具体地址或名单,调查员就只需按方案中指定的访问户去进行调研。但是在更多情形下,抽样方案无法给出具体的待访问户的名单,而只是给出若干个抽样点(如居委会)和如何抽取待访问户的具体规定,这样调查员就有一定的确定访问户的主动权。

应该注意的是,为控制调查员的误差,研究者赋予调查员的抽样主动权应尽量减小,即规定尽可能详细地抽取访问户的办法。例如,可规定在每个抽样点按等距抽样法抽取 n 户家庭,还要规定起点的确定方法、抽样间距的计算方法及行走路线的方向等。甚至当抽中的家庭无人或拒访时,抽样方案也能给出具体的变通处置办法。

(二)访问对象的确定

访问户一旦确定,有针对性地选择访问对象就显得十分重要。鉴于不同的研究目的,访问对象的确定也是有差别的。如果调查的内容涉及家庭重大财政支出(如住房、汽车等),一般应访问户主或最具决定权的家庭成员;如果调查内容主要涉及个人的行为或态度(如对服装款式的看法),一般是访问家中某个年龄段的所有成员(如 18 岁以上),或是按某种规定选取一位家庭成员进行访问。不管是哪一种情况,抽样方案都要规定具体的确定方法。

如果家中有多位符合条件的被访者,为了保证抽样的随机性,可以采用随机表(见表 2-2)。

以表 2-2 为例,将家中符合条件的所有家庭成员,按年龄从大到小(或从小到大)记录在表 2-2 中,并事先在 0~9 的数字上随机画圈,从画圈的数字画纵向的直线,在表格中的最后一位成员画横向直线,横向与纵向直线形成的交叉点就是要采访的被访者对应的序号。

表 2-2　入户抽样随机表

序号	称呼	年龄	0	1	2	3	4	5	6	7	8	9
1			1	1	1	1	1	1	1	1	1	1
2			1	2	2	1	1	1	2	2	1	2
3			2	1	3	3	2	1	2	3	3	4
4			2	1	4	3	1	2	3	4	2	3
5			3	2	1	4	5	3	2	1	4	5
6			4	2	1	3	5	6	5	4	5	2

三、入户访问的技巧

在入户访问调查中,访问员是一个颇为重要的角色。他(她)的服饰穿着、语气表情、询问方式都会决定到调查能否成功进行。要想获得访问对象的配合与支持,访问员就必须讲究相应的访问技巧。

(一)获得信任和合作

访问员的首要任务是取得被访者的理解与合作。因此,访问员必须保持本身端正的仪容,用语得体,口齿伶俐,态度谦和礼貌,给人以亲切感、友善感、平等感和信任感,使被访人员消除顾虑,打开家门,放心地接受访问。

(二)准确、清晰地询问

入户访问调查,向被访问者询问有关问题是必不可少的,而访问人员掌握表达问询的艺术又是非常重要的。否则,极易出现访问调查的误差。询问问题的主要技巧有:①按照问卷中问题的次序发问;②准确、清晰、缓慢地读出每个问题;③详细地询问每个问题;④重复被误解的问题。通过读出问题,访问人员就能注意到问题中使用的特定用词或短语,但应在语调方面避免发生任何变化。

(三)适当追问

追问是进行开放性问题调查的一种常用技术。追问可以分为两类,一类是勘探性询问,另一类是明确性追问即澄清。前者是在被访者已经回答的基础上,进一步挖掘研究问题的方法,目的在于引出被访者对有关问题做进一步阐述;后者是让被访者对已回答的内容做进一步详细的解释,目的在于进一步明晰被访者给出的答案。

访问人员常用的追问技巧有:①重复问题,②观望性停顿,③重复应答者的回答,④提出中性问题等。

(四)客观记录

尽管记录回答看起来非常简单,但错误经常在记录阶段发生。因此,访问人员掌握恰当的记录规则是十分必要的。封闭性问句的记录规则较为简单,一般是在应答者回答的代码前做出相应标记,困难主要在于对那些开放性问句的回答记录。在记录回答时,访问人员应注意两个规则:①边访问边记录;②可以重复被访者的答案,以便被访者放慢回答的速度,保证记录的完整。

(五)友好地离开

入户访问最后面临的一个问题是如何结束访问并退出被访者家中。访问人员只有确信所有调研资料已搜集齐全,方能结束访问。前文未提到而匆匆离开显然是一种不明智的做法。一方面,访问人员匆匆离开,可能就不能够记录被访者提供的自发性评论或补充性意见;另一方面,匆匆离开也是失礼的表现。访问人员友好地离开既是对被访者的一种尊重,也是未来进一步合作的需要。

四、入户访问的优缺点

(一)入户访问的优点

入户访问主要有以下优点。

(1)访问人员亲自到被访者家里,可以增加他们完成访问工作的可能性。因为入户访问提高了参与率,由此提供了一个更具有代表性的总体样本。

(2)利用入户访问的形式可以访问到那些电话不易联系到的人,如没有家庭电话、电话没有列入电话簿或者由于某些原因拒接电话的人。这种访问可以帮助解决电话访问或者问卷调研出现的被访者不应答的问题。

(3)入户访问还具有很大的灵活性。由于调查者与被调查者双方面对面交流,交谈的主题可以突破时间限制。同时,对于一些新发现的问题尤其是那些争议较大的问题,调查者可以采取灵活委婉的方式,迂回提问,逐层深入。当被调查者对某一问题误解或不理解时,调查者可以当面予以解释说明,有利于资料收集工作的顺利进行。

(二)入户访问的缺点

入户访问主要有以下缺点。

(1)入户访问的调查费用较高。主要表现为调查员的培训费、交通费、工资及问卷与调查提纲的制作成本费等,较焦点小组访谈法要高。

(2)访问调查周期较长。由于白天大多数据被访者都要上班,通常要晚上回家访问者才能上门访问,效率低,时间长。

(3)匿名性较差,难以收集较敏感的问题的资料。

(4)拒访率高,高端小区无法进入。因此,入户访问可能会漏掉某些潜在的被访者,如那些住在装有安全防护级别较高的住宅里的人,或者有些被访者因为太繁忙,根本无法抽出时间接受个人访问。

因而,入户访问一般不适用于大规模的市场调查活动。

第三节 拦截访问数据收集方法

一、拦截访问的概述

在一个购物中心、超市、百货商店或者其他交通便利、人流量大的地方随机拦截路人所进行的个人访问,被称为拦截访问,或街头拦截访问。访问员一般在商场入口处或街头人流集中的地方友善地拦住购物者或行人,然后就事先准备好的调研问题就地即时询问被访对象;或者邀请被访者到附近一个固定的调研场所,品尝新品种的食物或观赏广告片段等。实施拦截访问的最主要原因是其成本低,不需要到达被访者的家里;相反,是被访者来到访问员所在地,所以很多访问都可以快速进行。

如美国肯德基在进入中国市场初期时,为给其快餐产品确定理想的市场定位,采用了拦截访问方式来了解中国消费者的口味。肯德基选择公园和其他公共旅游景点作为旅游者接受访问的场所,同时免费向前来休息的旅游者提供已经烹制好的炸鸡鸡块,进而征询其对食品的意见。采用拦截访问方式,肯德基不仅摸清了潜在消费者对炸鸡口味的种种需求,而且受访者迅速和广泛地为肯德基宣传了它可口美味的食品。

拦截访问一般分成定点拦截和非定点拦截。定点拦截是指在拦截地点的附近租一个场所,供访问员进行面对面的访问。这种访问通常持续的时间比较长,适合广告测试、产品测试等研究,现场设有甄别人员、访问人员和审核人员,所有的访问都在督导和审核员的监督下完成,拦截访问质量较高,现场容易控制。

非定点拦截通常是指在路边直接对被访者进行访问,访问时间较短,可控性比较差。

不管是定点拦截还是非定点拦截,这种拦截抽样一般不具有随机性,属于非随机抽样。在拦截访问中,拦截地点的选取非常重要。建议选取人流量大的场所,比如大型超市、商场门口等人流集中的地方,但是不要选取车站等场所,因为这些场所虽然人流量也比较大,却主要以外来人口为主,不适合作为拦截地点。

二、拦截访问的技巧

拦截访问常常被广泛应用在消费者对产品(或服务)的消费心理、动机、态度及行为的调查之中。因此,调查对象一般为普通的消费者或潜在的消费者。但调查对象往往性格、文化程度、购买力和接受访问的态度等差别较大,因此调研员必须注意访问的技巧。

(一)选择合适的拦截地点

拦截式访问的地点一般应选择交通便利、人流量大的地方,如购物中心、超市、百货商店、车站、码头等。这种选择最大的好处是被访对象集中出现,极易寻找。另外,安全因素也很重要,尤其是欲将受访者带入有固定调查设施的地点,安全是取得被访者信任和达成合作的基本前提。

(二)选择合适的访问时间

一般可选择受访者有充裕的时间(如节假日)来接受访问之时,尽量避开上下班的高峰时期。另外,访问时间不宜过长,一般控制在 10 分钟之内,以降低拒答率和无效回答率,但定点拦截时间可以适当延长。

(三)选择合格的被访者

为取得有效的调研资料,街头拦截时进行受访者的甄别是必要的,这主要取决于调研者的专业水准和经验判断。因此,调研者要根据调研目的,在性别、年龄、职业、收入、购买力和文化程度等方面瞬时观察和迅速判定样本的代表性,从而降低访问的难度,节省费用,提高调研资料的有用性。

(四)尽量表现出亲和力

访问者得体的仪容仪表、良好的形象、友善的态度、熟练和高超的沟通技巧也是街头拦截访问成功的关键。

(五)选择有吸引力的礼物

拦截访问时,赠送有意义的小礼品也能在一定程度上吸引被访对象的关注。

三、拦截访问的优缺点

(一)拦截访问的优点

1. 访问进程快

拦截访问不同于入户访问,不需要访问员进入被访者家庭,同时也可以通过访问员的侧面观察来了解某些问题,节省了大量的时间。

2. 成功率高

同入户访问相比,访问员与被访者之间不存在某些顾虑(如入户访问的安全问题),加之如有礼品赠送,被访者多能积极配合。

3. 成本低廉

拦截访问节省了入户访问所需的人力、财力成本,获得资料的时间也相应缩短,实效性强。

(二)拦截访问的缺点

1. 干扰因素多,效果受影响

拦截访问中的环境有可能较嘈杂,尤其是繁华的商业街,干扰因素随时出现,可能会影响到被访者的情绪,使其心不在焉,或突然中断访问。

2. 样本的代表性存在误差

这是因为被访者的选取受访问员的专业水准和经验判断影响较大。访问员在拦截访问时经常会加入个人的主观判断。如同样是符合条件的受访者,某些访问员可能更愿意选择表情温和、易于接近的人,而放弃选择那些表情冷淡的人,这样势必影响资料的代表性。

3. 回访较难

被访者因与访问员之间只有短时的接触,被访者对访问员有一定的警惕性,比较谨慎,可能不愿将真实的个人信息(如家庭住址、电话等)留给访问员,因此难以回访复核。

第四节　电话访问数据收集方法

一、调查对象的抽样

电话访问是指调查者根据调研要求,预先确定调查的问题,以电话通信的方式向被调查者征询有关意见和看法的一种调查方法。电话访问常用于样本数量多、调查内容简单明了、易于让人快速获取信息的有关事项(如企业对其售后服务的了解)的调查。

电话访问的抽样通常属于随机抽样,抽样的关键是要建立样本框。对于电话访问来讲,一般有两种建立样本框的方法。

一是由企业提供。对于企业用户的调查,一般可以由企业提供样本框。比如,对零售客户满意度研究、对工业企业满意度的研究等项目,就可以由企业提供所有零售客户或工业企业的电话,从中可以采用随机抽样的方法抽取被访者。

二是随机生成。对于普通消费者的调查,一般无法获得所有消费者的电话号码,可以根据该区电话区号,首先确定前 3 位或 4 位的电话号码,然后随机生成 8 位或 7 位数的电话号码,进行拨打。

目前电话访问基本采用电脑辅助,要拨打的电话号码可以由系统随机生成,调查者逐一拨打,并记录拨打情况,如无人接听、拒绝、空号、忙音等,对于无人接听或忙音的可以二次拨打。

对调查对象抽样质量的控制是电话调研过程中的一项重要环节。为此,调研人员应做好以下三项工作。

(一)抽取样本户

电话调研中常用的抽样方法有电话簿抽样和随机拨号抽样两种。前者是根据电话簿的页数及样本大小,调研人员决定合理的抽样间距来抽取样本户,而后者又分为简单随机拨号和集群随机拨号两种具体形式。

(二)选择受访者

调研人员抽出样本户之后,下一步就是决定调查样本户中的哪一个成员,可随机抽取样本户内的任何一位成年人作为受访者。要注意的是,这一过程的时间不宜过长。

(三)选择替代样本

正常情况下,调研人员不能随意变更被选取的样本户。但在电话调研中,样本户停机、关机、空号、改号甚至拒接等异常情况也时有发生。因此,必须事先有备用方案,寻找替代样本,以确保调研工作的顺利进行。例如,在采用电话簿抽样时,可把当前样本前后位置的号码一并记录下来,以便替代使用。

二、电话调研应注意的事项

电话调研应注意的事项如下。

（1）以问卷形式预先设计电话调研的问题，确保调研工作主题清晰突出，内容全面具体，结果实用有效。这种问卷调查表不同于普通问卷调查表，由于受通话时间和记忆规律的约束，问卷大多采用两项选择法向被调查者进行访问。

（2）为减低拒接率和提高访问效率，对某些重要的访问可与受访者预约。

（3）对调查员进行培训和挑选。要求调查员普通话标准、音质清晰、音色甜美，使接话者产生好感。

（4）选择理想的访问时机。如对内部员工的调研，可选择工作时间进行；对外部普通消费者的调研，则最好避开工作时间，基本前提是不要干扰和妨碍受访者的休息和生活，如午休、就餐等。另外，节假日也不是合适的访问时机。

（5）讲究访问技巧。调查员应文明礼貌，平等友善，情绪饱满，语速适中，音量适度。调查员应自始至终掌握通话的主动权，同时学会倾听，及时在电话的另一端给予回应。

（6）控制访问时间，一般 5～10 分钟较为适宜。

（7）认真做好访问记录。

三、电话调研的优缺点

（一）电话调查的优点

1. 成本低

由于个人访问成本的不断上涨和电话通信网络的快速发展，电话访问就变得相对便宜了。有关调研表明，电话访问的成本仅相当于入户访问的 25％，几乎无须耗费路途中的时间和费用。

2. 速度快，辐射范围广

电话访问的一个显著特点就是速度快，不用花费几个星期来收集数据，上百个电话访问几乎可以在一个晚上完成。如果访问员能够直接把应答者的答案输入计算机系统，那么数据处理过程还可能更快。

3. 不必面对面接触

同面对面的深度访谈相比较，电话访问一般不会受个人情感的影响。在电话访问中，应答者更容易回答令人尴尬或比较隐私的问题，可能在某些问题上给出更为坦诚的回答。

4. 容易合作

在某些临街的地区，人们不乐意陌生人进入自己的房子，甚至不允许他们待在自家的台阶前。不过同样是这些人，他们可能很乐意与电话访员进行愉快的合作。

(二)电话调查的缺点

1. 调查内容难以深入

电话访问的时间不宜过长,问题不宜过于复杂,因此难以调查比较深入的问题。

2. 调查信息缺乏准确性

采用电话访问,调查者不在现场,因而很难判断所获信息的准确性和有效性。

3. 接话率有待提高

随机拨打的电话可能是空号或错号,停机、关机也时有发生,再加上被访者不在或者被访者在但不愿意接受访问等因素,都制约着接话率的上升。

4. 有限的时间长度

应答者如果对访问失去耐心,他们可以随时挂掉电话。为了鼓励他们的参与积极性,访问长度应适当短些。访问员必须密切关注电话另一端受访者情绪和态度的变化,细心把握访问时间的长度。

5. 缺乏视觉媒介

无法使用视觉工具,有些需要使用视觉材料的调研就不能通过电话执行,如包装、电视广告或印刷广告版本及概念测试的调研等。

四、计算机辅助电话访问

(一)计算机辅助电话访问的主要特征

计算机辅助电话访问的缩写是 CATI(computer-aided telephone interviewing),它是由电话、计算机、访问员三种资源组成的一体的访问系统,操作方法是使用一份按计算机设计方法设计的问卷,用电话向受访者进行访问。计算机问卷可以利用大型机、微型机或个人用计算机来设计生成,访问员坐在 CRT 终端(与总控计算机相连的带屏幕和键盘的终端设备)对面,头戴小型耳机式电话。CRT 代替了问卷、答案纸和铅笔。通过计算机拨打所要的号码,电话接通之后,访问员就读出 CRT 屏幕上显示出的问答题并直接将受访者的回答(用号码表示)用键盘记入计算机的记忆库之中。

1. 准确度高

计算机程序是预先设定好的,访问员可以依据计算机设置的问题程序进行访问,不需另外注意哪些问题应该先问、哪些问题应该后问、哪些问题需要跳答等类似逻辑判断的过程,因此可以有效避免在传统面访和传统电话访问中容易出现的题目间跳问等逻辑错误。

2. 速度快

CATI"访问"中,可以利用计算机过滤受访者,确定合格的受访者,明显提高人工拨号的受访者确认率。另外,数据库可在访问结束后通过计算机立即生成,不像传统电话访问方式那样要进行开放题人工编码,对问卷答案进行人工录入,这样就大大提高了调查执行的速度。

3. 费用较高

计算机辅助电话访问需要调查机构投入一定的资金才可以初步实现,而且在每次调查中还需要在设计程序等其他方面有额外支出。同时对于访问员的系统操作技能要进行细致和较长时间的培训。这些费用相比传统电话访问要高得多,因此采用 CATI 访问的成本比传统电话访问更高。

4. 访问员计算机操作素质要求高

在 CATI 访问中,访问员都需借助计算机完成访问任务。在访问过程中访问员的操作必须十分熟练,这样才能很顺利地配合受访者的回答。这就要求访问员不仅要有一般传统访问的知识和技巧,也要能熟练操作计算机。在一般的 CATI 中,选择在校大学生作为访问员的情况较为常见,因为他们一般都有相当的计算机基础和培训接受能力。CATI 相关信息如资料链接 2-1 所示。

资料链接 2-1:

浙江大学在 2009 年建立了计算机辅助电话调查(CATI,computer-assisted telephone interviewing)系统。CATI 是将近年来高速发展的通信技术及计算机信息处理技术应用于传统电话访问的民意调查新技术,其主要功能有项目管理、多种抽样方式选择、样本及母体管理、问卷设计及管理、访问执行、项目监控(配额、样本等)、答卷审核、工作站监控(监听、录音、发消息)、答卷及话务统计、答卷编码、结果及项目信息导出、系统维护等。

该系统可广泛应用于各类民意测试和民意调查,为各项公共政策评估研究积累第一手的调研数据,从而建成浙江大学一流的民意调查中心和数据库。

该系统采用第四代电话访问技术,可以与计算机辅助面访调查(CAPI,computer-assisted personal interviewing)系统,网络调查(CAWI,computer-assisted web interviewing)系统,以及数据库等系统整合在一个技术平台上形成一个完整的计算机辅助调查系统。

该系统主要由电话接入交换机及附属设备和电访专家系统两大部分组成。其中前者包含电话接入交换机、智能预拨功能模块、48 个智能预拨客户端、50 套 Calltel(科特尔话务耳机)和相关的系统设施,后者包含电访专家管理台 1 套和 48 个座席用电访专家客户端,可满足 48 名调查员同时开展电话访问工作的需要。

(二)CATI 的操作流程

CATI 作为一种借助计算机和电话等终端设备进行调查的方式,运作程序与一般的电话访问和网上调查必然存在较大的差距。具体而言,它一般包括以下三个主要步骤。

1. 进入系统

经过培训后的访问员进入 CATI 调查访问程序之后,输入自己的代号及相关密码,确定调查主题就可以进入 CATI 系统。随后访问员可以开始"拨号",CATI 系统将随机产生一个电话号码。自动拨号之后有时会发生无法访问的情况,如电话占线、无人接听、空号等。遇到这种情况,访问员不能将该样本直接舍弃,而应将拨号失败的原因进行详细记录,并报告现场督导员。

2.电话访谈

访问员进入 CATI 系统后,电脑屏幕上会出现访问的主画面,包括问卷中各题的访问状况、访问题目及各种视窗。访问员开始访问前,首先需要做自我介绍并向受访者说明自己的访问目的。访问进行中,若受访者出现拒绝访问的情况,访问员应通过电脑记录受访者拒访的原因。

3.访问结束

每一个访问完成后,访问员需要对受访者道谢,之后通过点击系统中的"完成"直接结束。另外,当访问员完成当天所有的访问后,应通过系统的"签退"和"确定"命令退出系统,保存所有访问记录。至此整个 CATI 的程序就结束了。

(三)CATI 的注意事项

在进行 CATI 时,访问员需要注意以下问题。

1.保持立场中立

访问员在访问过程中需要始终保持立场中立,不能出现任何诱导受访者回答的信号和语言,以免影响调查结果的真实性,这一点在其他访问方式中同样显得非常重要。由于 CATI 的时间较短,同时要求减少访问员提问时自由发挥的空间,因此在进行 CATI 问卷设计时,需要尽可能将访问员提问的语言全面地放进问卷中来,使访问员在访问过程中只需要对照问卷读出相应语言就可以完成访问,从而避免了由于访问员自由发挥而导致调查结果失真的情况。

2.不轻易放弃访问机会

合格的受访者如果当时不便接受访问,如时间有冲突,访问员可以另约时间进行访问,而不能轻易放弃该样本的访问机会。这样一方面减少了遴选受访者的难度,同时对于减少抽样误差也会产生积极的影响。在传统的电话访问中,这也是需要注意的一个问题。

3.灵活控制访问过程

访问过程中,访问员如果遇到受访者要求更换他人接受访问的情况,访问员应该尽量说服其继续接受访问,因为中途更换受访者就会破坏随机抽样原则,使调查结果出现偏差。因此当访问员接通电话以后,如果家庭或组织中第一个接听电话的人就是符合条件的受访者,就不要再让其推荐他人来接受访问;如果受访者必须换人接受访问,访问员需要从头开始访问并废弃中途中止访问的答案。

思考题

1.总体上,主要有哪些一手资料的数据收集方法?
2.什么是样本容量?影响样本容量的因素是什么?
3.入户访问中的抽样属于哪种抽样类型?在入户访问中,如何抽取样本?

4.拦截访问中的抽样属于哪种抽样类型？在拦截访问中,如何抽取样本？

5.什么是CATI？与普通的电话访问相比,它有什么特点？

实践题

每个同学自行选择学校周边的一个小区,画出抽样地图和样本框。抽样地图要求有明显的建筑物标注,靠右的行走路线,记录每一户详细的门牌号,让没有去过的人可以方便地寻找到该抽样地址。

第三章

定性研究技术

教学目的

定性研究是市场数据分析研究的重要手段,可以帮助营销人员更深入地挖掘消费者的心理和动机,深层次了解消费者的需求,发现市场机会。本章的主要内容是定性数据收集方法的概念和作用,定性研究的主要方法,焦点小组访谈的操作流程,深度访谈的种类,以及定性研究的未来发展趋势。

第一节　定性研究概述

一、定性数据收集的概念

(一)什么是定性研究

1.定性研究的定义

定性研究是对研究对象质的规定性进行科学抽象和理论分析的方法。它选定较小的样本对象,凭借研究者的主观经验、情感及有关技术进行深度的、非正规性的访谈,从而进一步弄清问题,发掘内涵,为随后的进一步调查做好准备。

在市场研究中,定性研究是指发掘消费者动机、态度和决策过程的研究。它的功能不是提供有关消费者的数据,而是解答"为什么"的问题。例如,为什么某些消费者购买甲产品而不购买乙产品？为什么某些消费者喜欢 A 品牌而不喜欢 B 品牌？等等。它聚焦在一群小模型和精心挑选的样本个体上,不要求具体的统计意义,但是要求凭借研究者的经验、敏感度及有关的技术,能有效地洞察日常生活中消费者购买某些产品和服务的行为和动机,以及这些产品和服务带来的影响。

2.定性研究的特点

(1)小规模的,有目标样本(不具代表性)。

(2)一种广泛多样的收集信息的方式,而不是简单的、结构化的提问—回答形式。

(3)"了解"而不是"度量"。

定性研究是探索性研究所运用的主要方法之一。在市场营销调研中,定性调研被用来定义问题或者提出研究框架。在提出研究框架的过程中,定性调研经常用来提出假设及确定研究中应该包括的变量。

例如,A企业发现本季度产品的销量比上年同期出现大幅度减少,企业管理层欲寻找销量下降的原因:①商品质量下降,②商品功能过少,③销售渠道不畅,④广告宣传过少,⑤竞争对手干扰,⑥顾客需求偏好改变,⑦商品价格过高,等等。

为解决上述问题,A企业可在一定范围内寻找有关专家、业内人士、顾客等以座谈会或访谈形式进行初步询问,以发现问题所在,为进一步调研做好准备。通常这一方式就是定性的调研方法。

定性研究在企业的市场营销活动中发挥着极其重要的作用。一方面,企业通过定性调研,可以了解、挖掘和解释诸如消费者的动机、态度和行为等因素的种种变化和态势,可以为定量研究提供强大的信息支持。另一方面,企业通过定性调研,可以了解诸如某市场的特性和构成的详细信息,从而为新产品的开发找到机会,为未来市场研究和企业经营发展提供更充分有用的信息保障。

(二)定量研究和定性研究的比较

1. 定量研究和定性研究的差异及优缺点比较

表3-1和表3-2分别列出了定量研究和定性研究的区别点及优缺点。

表3-1　定量研究和定性研究的区别点

区别点	定量研究	定性研究
研究内容	回答"有多少"的问题	回答"为什么"的问题
支持体	数字、尺度	口头表达的信息
调查方式	入户、街访、电话、留置	深访、座谈会、投射技术
抽样方式	随机抽样、配额抽样	判断抽样
样本容量	大样本	小样本
分析方式	统计分析	心理分析,凭经验/灵感
深广度	广度探测	深度探测

表3-2　定量研究和定性研究的优缺点

优缺点	定量研究	定性研究
优点	研究结果可以作为决策依据 可以推断整个市场的趋势 提供有意义的跟踪数据比较 通过统计分析可以找出影响态度的主要因素	深层次、多角度、多种方式(如投射技术等)获得信息,能够发掘消费者购买决策的真正动机 客户可以根据研究的进展适时调整研究重点 项目所需的时间短,受时间的限制较少 最适合做探索性研究

续　表

优缺点	定量研究	定性研究
缺点	耗时长,不能快速得到最终结果 研究过程中内容不可更换 项目的总费用相对较高 可控性相对较差 无法发掘深层的原因	研究结果受研究人员的经验、能力影响较大 提供描述的资料,而非"硬性"的数据,不能推断总体

2.定性研究的优点

定性研究主要有以下优点。

(1)简便易行和贴近研究对象。

(2)能更深入、全面、准确、直接地了解某些主观和复杂的想象(许多信息是完全结构化的定量研究收集不到的)。

(3)可以帮助定量研究明确研究问题,确定主要变量,提出假设,降低定量研究风险。

(4)调研成本较低。

3.定性研究的局限

定性研究主要有以下局限。

(1)其研究结构受研究人员个人的因素影响较大,很难重复。

(2)对研究人员的技能要求较高。

(3)研究结果的代表性、效度常常受到质疑。

(4)数据难以用统计方法处理,因此无法提供定量的信息。

二、定性数据收集的主要方法和原则

(一)定性数据收集的主要方法

定性调研过程中,所采用的方法不尽相同。依据调查对象是否了解项目的真正目的,定性调研方法分为直接法和间接法两大类。

直接法对研究项目的目的不加掩饰,项目的目的对调查对象一般是显现的,或者从所调研的问题中可以明显看出的。焦点小组访谈法与深度访谈法是两种主要的直接方法。

间接法则在一定程度上掩饰调研项目的真正目的。投射法在间接法中较为常用,具体包括联想技法、完成技法、结构技法和表现技法等。

心理学研究发现,人们在日常生活中常常不自觉地把自己的心理特征(如个性、好恶、欲望、观念、情绪等)归属到别人身上,认为别人也具有同样的特征,如自己喜欢说谎,就认为别人也总是在骗自己;自己自我感觉良好,就认为别人也都认为自己很出色……心理学家们称这种心理现象为"投射效应"。

定性的市场研究技术就是借助心理学的投射研究方法来了解消费者深度的想法、动机、内在原因等通过定量研究无法获得的研究内容。

(二)定性数据收集的原则

1.定性数据收集的原则

与调研对象进行深入的沟通以确定定性调研的内容至关重要。通常研究人员会做出一个调研概要,以确保有一个清晰的研究目标,从而为特定的营销问题找到关键的突破口。在定性调研过程中,应该把握以下原则。

(1)清晰的研究目标。

(2)严谨而简单的调研程序。

(3)有效而实用的研究方法。

(4)适合的被访对象。

(5)针对性的调研资料。

(6)有用性的研究结果。

2.定性数据收集前须/需明确目标

值得注意的是,在进行任何定性数据收集之前,无论是焦点小组访谈法、深度访谈法还是投射法,都必须明确目标。

例如,在超级市场的研究中,定性调研的目标可描述如下。

(1)确定顾客在选择超级市场时所考虑的相关因素(选择标准)。

(2)针对某一产品种类,确定顾客认为的竞争超市有哪些。

(3)确定可能影响顾客光顾超市的心理特征。

(4)确定与光顾超市相关的顾客选择行为的其他方面。

3.定性数据收集的局限和优势

定性调研的特征是使用小样本,这也是它受到人们质疑最多的地方。企业管理层一般不愿意根据小样本研究结果进行重大的战略决策,因为它在很大程度上依赖研究人员的主观认识和个人解释。定性调研过程中存在的这一局限性,使得这一方法得出的研究结果具有不确定性和风险性。因此,管理者更愿意参考经过计算机缜密分析的、列成表格的大样本。

尽管管理者具有明显的偏好,但是定性调研还是相当普及的,这主要归结为以下三方面的原因。

(1)它通常比定量研究的成本低。

(2)它创立了一个很好的机制来了解消费者的态度、动机和行为。

(3)它可以提高定量研究的效率。

第二节 焦点小组访谈数据收集方法

一、焦点小组访谈法概述

焦点小组访谈(focus group discussion)法,又称小组座谈法,是市场研究技术中一种非常实用和有效的定性调研方法。它采用小型座谈会的形式,从所要研究的目标市场中挑选一组具有同质性的消费者或客户(8～12人)组成一个焦点小组,在一个装有单向镜和录音录像设备的场所,由一名经验丰富、训练有素的主持人以一种无结构的自然的形式与小组成员进行交谈,从而获取被调查者对产品、服务、广告、品牌的感知及看法。

这种方法的价值在于常常可以从自由进行的小组讨论中得到一些意想不到的发现。焦点小组访谈法是帮助企业和咨询公司深入了解消费者内心想法的最有效的工具,在这方面是一般的问卷调查等方法所无法比拟的。如今,焦点小组访谈法在产品概念、产品测试、包装测试、广告概念、顾客满意度、用户购买行为等研究中正得到越来越广泛的应用。

焦点小组访谈法的特点在于"群体动力",群体动力所提供的互动作用是焦点小组访谈法成功的关键。焦点小组访谈过程是主持人与多个被调查者相互影响、相互作用的过程,要想取得预期效果,不仅要求主持人要做好各种准备工作,熟练掌握主持技巧,还要求有驾驭访谈的能力。

焦点小组访谈不是一问一答式的面谈而是同时对若干个被调查者的访问。使用焦点小组访谈的一个关键假设是,一个人的反应会构成对其他人的某种刺激,从而可以观察到被调查者的相互作用,这种相互作用会产生比同样数量的人做单独陈述时所能提供的更多的信息。

焦点小组访谈通常用于理解消费者关于某一产品种类的认知、偏好和行为,得到消费者对新产品概念的印象和关于旧产品的新观点,为广告提出有创意的概念与文案素材,获得消费者对价格的印象及得到消费者关于特定营销项目的初步反应,等等。

二、焦点小组访谈法的实施

(一)访谈前的准备工作

1. 布置访谈的环境和场所

焦点小组访谈的物理环境十分重要。一种轻松的、非正式的开放气氛容易激励大家进行自由充分的讨论。访谈通常是在一个测试室中进行,测试室应配备基本的测试设备,包括话筒、单向镜、室温控制、摄像机和观察室。

测试室墙上一般装有较大的单向镜,单向镜后面是观察室,观察室里的工作人员可以在被调查者毫不知晓的情形下对其言行进行全面仔细的观察。同时,测试室中还装有录音录像设备,以记录整个讨论过程,如图 3-1 和图 3-2 所示。

图 3-1　座谈会议室　　　　　　图 3-2　观察室

2. 挑选小组成员

焦点小组访谈的参加人员需要预先筛选,应满足一定的条件。在选择小组成员时,应尽量使每一组成员大致处于同一层次,在人口统计特征与社会特征上保持同质性,小组成员间的共性可以避免关于枝节问题的冲突,但是每个小组的成员都代表一个特殊的市场面,因此,又要有对比性。

例如,不应该将有小孩的已婚家庭主妇、年轻的未婚工作女性、年长的离婚女性以及丧偶女性安排在同一女性小组中,这是因为她们的生活方式截然不同。另外,要注意控制入会人数,一般 8~12 人较为适宜,排除那些重复参加访谈及为报酬而来的访谈者。

3. 精选主持人

优秀称职的主持人对于焦点小组访谈的成功起着至关重要的作用。主持人必须与参与者和谐相处,并推动讨论的进程,鼓励被调查者积极发表看法和表达观点。另外,主持人在分析与解释数据时起着重要的作用。因此,主持人应当有技巧、有经验,对所讨论的问题有相当的专业知识。

优秀称职的主持人应具备以下素质。

(1)思维敏捷、接受能力强,具有良好的倾听能力和敏锐的观察能力。

(2)有一定的知识积累但不必是专家,对访谈主题有熟练性与专业性,能客观地听取问题。

(3)善于激励,让参与者尽可能多地发表意见。

(4)和蔼但坚定,具有掌控访谈方向和进程的能力。

4. 编写访谈提纲

访谈提纲是一份关于焦点小组访谈中所涉及话题的概要,通常由主持人根据调研客体和委托人的要求而设计。清晰的提纲将保证访谈按一定顺序讨论相关的问题,提纲的设计通常是从简单的提问开始,逐步深入。例如,一份访谈提纲可能从讨论外出吃中餐的态度和感受开始,然后转向讨论快餐,最后以讨论某一连锁快餐集团的食品口味和服务水平而结束。

访谈提纲的作用主要是告诉客户研究人员已了解研究目的,阐明研究人员的想法,提供一个讨论的模式。这份大纲只是一份指南,没有严格的结构限制,可以不断地改进。

对于主持人来讲,访谈提纲是问题的要点而不是全部,供是备忘录,而不是提问—回答形式的流水账。如果有必要,主持人可以变换提问的顺序,在整个项目进行中不断地回顾和分析。

主持人编写的访谈提纲通常包含三部分内容：首先，试图与参与者建立友好关系，解释访谈规则，并提出讨论的主题，这是一个热身环节；其次，由主持人激发深入的讨论；最后，总结重要的结论。

访谈提纲范例如资料 3-1 所示。

资料链接 3-1：访谈提纲范例

访谈提纲

说明：此提纲仅供参考，主持人可以视现场具体情况进行适当的调整。

1．热身（20 分钟）

（1）简单介绍座谈会目的：调查消费者对移动通信业务的了解情况，以便更好地为消费者服务。

（2）强调说明：观点没有对错之分，鼓励少数人的意见及个人不同的意见。

（3）告知被访者大约需要一个多小时。

（4）让被访者自我介绍媒体接触习惯等。

2．正式讨论部分：mindmapping（心理地图，了解消费者对"品牌"的感受和联想）及广告信息如何抵达消费者（20 分钟）

（1）"请把您听到/看到'品牌'这个词后最先想到的三个词写在纸中间，然后在其周围写出头脑中出现的任何与这个主题相关的想法？请将您所有能想到的都写下来。"

（2）"大家是从哪些渠道知道这些信息的？您相信这些说法吗？您对这些说法感兴趣吗？（理解—相信—促购）"

（3）"我现在手中有一些广告，请大家看一下（将 8 个广告粘贴在白板上）。"请问这些广告大家有没有看到过？问看到过的被访者以下问题。

①"您知道这些广告的大致内容吗？"

②"您还记得是在什么地方看到的？"

③"广告的内容对您有吸引力吗？"

④"您当时看了广告后有没有去咨询相关的业务？"

（4）（再将 8 个广告分发到被访者手中）"请大家仔细看一下您手中的广告。"问被访者以下问题。

①"请问您对这些广告有兴趣吗？"

②"您最喜欢这 8 个广告中的哪一个？为什么？"

3．移动电话的使用习惯和态度（25 分钟）

（1）"大家是现在使用的移动电话是小灵通、移动，还是联通或联通 CDMA？"

（2）"大家在选择一个移动通信品牌时，主要会考虑哪些方面的因素？为什么？"（具体的选择购买经过）

（3）"在使用目前的移动通信品牌时，有什么满意或不满意的地方吗？"

再次感谢被访者的参与，访谈会结束！发放礼品或礼金。

5. 确定座谈会的场数

座谈会的场数主要受问题的性质、细分市场的数量、访谈产生新想法的数量、时间与经费等因素的影响。一般针对一个主题应组织 3~4 次小组座谈，每次座谈的人员不应相同，以便保证每次座谈都有新的内容、新的发现、新的见地。

焦点小组访谈成功的关键是使参与者对主题进行充分和详尽的讨论。

(二)访谈过程的控制和实施

焦点小组访谈涉及的访谈对象较多，观点各异。因此，主持人对访谈过程进行有效控制和灵活把握尤为必要。

1. 始终把握访谈的主题

访谈中，讨论的主题必须自始至终清晰而突出。为避免讨论离题，主持人应善于将小组成员的注意力引向讨论的问题，或是围绕主题提出新的问题，使访谈始终有一个焦点。

2. 协调和引导访谈过程

在访谈过程中，可能会出现诸如冷场、跑题等情形，这就要求主持人及时妥善地做好协调、引导工作，使访谈顺利进行。

3. 防止从众现象

主持人应防止访谈会上出现中心人物左右会谈的局面，避免"从众"现象的发生。

4. 完整详细地记录访谈

访谈过程中一般有专人负责记录。访谈记录应完整而详细，观点客观和中立，不受主持人或记录员情感的影响。

(三)有关后续工作

1. 整理和分析访谈记录

访谈结束后，及时回顾和研究访谈情况，检查记录是否准确、完整和客观，观点是否具有代表性。若有疑点和问题，还须做进一步的查证核实和补充调查。

2. 编写访谈报告，对讨论结果做出评价

对访谈记录整理和分析之后，一般要编写正式的访谈报告。报告的主要内容包括调研目的、调研主题、小组成员情况、访谈过程、调研观点总结、评价和建议等，通常为 2~3 页的篇幅。

三、焦点小组访谈法的优缺点

(一)焦点小组访谈法的优点

1. 资料收集快、效率高

因同时访问多个被调查者，节约了人力和时间，数据收集较快，调研效率高。

2.信息广泛、理解深入和创意新颖

在主持人的适度引导下,小组成员相互启发,刺激性强。通过成员互动,访谈产生的观点会出现一种倍增效应,与一对一询问得到的私人的保密的回答相比,焦点小组访谈可以产生更广泛的信息、更深入的理解和更富创意的观点。

3.调查与讨论得到完美结合

在调查中不仅能发现问题,还能进一步探讨问题产生的原因和解决问题的途径。

4.访谈过程清晰

由于访谈过程得到严密监视(如通过单向镜观看访谈现场讨论的情况),访谈记录完整详细(如通过录音录像设备对访谈过程的录制),在一定程度上弥补了调研结果因主观因素而形成的偏差。

5.结构灵活

焦点小组访谈在覆盖的主题及其深度方面都可以由主持人灵活掌握,这就使得调研结果更具针对性和有效性。

6.简便易行

焦点小组访谈法通常比其他方法容易执行。

(二)焦点小组访谈法的缺点

1.依赖于主持人的素质

对主持人的要求较高,而挑选理想的主持人又往往比较困难,调查结果的质量十分依赖于主持人的专业技术。

2.容易造成判断错误

焦点小组访谈特别容易受被调查者、主持人和记录员偏差的影响,更具有主观性。因此,小组访谈的结果比其他数据收集方法的结果更容易被错误地判断。

3.回答的无结构性使得编码、分析和解释较为困难

焦点小组访谈得到的数据有可能是凌乱的,使后期对资料的分析和说明较为困难。

4.涉及隐私的问题难以深入讨论

有些涉及隐私、保密的问题,很难在会上深入讨论。

5.社会文化差异引起的沟通障碍

跨国、跨地区环境下进行焦点小组访谈,还必须注意因社会文化差异而引起的沟通障碍的问题。

(三)焦点小组访谈法的应用范围

焦点小组访谈法既可用于了解消费者对某类产品的认识、偏好及购买行为等方面,也可用于发现消费者对老产品的新想法,获取其对新产品概念的印象等领域,还可用于研究广告创意、获取消费者对价格的印象、获取消费者对具体市场营销计划的初步反映等范畴,适用范围较为广泛。

第三节　深度访谈法

一、深度访谈法概述

(一)深度访谈的概念

深度访谈是一种无结构的、直接的、一对一的访问。在这一过程中,由掌握高级技巧的调查员对调查对象进行面对面的、一对一的深入访谈,以揭示对某个问题的潜在动机、态度、信念和感情等,从而获得有关调研资料。它是一种探索性的调研形式。

因深度访谈是无结构的访问,其调研走向依据受访者的回答而定。在访问过程中,调查员直接面对受访对象,能及时捕捉和抓住被调查者在探讨某一问题时所表现出来的潜在动机、信念、态度和情感。另外,因为深度访谈是一对一的访问,所以受访者有充足的时间和机会把自己的观点淋漓尽致地予以表达。

(二)深度访谈的方式

深度访谈可以分成自由式访谈和半控制性的交谈。

1. 自由式访谈

自由式访谈中,只要是访问者感兴趣的主题,应答者都可以对此自由地发表见解和回答问题。

2. 半控制性的交谈

在半控制的交谈中,需要讨论一系列特定的主题,研究者通常要对讨论每个问题的时间有所控制。半控制性的交谈成功与否在很大程度上取决于访问者的技巧。

(三)深度访谈技术

比较常用的深度访谈技术主要有三种:阶梯前进、隐蔽问题寻探和象征性分析技术。在深度访谈中,调查员的作用是十分重要的,因此,通常会由有经验的督导或研究者自己来担任。

1. 阶梯前进技术

阶梯前进技术是顺着一定的问题线探索,例如从产品的特点一直到使用者的特点,这样会使得调查员有机会了解被访者的思想脉络。

2. 隐蔽问题寻探技术

隐蔽问题寻探技术是将重点放在个人的痛点而不是社会的共同价值观上,放在个体特殊的而不是一般的生活方式上。

3. 象征性分析技术

象征性分析技术是通过反面比较来分析对象的含义，即要想知道"是什么"，先想办法知道"不是什么"。例如在调查某产品时，分析产品的不适用方面、"非产品"形象的属性以及对立的产品类型。

二、深度访谈法的实施步骤

(一)准备阶段

1. 确定调查员

深度访谈法与焦点小组访谈法一样，对调查员的访谈技巧和专业水平有较高的要求。调查员应具备以下几种能力：良好的沟通能力和进一步探询问题的能力，把离题话题巧妙地转移到主题范围的能力，速记能力和综合能力，等等。因此，精心挑选调查员是准备阶段的一项重要工作。

2. 选择受访者

在确定受访者时，代表性是一个很重要的因素。在某产品（或服务）的消费者或潜在消费者之中，其意见领袖人物通常容易较快地进入调查员的视野。

3. 预约访谈时间

这是一项不能忽视的工作。预约访谈时间有三方面的意义：一是表达了对受访者的高度重视和尊重，二是便于受访者安排工作和生活，三是使受访者有一定的时间对访谈内容进行相应的准备。

4. 其他准备

如预先拟定访谈提纲，准备访谈用品、资料和纪念品，等等。

(二)实施阶段

准备工作就绪后，深度访谈即进入实施阶段。这一阶段，调查员扮演着至关重要的角色。

1. 友善地接近受访者

接近受访者一般有两种方式。一是直接接近，即调查员开门见山地介绍自己的身份，直接说明调查的意图，之后开始正式访谈。这种方式一般适用于访谈双方相互了解或者事先预约的情形。二是间接接近，即调查员借助某一契机（如开会、学习、娱乐等），在活动中与受访者建立友谊，沟通情感，再进行正式访谈。这种方式适用于访谈双方较为陌生，直接接近易遭拒绝的情形。

2. 展开访谈

在调查员简要说明此次访谈的目的、意义和主题之后，访谈就正式开始。访谈过程中，调查员一定要围绕访谈提纲，适时引导，使访谈不偏离主题。访谈中，调查员应保持中立客观的态度，言语应文明、礼貌、平等、准确、明了、恰当，不随意左右别人的观点和思想。

访谈中,调查员无须为一些细节问题与受访者纠缠。在受访者回答问题或陈述观点时,调查员要表示出极大的兴趣去认真倾听,在受访者的理解和认同中得到更多更深入的调研资料。

(三)结束阶段

访谈结束时,调查员应迅速重温访谈结果或检查访谈提纲,看是否还有遗漏项目。若无遗漏,调查员也不要迅速离去,要在与受访者进行必要的情感沟通之后,真诚感谢对方对本次调查工作的支持与合作,以寻求下一次的继续合作。

三、深度访谈法的优缺点

(一)深度访谈法的优点

深度访谈比焦点小组访谈更能深入地探索被访者的内心思想与看法,而且调查员可将反应与被访者直接联系起来。深度访谈中双方可以更自由地交换信息,消除了群体压力,这一点在焦点小组访谈中也许做不到,因为有时个人会感到群体压力,不自觉地与小组中的其他人形成一致的意见。

(二)深度访谈法的缺点

深度访谈也有焦点小组访谈的缺点,而且常常在程度上更深。能够做深度访谈的有技巧的调查员一般是专家,需要有心理学或精神分析学的知识。由于调查的元结构使得结果十分容易受调查员自身的影响,其结果质量的完整性也在很大程度上依赖于调查员的技巧,再加上调研的数据常常难以分析和解释,因此需要专业的心理学家来解读。但是此类专家比较难找,聘请的费用也很高。同时,由于只有一个受访者,无法产生受访者之间观点的相互刺激和碰撞。另外,深度访谈占用的时间和所花的经费较多,因而在一个调研项目中它所占的比重是十分有限的。

第四节　市场研究的程序和调研方案的撰写

市场研究是一个科学性很强、工作流程系统化很高的工作。它是由调研人员收集目标材料,并对所收集的材料加以整理统计,然后对统计结果进行分析以便为决策提供有益参考的方法。在实际中,面对一个调研项目,工作人员需要做的第一项工作是明确市场调研的任务,科学设计研究方案。

规范合理的工作程序是有效开展调研活动的必要条件之一。尽管国内外学者在市场调研程序所应包含的步骤方面尚存在不同看法,但对调研过程所涉及的基本环节、顺序等方面却有较为统一的观点。可以将市场调研程序划分为如下 6 个步骤来进行研究,如图 3-1所示。

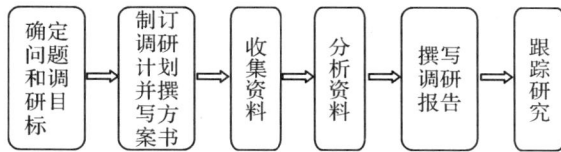

图 3-1　市场研究的程序

一、确定问题和调研目标

准确提出与界定研究问题是整个市场研究过程中最关键的一步。营销人员往往是从营销管理的角度提出问题,而营销研究人员往往从营销研究的角度提出问题。

营销管理问题以行动为导向,回答决策者需要做什么、可能采取什么行动,是决策者面对的问题,例如"是否应实施降价策略""是否应增加广告支出"等。营销人员发现销量下降,提出要研究销量下降的原因;发现促销活动效果不明显,提出想知道促销效果为何不明显;等等。

营销研究问题则以信息为导向,研究人员就要明确通过什么信息可以回答营销人员的问题,这些信息如何获得,等等,例如"某类产品的价格需求弹性""顾客消费行为中的广告支出效应"等(见表 3-3)。

因此,为了保障调研内容的合理性,首先必须做到准确地识别企业的营销管理问题,这是营销调研的出发点。市场研究人员一般需要对二手资料进行收集和分析,以及进行小范围的定性研究来实行背景分析。小范围的定性研究经常通过与业内的专家及其他有见识的人,比如关系良好的销售商等以深度访谈或小组座谈的方式来进行。

表 3-3　营销管理问题和营销研究问题

营销管理问题	营销研究问题
是否应该引进新产品	针对提议的新产品确定消费者偏好和购买意向
新产品应该如何定价	确定市场规模、需求弹性、顾客知晓和竞争程度
如何减少顾客的抱怨	调查顾客对客户服务部门的评价、顾客抱怨的影响因素

营销管理问题确认之后,研究人员应据此确定营销研究问题。其中,应遵循三个基本原则:①确保调研者获得营销决策所需的全部信息;②能指导调研者开展调研活动;③调研问题不能过于宽泛,也不能过于狭窄。

为了避免定义问题时过宽或过窄,可以将调研问题用比较宽泛的、一般的术语来陈述,但同时具体地规定其各个组成部分。比较宽泛的陈述可以为解决问题提供较宽阔的视角,而具体的组成部分集中了问题的关键方面,从而可以为如何进一步操作提供清晰的指引路线。

随着营销管理问题与营销调研问题的逐步明晰,营销调研目标便可相应得到确认。如某公司因原材料涨价而利润降低,管理层考虑将成品提价,有关调研目标可描述为:通过对价格需求弹性的调研研究,确定不同价格水平对产品销售和盈利的影响,为公司制订合适的价格政策提供依据。

二、制定调研计划并撰写方案书

确定了营销研究的问题之后,研究人员便要着手设计详细的调研计划,撰写市场研究方案书。市场研究方案书是指导调研活动开展的纲领性文件,一般应指明所要收集的具体信息、来源、采用的方法、时间进度、经费预算等。

(一)确定所需的信息资料及其方法

不同的调研项目所需的信息资料是大不一样的,要确定研究的信息来源是一手资料还是二手资料。在可以使用二手资料的情况下,尽量使用二手资料,毕竟二手资料的获取省钱、省力、省时间。

一手资料的收集方法较多而且复杂,主要有访问法、观察法、实验法和一些特定的定性研究方法。要根据研究信息的不同选择不同的信息搜集方法,选择方法的基本原则是保证所需要收集的信息的获取方法可行、时间少、成本低。

(二)确定获取信息的技术方案

在技术方案中应明确写明信息的收集、整理与分析的具体方法和实施步骤。在信息收集方面往往涉及问卷设计、抽样方法的选择、样本容量的确定等问题;在信息整理与分析方面应明确资料处理的基本目标和要求、分析的具体方法等。

(三)制定进度和经费预算

方案设计一旦完成,就应考虑进度安排和经费预算,以保证项目在可能的财力、人力和时间限制下完成。

在总体方案的设计或策划过程中,要制定整个调研工作完成的期限以及各个阶段的进程,就必须有详细的进度计划安排,以便督促或检查各个阶段的工作,保证按时完成调研工作。进度安排一般包括如下几个方面,如表 3-4 所示。

表 3-4　进度安排

顺序	进度内容	所需时间	费用预算说明
1	总体方案的论证、设计	一周	
2	抽样方案的设计,调研实施的各种具体细节的制定	一周	
3	问卷的设计、测试、修改和最后的定稿	一周	问卷设计费
4	问卷印刷和礼品准备	不定	按实际数量计算
5	访问员的挑选和培训	一天	
6	调研实施	一个月	按问卷样本数计算
7	调研数据的计算机录入和统计分析	一周	按问卷样本数计算
8	调研报告的撰写	一周	按调研报告份数计算

在进行预算时,要将可能需要的费用尽可能考虑全面,以免将来出现一些不必要的麻

烦而影响调研的进度。

市场研究方案书并不唯一。研究人员往往有很多的选择,每一种选择都会有其优缺点,这就需要研究人员进行综合的考虑和权衡。

一般来说,主要需要权衡的是调研成本和调研信息的质量之间的关系,通常所获得的信息越精确,错误越少,成本就越高。若项目预算过高,则要修改设计方案以减少费用,或者改用较小的样本。另外需要权衡的还有时间限制和调研类型,调研人员必须在很多条件的约束下,向客户提供尽可能科学的调研方案。

三、收集资料

研究方案被认可后,信息的收集是执行计划的第一个重要步骤。它是市场研究的核心阶段和主体部分,是研究人员根据研究方案采用各种手段和方法通过各种途径和渠道获取所需信息的过程。

在此阶段要尽量预防和控制非抽样误差的产生。非抽样误差是指由于抽样以外的因素而产生的误差。比如访问了错误的样本、访问对象不在、访问对象拒访或故意提供错误信息、访问员不诚实、访问员记录错误等。

大多数的定量的数据资料收集是通过雇用临时现场调查人员或者委托市场调查公司完成的。现场调查人员通过面对面的访谈、小组座谈、现场观察或电话访谈等方式来收集数据。为了避免非抽样误差的产生,在资料收集过程中必须实施有效的组织管理与质量控制。专业的市场调研公司往往建立了严格的访问员管理制度及相关的工作流程。

四、分析资料

信息收集完成以后,研究人员必须按照一定的标准和要求对所获取的各种一手资料和二手资料进行处理与分析,形成有用的信息,给出一定的结论。其中涉及的活动有资料的接收、编码、录入、统计预处理、统计分析等。

五、撰写调研报告

在对所获取的资料进行深入的分析研究之后,研究人员应按照一定的格式和要求撰写营销调研报告并呈交客户。研究报告的具体要求参见第十二章。

六、跟踪研究

市场研究报告的撰写与提交并不意味着市场研究过程的结束,有些调研项目还需要进一步实施追踪研究,以检查研究结论与现实状况是否存在偏差、偏差大小及其原因。这一方面有利于向客户或委托人提出改进建议,保证客户服务质量;另一方面可发现调研工作中存在的问题,从而改进调研机构的工作质量。

? **思考题**

1. 定性研究与定量研究的区别是什么?
2. 焦点小组访谈中大纲的作用是什么?

3.什么是深度访谈？通常用于什么类型的研究？

4.市场研究方案书包括的基本内容有哪些？

5.你认为一份好的研究方案书的制作关键因素是什么？

实践题

1.企业希望了解在校的大学生对某个品牌广告的诉求和广告设计效果的评价，要求召开一组焦点小组访谈，样本要求必须是看过该广告的大学生。以小组为单位设计定性的甄别问卷以及访谈大纲。

2.以小组为单位，选定一个主题，完成一份完整的研究方案。参考选题如下。

(1)某公司希望了解某校大学生群体电脑使用习惯。

(2)某公司希望了解某校大学生群体对于碳酸饮料的饮用习惯。

(3)某公司希望了解某校大学生群体的洗发水使用习惯。

(4)某公司希望了解某校大学生群体的乳品食用习惯。

(5)某公司希望了解某校大学生群体的饼干食用习惯。

(6)某公司希望了解某校大学生群体的功能性饮料饮用习惯。

(7)某公司希望了解某校大学生群体的外出就餐的消费习惯。

(8)某公司希望了解某校大学生群体的餐巾纸的使用习惯。

(9)某公司希望了解某校大学生群体的共享单车的使用习惯。

第四章
SPSS 基础知识

教学目的

市场研究技术是基于统计技术的发展而发展的一门应用型学科。SPSS 等一系列统计软件的诞生,为市场研究提供了技术上的工具。目前已经开发的统计软件种类很多,本书主要介绍 SPSS 软件。本章介绍 SPSS 软件的基本操作,包括 SPSS 的基本界面、数据的录入和审核、数据的前处理等内容。

第一节　SPSS 概述

一、SPSS 介绍

(一)SPSS 发展历史

SPSS 是世界上最早的统计分析软件,由美国斯坦福大学的三位研究生 Norman H. Nie、C. Hadlai(Tex)Hull 和 Dale H. Bent 于 1968 年研发成功。他们于 1975 年成立法人组织,在芝加哥组建了 SPSS 总部。1984 年,SPSS 总部首先推出了世界上第一个统计分析软件微机版本 SPSS/PC+,开创了 SPSS 微机系列产品的开发方向,极大地扩大了它的应用范围,并使其能很快地应用于自然科学和社会科学的各个领域。世界上许多有影响的报纸杂志纷纷就 SPSS 的自动统计绘图、数据的深入分析、使用的方便、功能的齐全等方面给予了高度的评价。

SPSS(statistical product and service solutions)的中文是"统计产品与服务解决方案"。最初软件全称为"社会科学统计软件包"。但是随着 SPSS 产品服务领域的扩大和服务程度的加深,SPSS 公司已于 2000 年正式将全称更改为"统计产品与服务解决方案",标志着 SPSS 公司的战略方向正在做出重大调整。

2009 年 7 月 28 日,IBM 公司宣布将用 12 亿美元收购统计分析软件提供商 SPSS 公司。如今 SPSS 已更新至版本 25.0,而且更名为 IBM SPSS(本教材使用 20.0 版本)。迄今,SPSS 公司已有 40 余年的成长历史。

(二)SPSS 的特点

SPSS 是世界上最早采用图形菜单驱动界面的统计软件,它最突出的特点就是操作界面极为友好,输出结果美观漂亮。它几乎将所有的功能都以统一、规范的界面展现出来,使用 Windows 的窗口方式展示各种管理和分析数据方法的功能,对话框展示出各种功能选择项。用户只要掌握一定的 Windows 操作技能,粗通统计分析原理,就可以使用该软件为特定的科研工作服务。SPSS 采用类似 Excel 表格的方式输入与管理数据,数据接口较为通用,能方便地从其他数据库中读入数据。其统计过程包括了常用的、较为成熟的统计过程,完全可以满足非统计专业人士的工作需要。SPSS 的输出结果十分美观,存储时则是专用的 SPO 格式,可以转存为 HTML 格式和文本格式。对于熟悉老版本编程运行方式的用户,SPSS 还特别设计了语法生成窗口,用户只需在菜单中选好各个选项,然后按"粘贴"按钮就可以自动生成标准的 SPSS 程序,极大地方便了中、高级用户。

SPSS 是一个组合式软件包,它集数据整理、分析功能于一身。用户可以根据实际需要和计算机的功能选择模块,以降低对系统硬盘容量的要求,有利于该软件的推广应用。SPSS 的基本功能包括数据管理、统计分析、图表分析、输出管理等。SPSS 统计分析过程包括描述性统计、均值比较、一般线性模型、相关分析、回归分析、对数线性模型、聚类分析、数据简化、生存分析、时间序列分析、多重响应等几大类;每类中又分好几个统计过程,比如回归分析中又分线性回归分析、曲线估计、Logistic 回归、Probit 回归、加权估计、两阶段最小二乘法、非线性回归等多个统计过程;而且每个过程中又允许用户选择不同的方法及参数。SPSS 也有专门的绘图系统,可以根据数据绘制各种图形。

SPSS 的分析结果清晰、直观、易学易用,而且可以直接读取 Excel 及 DBF 数据文件,现已推广到搭载各种操作系统的计算机上。SPSS 和 SAS、BMDP 并称为国际上最有影响的三大统计软件。在国际学术界有条不成文的规定,即在国际学术交流中,凡是用 SPSS 软件完成的计算和统计分析,可以不必说明算法,由此可见其影响之大和信誉之高。

但 SPSS 也存在一些缺点。它的输出结果虽然漂亮,但是很难与一般办公软件如 Office 或是 WPS 直接兼容,如不能用 Word 等常用文字处理软件直接打开,只能采用复制、粘贴的方式加以交互。在撰写调查报告时往往要用电子表格软件及专业制图软件来重新绘制相关图表,这已经遭到诸多统计学人士的批评。而且 SPSS 作为三大综合性统计软件之一,其统计分析功能与另外两个软件即 SAS 和 BMDP 相比仍有一定欠缺。

虽然如此,SPSS 由于其操作简单,已经在我国的自然科学和社会科学的各个领域发挥了巨大的作用,包括经济学、生物学、心理学、地理学、医疗卫生、体育、农业、林业、商业、金融等等。

二、SPSS 的基本界面

本教材介绍的软件版本为 SPSS 20.0 的汉化版。启动 SPSS 20.0 后,会出现系列界面。该窗口的视图有两个,一个是数据视图(见图 4-1),一个是变量视图(见图 4-2)。由于目前还没有输入数据,因此显示的是一个空白文件。

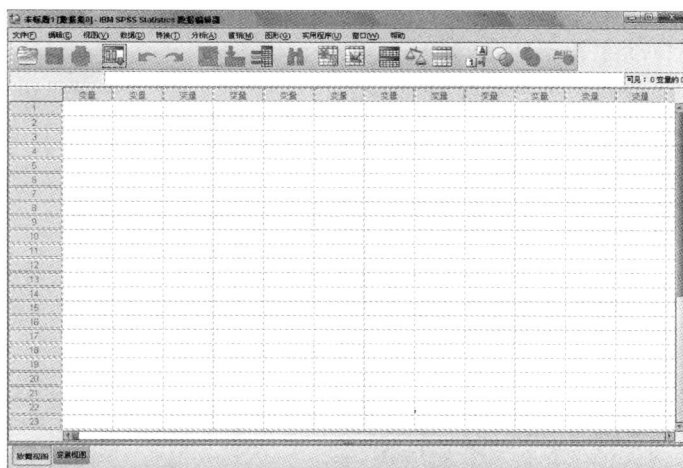

图 4-1 数据视图界面

在 SPSS 中,变量的概念很重要。在数据视图窗口中,每一列表示一个变量的所有取值,每一行代表了数据文件的一个"个案",在统计学中也称之为"随机事件"。在数据录入前必须先定义变量。一般说来,问卷的每一个问题都可以成为一个"变量"。

定义变量时,点击左下角"变量视图",打开后如图 4-2 所示。变量视图中包括变量名称、类型、宽度、小数、标签、值、缺失、列、对齐、度量标准、角色等条目。

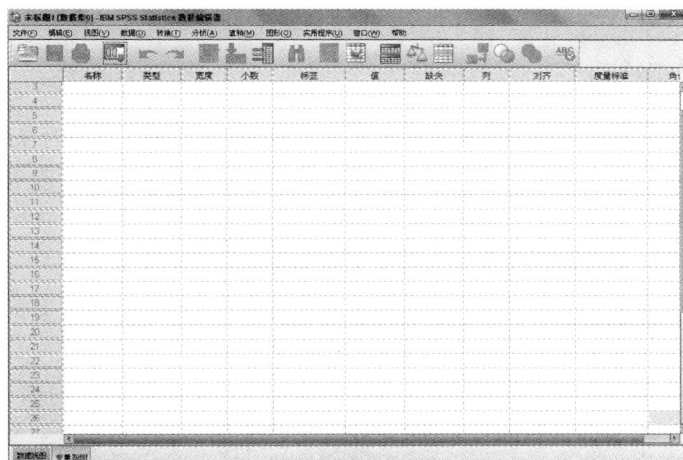

图 4-2 变量视图界面

(一)定义变量名称

定义变量名称是指给每一个变量取名。SPSS 默认的变量名称为 Var00001、Var00002 等,用户也可以根据自己的需要来命名变量。SPSS 变量的命名和一般的编程语言一样,有一定的命名规则,具体内容如下。

(1)变量名必须以字母、汉字或字符@开头,其他字符可以是任何字母、数字或_、@、

♯、$ 等符号。

（2）变量最后一个字符不能是句号。

（3）不能使用空白字符或其他特殊字符（如"！""？"等）。

（二）定义变量类型

点击"类型"相应单元中的按钮,就会出现下列对话框（见图4-3）。

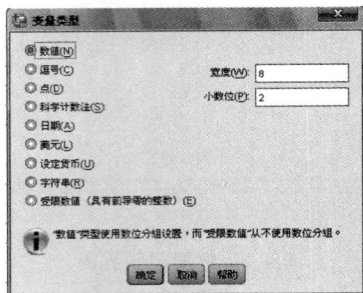

图4-3 "变量类型"对话框

在对话框中选择合适的变量类型并单击"确定"按钮,即可定义变量类型。SPSS常见的变量类型有:数值、逗号、点、科学计数法、日期、美元、设定货币、字符串、受限数值。

变量类型也包括了宽度和小数位数,但是在日期类型的情况下,宽度和小数位数无效。

（三）定义变量标签

定义变量标签是对变量名的进一步描述。变量只能由8个以内字符组成,而8个字符经常不足以表示变量的含义。变量标签则可长达120个字符,可显示大小写,需要时可用变量标签对变量名的含义加以解释。

双击"变量标签"相应的单元格,直接录入相应的内容便可。

（四）定义变量值标签

值标签是对变量的每一个可能取值的进一步描述。如果输入的数据是"1""2""3""4",则可以在值标签中将其代表的选项内容输入（见图4-4）。

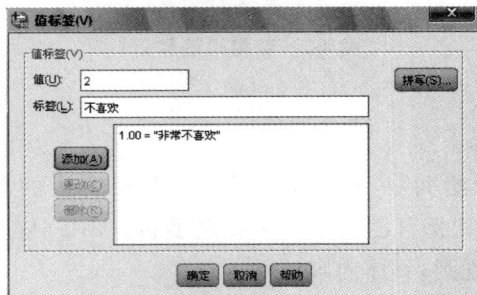

图4-4 "值标签"对话框

输入值和对应的标签,点击"添加"就可以。全部添加完毕后,点击"确认"。

(五)定义缺失值

在问卷变量值的定义中,会出现一些异常数据,例如"不知道"用 99;"拒答"用 98。这些数值在有些情况下是不纳入计算的,例如计算平均数时,如果纳入计算,则数据会出现偏差,因此要设定为缺失。

SPSS 有两类缺失值:系统缺失值和用户缺失值。

单击"缺失"相应单元中的按钮,在弹出的如图 4-5 所示的对话框中,可改变缺失值的定义方式。在 SPSS 中有两种定义缺失值的方式。

(1)可以定义 3 个单独的缺失值。

(2)可以定义一个缺失值范围和一个单独的缺失值。

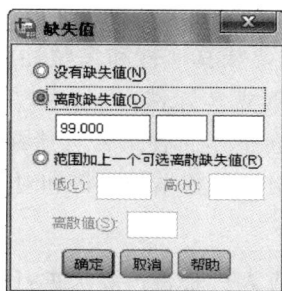

图 4-5　"缺失值"对话框

图 4-5 中 99.000 为缺失值,也就是在具体的计算中将不被纳入计算范围。

输入变量的显示宽度,默认为 8。

选择变量值显示时的对齐方式:left(左对齐)、right(右对齐)、center(居中对齐)。默认是右对齐。

(六)定义度量标准

变量的度量标准按测量精度可以分为定性变量、定序变量、定距变量和定比变量几种。SPSS 将其分为定距变量、定序变量和定类变量。

1. 定距变量

定距变量是指年龄、温度、重量、次数等,包括连续变量和不连续变量。

2. 定序变量

定序变量是指职称(高低)、程度(高低)等。

3. 定类变量

定类变量是指职业、性别等。

第二节 数据的审核和录入

一、数据审核

数据审核是保证数据有效性的一个重要环节。在数据收集完成后，首先就要对数据进行审核，以保证数据的质量。这是对所收集信息的真实性、准确性、系统性、逻辑性等方面所做的判断和结论，决定着最终数据处理结果的准确程度。

（一）数据录入前的审核

对于直接调查获得的数据，主要从真实性和完整性两个方面进行审核。真实性的审核主要检查数据是否真实地反映客观实际情况，如内容是否真实、数据记录是否有错误等。完整性的审核主要是检查问卷整体回答是否有遗漏、是否填写完整等。对数据进行真实性和完整性审核主要体现在对虚假数据的审核和对错误信息的审核。

1. 对虚假数据的审核

审核虚假数据也就是审核调查人员是否按要求进行了访问。通常情况下通过查看问卷比较难以发现问题，一般会采用复核的手段，即利用电话或再次上门核实数据的真假、被访者是否符合要求、访问过程是否正确等。复核问卷样例如资料链接 4-1 所示。

资料链接 4-1：复核问卷样例

手机调查复核问卷

＿＿＿＿＿先生/女士：您好

我们是×××公司的访问员，不好意思再次打扰您。您上次接受过关于手机方面的访问，还有几个问题想再补充了解一下，只需要 3 分钟。谢谢！

1. 请问上次手机调查是您本人接受的吗？

A. 是　　　　B. 否（终止，废卷）

2. 请问上次访问大约花了您多少时间？＿＿＿＿＿分钟。（少于 10 分钟，请再确认。确认少于 10 分钟则废卷）

3. 请问在访问的过程中，访问员是否向您出示了卡片、照片等物品？

A. 是　　　　B. 否（再次确认，若未出示则废卷）

4. 请问您现在使用的手机是什么品牌的？（与调查问卷核对，不一致则废卷）

2. 对错误信息的审核

对错误信息的审核主要在被访者不配合、不愿意回答的时候进行。这个在问卷数据审核时比较容易发现,如果出现前后不一致,或者每个问题的答案都是中性答案、相似答案的情况,那么,这份问卷将被视为无效问卷。

(二)数据录入后的审核

数据录入的方式通常有三种:一是利用专用的数据输入软件,二是利用字体处理或表格软件产生无标号的 ASCII(American standard code for information interchange,美国信息交换标准代码)文件,三是利用统计软件包的数据输入模块。在专业的数据录入中,通常采用第二种方式。但是,在普通的研究中还是利用 Excel 或 SPSS 直接录入数据比较方便。

目前通用的录入方法主要是直接用计算机键盘输入编码,也有用机读卡、光学扫描和计算机控制的传感器分析完成的。

在数据录入的过程中,同样会产生误差。对于数据录入后的审核主要采用排序检查或逻辑检查。排序检查可以通过对变量进行排序,发现是否有异常数据,如变量的范围是 1~5,则出现 6 以上的数据就是错误数据,需要重新核实。逻辑检查可以通过对变量进行筛选。比如针对 Q1"是否使用手机",如果选"否",则跳至 Q3,也就是说 Q1 选"否",则 Q2 应是未被回答的项;如果被回答了,就发生错误了,要重新核实;或者对录入的数据进行计算,如几个变量相加应该为 100,出现其他数据就发生错误了,要重新核实。

在数据录入的审核中,还可以采用重复录入两遍或三遍的方法进行对比检查,同一个位置的数据不一致时,就需要纠正。但是,这种方法比较费时费力。

二、数据编码与前处理

(一)数据编码

1. 编码概述

编码是指将各种类别的市场信息资料用代码来表示的过程。代码是用来代表事物的标记,可以用数字、字母、特殊的符号或者它们之间的组合来表示。

编码是在分类的基础上进行的。分类是对市场信息资料进行整理,并按其性质、特点、用途等的不同分别进行归类。编码一般分为事先编码和事后编码。在问卷设计中,尽量采用事先编码。通常对一些封闭题的选项会进行事先编码,这样可以减少后期数据准备的工作,减少由编码带来的错误。但是,对于开放题必须进行事后编码。

2. 编码的基本原则

(1)相关性原则

相关的类别应用相关的编码,编码必须与分类相适应。对于任一给定变量,编码的分类必须是相互排斥的,否则,不同的类别就会使用相同的编码,就会出现类别不同但编码相同的现象。

(2)标准化原则

编码要标准化。数据组的每一条记录都只能有一个用于识别的编码,其目的就是识别数据组中的这一特定记录。

（3）周密性原则

编码时尽量考虑周全并预留一定的位置以备接受意外数据。例如，如果被访者无法回答，就要有"无法回答"的编码；如果被访者拒绝回答，就要有"拒绝回答"的编码，否则会导致数据缺失。

（二）处理缺失值

1. 缺失值概述

缺失值是指某个变量的取值不明，原因可能是调查对象的答案不清楚或记录不完整。对缺失值的处理可能会带来一些问题，特别是当缺失值超过 10％ 的时候。

2. 处理缺失值的办法

（1）用均值代替

用均值代替也就是取某个变量的平均值来代替缺失值。这样做不会改变其他变量，同时，诸如相关分析等统计结果也不会受很大的影响。但是，平均值不一定能够代表调查对象对这个问题的答案，实际答案可能高于或低于平均值。

（2）用估计值代替

用估计值代替就是用调查对象对其他问题的回答，估计出一个值来代替缺失值。采用这种方法可以通过统计工作来确定问题的变量和数据已知的变量之间的关系。不过，这种方法在很大程度上受调查人员的主观因素的影响。

（3）整列删除

整列删除是将有缺失值的问卷或样本整个删除，不计入统计分析的数据之内。不过，这样可能会导致样本的不足，影响分析结果。

（4）单项删除

单项删除指研究者不丢弃有缺失值的样本，而是采用有完整答案的问卷，分别在计算中删除有缺失值的项目。因此，不同变量的样本量可能会不同。这种方法适合于大样本、缺失值少及变量之间没有高度相关的情况。

采用不同的方法处理缺失值，都可能会带来一定的问题。因此，要尽量减少缺失值，在审核问卷的完整性时一定要仔细，如发现有缺失的项目，尽量补问，以减少缺失值。

三、问卷录入

调查问卷回收，在经过核实和清理后要用 SPSS 做数据分析，第一步就是把问题编码录入。要根据问卷问题的不同定义变量。

定义变量值得注意的有两点：一是要区分变量的度量，有定量变量、定序变量及定类变量；二是要注意定义不同的数据类型。

问卷题目的类型大致可以分为单选、多选、排序、开放题目四种，它们的变量的定义和处理的方法各有不同，现详细举例介绍如下。

1.单选题:答案只能有一个选项

[例]请问您目前是否使用手机?

①是　　②否

编码:只定义一个变量,变量值"1""2"分别代表"是""否"两个选项。

录入:录入选项对应值,如选是,则录入 1。

2.多选题:答案可以有多个选项,其中又有项数不定多选和项数限定多选

(1)方法一:二分法

[例]请问您曾经使用过哪些品牌的手机?

①苹果　　②小米　　③三星　　④多普达

编码:把每一个相应选项定义为一个变量,每一个变量值均定义为:"0"为"未选","1"为"已选"。

录入:被调查者选了这一选项录入"1",没选的录入"0"。如被调查者选了"小米"和"多普达",则 4 个变量分别录入为"0""1""0""1"。

(2)方法二:多重分类法

编码:定义 4 个变量分别代表题目中的"1""2""3""4",这 4 个变量值均同样地以对应的选项定义,即录入的数值"1""2""3""4"分别代表选项"苹果""小米""三星""多普达",相应录入每个对应的变量名下。如被调查者跟前面一样分别选"小米"和"多普达",则在 4 个变量下分别录入"2""3""空格""空格"。

3.排序题:对选项重要性进行排序

[例]您购买商品时在:①品牌　②流行　③质量　④实用　⑤价格　中对它们的关注程度的先后顺序是(请填代号重新排列)

第一位　　第二位　　第三位　　第四位　　第五位

编码:定义 5 个变量,分别可以代表"第一位"至"第五位",每个变量都做如下定义:"1"—"品牌","2"—"流行","3"—"质量","4"—"实用","5"—"价格"。

录入:录入的数字"1""2""3""4""5"分别代表 5 个选项,如被调查者把"质量"排在第一位则在代表"第一位"的变量下输入"3"。

4.开放性数值题和量表题:这类题目要求被调查者自己填入数值,或者打分

[例]您的年龄(实岁):_____

编码:一个变量,不定义变量值。

录入:即录入被调查者实际填入的数值。

5.开放性文字题

如果可能的话,可以按照含义相似的答案进行编码,转换成为封闭式选项进行分析。如果答案内容较为丰富、不容易归类的,应对这类问题直接做定性分析。

数据录入完成后,在对数据进行正式分析前,需要对数据录入的正确性进行检查,检查录入的数据与问卷中的数据是否一致。简单的数据可以采用排序,看看是否有异常值,比如,问卷中的数据是 1~5,如果出现了 6 及以上的数据则肯定有问题,需要重新核对。

四、数据前处理

(一)连续数据分段

对于开放性的数值,在录入的时候是直接录入,比如年龄,直接录入"23岁""25岁"等。对于这种连续数据,计算各个年龄的人数百分比意义不大,需要对年龄进行分组,然后计算各个年龄段的百分比。

例如,某次调查的年龄变量数值如图4-6所示。

图 4-6 年龄变量数值

对于图4-6,我们假设的年龄分段为小于等于20岁,21～30岁,31～40岁,41～50岁,51岁及以上,分别编码为1、2、3、4、5。

点击"转换",选择"重新编码为其他变量",显示图4-7所示界面。

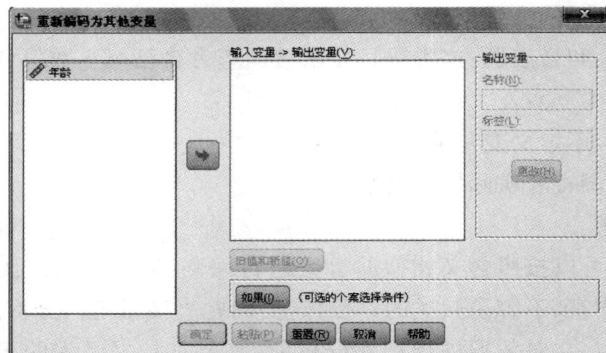

图 4-7 "重新编码为其他变量"对话框

对年龄进行重新编码,将年龄变量选中,放入"数字变量"—"输出变量"对话框,给输出变量取个名称和定义标签,如图4-8所示。

图 4-8　选择变量后的"重新编码为其他变量"对话框

点击"旧值和新值",显示图 4-9 所示界面。

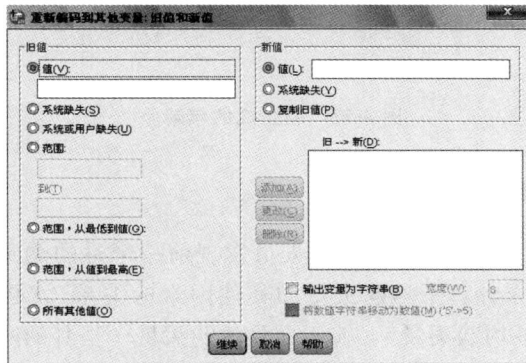

图 4-9　"重新编码到其他变量:旧值和新值"对话框

根据年龄段的定义,选择相应的范围,并赋予新值(即新的编码),如图 4-10 所示。

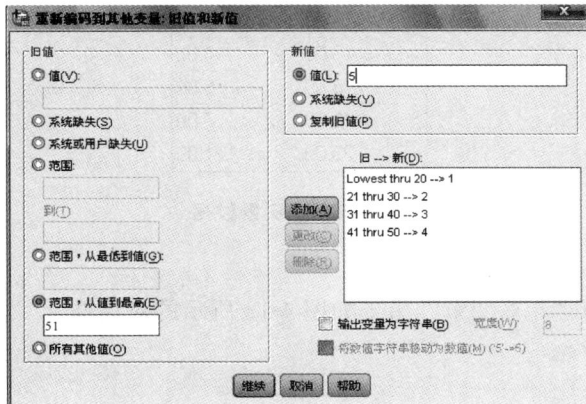

图 4-10　"重新编码到其他变量:旧值和新值"的赋值对话框

全部重新赋值后,点击"继续",回到前一个界面,点击"更改",然后点击"确认",完成对年龄的重新编码。

回到数据视图,可以看到在数据表中增加了一列"年龄段",如图 4-11 所示。

图 4-11　新生成的年龄段

(二)数值重新计算

对某品牌的购买情况的调查中,调查人员发现前一个月的购买量和当月的购买量如图 4-12 所示。这时,如果计算平均购买量和其他因素的关系,就必须要对原始录入的购买量数值重新计算,则平均购买量＝(前一个月的购买量＋当月的购买量)/2。

前一个月购买量	当月购买量
12.00	13.00
13.00	14.00
14.00	12.00
16.00	14.00
9.00	5.00
6.00	7.00
23.00	21.00

图 4-12　购买量数据

要通过计算,形成新的数值。

点击"转换",打开"计算变量",出现如图 4-13 所示的对话框。

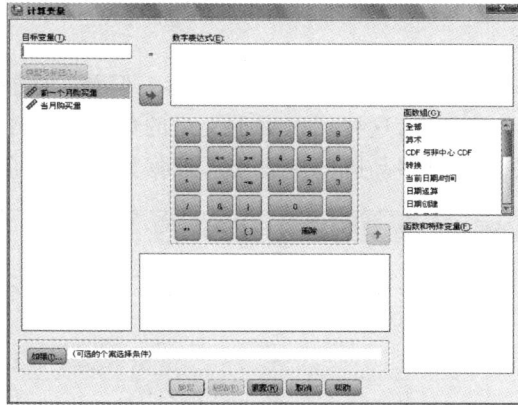

图 4-13　"计算变量"对话框

设定一个目标变量如平均值,平均值＝(前一个月购买量＋当月购买量)/2,利用数据计算工具编辑完成后,如图 4-14 所示。

图 4-14　利用函数计算平均值页面

点击"确定",生成新变量平均值,如图 4-15 所示。

前一个月购买量	当月购买量	平均值
12.00	13.00	12.50
13.00	14.00	13.50
14.00	12.00	13.00
16.00	14.00	15.00
1.00	5.00	3.00
6.00	5.00	5.50
23.00	12.00	17.50

图 4-15　生成新变量平均值页面

(三)多重响应

在多项选择题录入时,是在不同变量下录入数值。但是,在进行统计分析的时候,需要将不同变量的数据定义为集合,这样可以对定义过的集合进行计算。

例如,请问你曾经使用过哪些品牌的洗发水? 数据如图 4-16 所示。

使用品牌1	使用品牌2	使用品牌3	使用品牌4
1	3	5	.
2	3	4	5
1	2	4	.
1	3	5	6
2	3	5	6
1	4	6	.
2	3	4	5

图 4-16　多重响应数据

要计算各个品牌的使用率,点击"分析"—"多重响应"—"定义变量集",出现如图 4-17 所示的对话框。

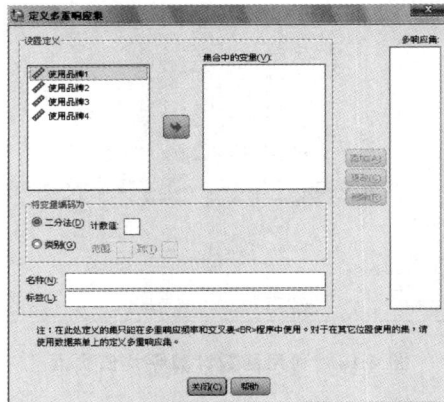

图 4-17　"定义多重响应集"对话框

将要定义的变量选中,到"集合中的变量"对话框中,将变量编码为"类别",范围是 1~6(因为变量值的范围是 1~6),定义新的名称,点击"添加"后关闭,这时新的变量集已经形成。

再重新打开"多重变量应答"对话框,频率和交叉表的计算就可以进行了。

(四)个案的选择

在统计分析时,往往需要对特定人群进行分析,比如只对女性进行分析,而对男性不做分析。这时就需要选择要分析的个案。

点击"数据"—"选择个案",出现如图 4-18 所示的对话框。

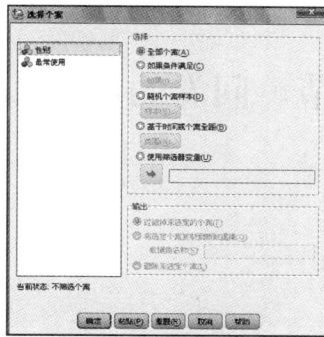

图 4-18　"选择个案"对话框

　　设定男性为"1"，女性为"2"。因本次研究针对的是女性样本，即性别选择"2"，点击"如果条件满足"，然后点击"如果"，出现如图 4-19 所示的对话框。

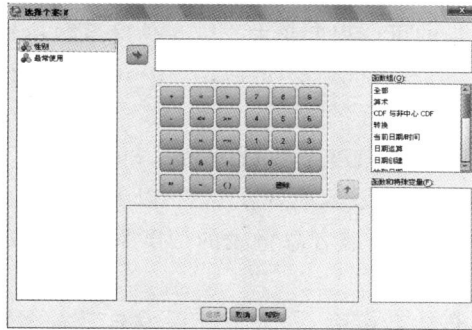

图 4-19　"选择个案"条件式对话框

　　选中"性别"，进入对话框，设定"性别＝2"，点击"继续"，然后点击"确定"，回到原始数据集，出现如图 4-20 所示变化。

	性别	最常使用	filter_$
1	1	3	0
2	2	3	1
3	1	2	0
4	1	3	0
5	2	3	1
6	1	4	0
7	2	3	1

图 4-20　"选择个案"数据集

第三节 问卷的信度和效度

一、测量的信度

(一)什么是信度

信度(reliability),指的是测量数据的稳定性程度,即在类似条件下重复测量是否可以得到一致的和稳定的测量结果。也就是说,若能用同一测量工具反复测量某人或某物的一种特征,多次测量结果间的一致性程度就叫做信度,也就是测量的可靠性。

一般来说,一份好的测量必须具有较高的信度。若以信度系数来表示信度的大小,那么,信度系数越大,表示测量的可信程度越大。究竟信度系数达到多少才算有较高的信度呢?学者 DeVellis 认为,0.60～0.65 为不可信,0.66～0.70 为最小可接受值,0.71～0.80 为相当好,0.81～0.90 为非常好。

因此,一份好的量表或问卷,信度系数最好在 0.80 以上,0.71～0.80 还算是可以接受的范围;一份好的分量表,信度系数最好在 0.70 以上,0.60～0.70 可以接受。若分量表的内部一致性系数在 0.60 以下或者总量表的信度系数在 0.80 以下,应考虑重新修订量表或增删题项。

系统误差对可靠性没有什么影响,因为系统误差总是以相同的方式影响测量值,因此,不会造成不一致性。而随机误差可能会导致不一致性,从而降低信度。因此,信度可以定义为随机误差影响测量值的程度。

一般来讲,可以通过使用同一量表进行不同测量,分析各测量结果之间联系的方法来评价信度。如果联系密切,各测量结果具有一致性,则认为量表是可信的。评价方法大致可分为三类:再测信度(跨时间的一致性)、替换形式信度(跨形式的一致性)和内在一致性系数(跨项目的一致性)。

(二)信度的估计方法

1. 重测信度法

重测信度是指用同一测验对同一被试前后施测两次所得结果的一致性程度。根据两次测验分数计算相关系数,即是重测信度。该信度反映了测验的稳定性程度,故又称稳定性系数。

重测信度的特点是用同一工具对同一批人测试两次,因此,只能在允许重测的情况下使用。具体说必须满足两个条件:一是所测的特征必须是稳定的,二是遗忘和练习的效果基本上可以相互抵消。

重测信度法特别适用于事实式问卷,如性别、出生年月等在两次施测中不应有任何差异,大多数被调查者的兴趣、爱好、习惯等在短时间内也不会有十分明显的变化。如果没有突发事件导致被调查者的态度、意见突变,这种方法也适用于态度、意见式问卷。

由于重测信度法需要对同一样本试测两次,被调查者容易受到各种事件、活动和他人的影响,而且间隔时间长短也有一定限制,因此在实施中有一定困难。间隔时间长短没有严格的规定,一般来说,间隔时间越长,稳定性系数越低。最适宜的时距应根据测验目的、性质及被试特点而定,最好不超过 6 个月。

2. 复本信度法

复本信度是指两个平行的测验测量同一批被试所得结果的一致性程度,也就是用两个形式不同的等价量表,对同一组受访者在不同的时间进行测量,用两次测量结果的相关性来评价量表的信度。根据同一测验目的编制的许多平行的等值测验可测定被试的同一特征,这些等值的测验叫做复本测验,因此,该方法称为复本信度法。

由于两个复本测验实施的时间不同,因此,复本信度表达的含义有所不同。如果两个复本测验是同时连续实施的,则称这种复本信度为等值性系数,等值性系数的大小主要反映两个复本测验题目差别所带来的变化。如果两个复本测验是相距一段时间分两次施测的,则称这种复本信度为稳定性与等值性系数。此时,不仅题目会影响复本信度,其他如测试的情景、被试的特质水平等都会影响复本信度,与其他信度相比,这时的复本信度最小。

在实际工作中,为了消除测试的顺序误差,一般采用平衡设计,即随机地选一半被试先做 A 卷再做 B 卷,另一半被试先做 B 卷再做 A 卷。

复本信度法的条件是首先要构造出两份以上真正平行的测验,这是比较困难的。另外,用这种方法求得的信度不仅受复本质量的影响,而且受时间、练习等因素的影响。要构造等价的量表不但费时,而且费钱,还很难构造出完全等价的量表。因此,低相关既可能是量表的信度不够造成的,也可能是量表形式不等价造成的。

3. 同质性信度法

同质性信度法又称内部一致性系数法,用来测量同一个概念的多个计量指标的一致性程度,也就是测量一个测验内容或特质的相同程度。同质性信度法的目的是判断一个测验是否能测到单一特质,以及估计所测到的特质的一致性程度。

在同质性信度法中,目前用得比较多的是 Cronbach's α 系数分析。在这类量表的设计中,各个测量项目的得分被累加,得到一个总得分,每个项目都测量整个量表所要测量对象的某个方面,项目之间就各自的特征而言应该是一致的。

4. 分半信度法

分半信度法是指将一个测验分成对等的两半后,测试在这两半上所得分数的一致性程度的方法。分半信度的解释和等值性系数一样,即可以把对等的两半测验看成在最短时间内实施的两个平行测验。

分半信度法通常在只能施测一次或没有复本的情况下使用。由于将一个测验分成两半的方法很多,因此,同一测验通常会有很多的分半信度值。

(三)影响测量信度的因素

影响测量验信度的因素很多,测试者、被测试者、测验内容、施测环境等各因素均能引起随机误差,导致分数不一致,从而降低测验的信度。下面介绍几个影响测验信度系数的重要因素。

1. 被测试者

影响信度的一个重要因素是被测试者样本的情况。就单个被测试者而言,被测试者的身心健康状况、接受测试的动机、注意力、耐心、求胜心、作答的态度等都会影响测量误差,因为这些因素往往会影响被测试者心理特征水平的稳定性。

就被测试者团体而言,整个团队内部水平的离散程度及团体的平均水平都会影响测量的信度。团体的异质程度与分数的分布有关,一个团体越是异质,其分数分布的范围就越大,信度系数也就越高。这是因为我们所计算的信度估计值大都是以相关度为基础的,而相关系数的大小往往取决于全体被测者得分的分布情况。

由于信度系数与样本团体的异质性有关,因此我们在使用测验时,不能认为当该测验在一个团体中有较高的信度时,在另一个团体中也一定具有较高的信度。此时,往往需要重新确定测量的信度。

研究表明,信度系数不仅受样本团体的异质程度的影响,也受样本团体平均水平的影响。因为对于不同水平的团体,项目具有不同的难度,每个项目在难度上的变化累积起来便会影响信度。但是,这种影响不能用统计公式来推估,只能从经验中发现。

2. 测验的长度

一般来说,测验越长,信度值越高。这是因为:①测验加长,可能改进项目取样的代表性,从而能更好地反映受测者的真实水平;②测验的项目越多,在每个项目上的随机误差就越有可能互相抵消。

3. 测验的难度和环境

测验的难度与信度没有直接对应关系,但是当测验太难或太易时,则分数的范围就会缩小,从而降低信度。显然只有当测验难度水平可以使测验分数的分布范围最大时,测验的信度才会最高。当题目过难时,被试可能凭猜测作答,从而也会降低信度。

访问时的环境也会影响测验的信度,比如是否安静、光线是否良好、空间大小是否合适等等。

二、利用 SPSS 计算同质性信度

同质性信度强调的是组成量表的一组测量项目内部的一致性。如对某品牌各方面的满意情况进行评价,录入数据如图 4-21 所示。

	性别	年龄	月收入	Q1.1	Q1.2	Q1.3	Q1.4	Q1.5	Q1.6
1	1	23.00	2300.00	5.00	5.00	5.00	5.00	5.00	5.00
2	1	24.00	1500.00	3.00	4.00	3.00	3.00	3.00	3.00
3	2	26.00	2500.00	3.00	4.00	3.00	3.00	3.00	3.00
4	2	34.00	3100.00	4.00	4.00	4.00	4.00	4.00	3.00
5	2	23.00	3500.00	5.00	5.00	5.00	5.00	5.00	5.00
6	2	18.00	4000.00	5.00	5.00	5.00	5.00	5.00	5.00
7	1	45.00	5000.00	5.00	4.00	4.00	5.00	2.00	2.00
8	1	34.00	3500.00	3.00	5.00	5.00	4.00	4.00	4.00
9	1	35.00	2500.00	4.00	4.00	4.00	5.00	3.00	5.00
10	2	42.00	1500.00	3.00	4.00	3.00	3.00	3.00	3.00
11	1	24.00	2000.00	3.00	4.00	3.00	3.00	3.00	3.00
12	2	26.00	6000.00	5.00	2.00	5.00	2.00	2.00	4.00
13	2	34.00	5500.00	5.00	5.00	5.00	4.00	2.00	4.00
14	2	23.00	3500.00	5.00	5.00	5.00	5.00	5.00	5.00
15	2	18.00	4000.00	3.00	3.00	3.00	3.00	4.00	3.00
16	1	45.00	3800.00	5.00	5.00	5.00	4.00	5.00	5.00
17	1	34.00	10000.00	4.00	4.00	4.00	4.00	3.00	5.00
18	1	35.00	8000.00	3.00	4.00	4.00	4.00	4.00	5.00
19	2	42.00	2300.00	4.00	5.00	5.00	5.00	5.00	5.00

图 4-21　某品牌各方面满意情况数据

其中,"Q1.1""Q1.2""Q1.3""Q1.4""Q1.5"和"Q1.6"分别表示"该品牌的总体满意度""外观的满意度""使用的方面性""价格便宜""售后服务"和"购买方便"。现在要检验这组满意度的内部一致性。

打开 SPSS 20.0 版本,点击"分析",在下拉菜单中选择"度量",再选择"可靠性分析",出现如图 4-22 所示的对话框。

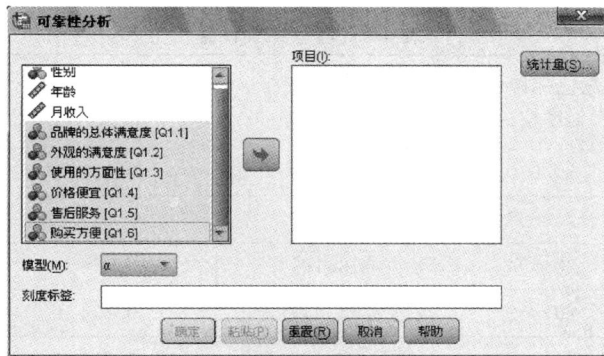

图 4-22　"可靠性分析"对话框

将要分析的一组数据选中,移入项目栏,默认的分析模型是 α。点击"统计量",出现如图 4-23 所示的对话框。

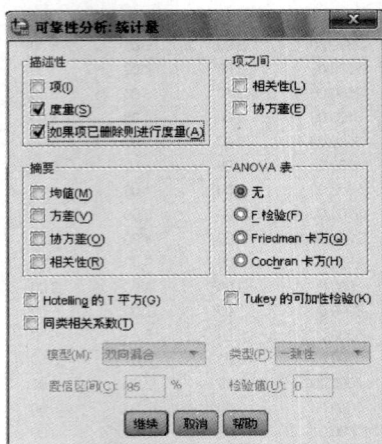

图 4-23 "可靠性分析:统计量"对话框

将对话框中的"度量"和"如果项已删除则进行度量"这两个选项打钩,点击"继续",回到如图 4-22 所示的对话框,点击"确定"。输出结果如表 4-1 和表 4-2 所示。

表 4-1 可靠性分析输出结果

Cronbach's α	项数
0.789	6

表 4-2 项总计统计量

项目	项已删除的刻度均值	项已删除的刻度方差	校正的项总计相关性	项已删除的Cronbach's α 值
品牌的总体满意度	20.670	17.229	0.322	0.806
外观的满意度	20.667	15.568	0.617	0.741
使用的方面性	20.804	14.199	0.655	0.727
价格便宜	20.852	14.478	0.634	0.733
售后服务	20.818	15.122	0.597	0.743
购买方便	21.034	16.047	0.440	0.781

从输出结果看,这组满意度量表目前的信度是 0.789,如果删除"品牌的总体满意度"这个项目的话,该组量表的信度会提高到 0.806。建议删除"品牌的总体满意度"这个项目。

三、测量的效度

(一)什么是效度

效度(validity)即有效性,它是指测量工具或手段能够准确测出所需测量的事物的程度。信度好是效度好的必要条件,但不是充分条件。

关于效度的概念,要注意以下三点。

1. 效度是个相对的概念

这种相对性表现在两个方面:效度是相对于一定的测量目的而言的。因为效度是指实测结果与所要测量的特质之间的一致性程度,因此,一个测量或量表是否有效,主要看它是否达到了测量目的。测量某一特质有效的量表,若用它来测量另一种特质,则必然会无效或效度极低。

2. 效度是测量的随机误差和系统误差的综合反映

当一个测验随机误差较大时,实测的结果当然会偏离真值,造成结果不准确。如果测量中还存在系统误差,则系统误差会加大测量误差。无论出现哪种情况,也无论是否两种误差都存在,只要出现测量误差,测量的效度必受影响。

3. 判断一个测量是否有效要从多方面搜集证据

表面看来,测量的效度就是实际测量的结果。我们要测量心理特性的一致性程度,获取效度的办法也就是拿实测结果与心理特性来比较。然而,心理特性是我们要测的东西,是未知的,通常也是比较抽象和隐蔽的。因此,不能把它直接拿来与结果比较,而必须先从多种角度把这种特性描述清楚。由于描述心理特性的角度可以是理论上的,也可以是实践上的,途径很多,因此获取测量效度的途径也是多样的。

(二)效度评估方法

在测量理论中,效度被定义为:在一列测量中,与测量目的有关的真实变异数(由所要测量的变因引起的有效变异)与总变异数(实得变异数)的比率。

效度分为三种类型:内容效度、准则效度和结构效度。

1. 内容效度

内容效度又称表面效度或逻辑效度,它是指所设计的题项能否代表所要测量的内容或主题。对内容效度常采用逻辑分析与统计分析相结合的方法进行评价。逻辑分析一般由研究者或专家评判所选题项是否"看上去"符合测量的目的和要求。统计分析主要采用单项与总和相关分析法获得评价结果,即计算每个题项得分与题项总分的相关系数,根据是否相关显著判断是否有效。若量表中有反意题项,应将其逆向处理后再计算总分。

2. 准则效度

准则效度又称效标效度或预测效度。准则效度分析是根据已经得到确定的某种理论,选择一种指标或测量工具作为准则(效标),分析问卷题项与准则的联系。若二者相关显著,或者问卷题项对准则的不同取值、特性表现出显著差异,则为有效的题项。评价准则效度的方法是相关分析或差异显著性检验。在调查问卷的效度分析中,选择一个合适的准则往往十分困难,使这种方法的应用受到一定限制。

3. 结构效度

结构效度是指测量结果体现出来的某种结构与测值之间的对应程度。结构效度分析所采用的方法是因子分析。有的学者认为,效度分析最理想的方法是利用因子分析测量量表或整个问卷的架构效度。因子分析的主要功能是从量表全部变量(题项)中提取一些公因子,各公因子分别与某一群特定变量高度关联。这些公因子即代表了量表的基本架构。透过因子分析可以考察问卷是否能够测量出研究者设计问卷时假设的某种架构。在因子分析的结果中,用于评价架构效度的主要指标有累积贡献率、共同度和因子负荷。累积贡献率反映公因子对量表或问卷的累积有效程度,共同度反映由公因子解释原变量的有效程度,因子负荷反映原变量与某个公因子的相关程度。

(三)影响测量效度的因素

影响测量效度的因素很多,除了前面介绍的影响信度的因素以外,测验本身、测验的实施和被试者等都会对效度产生影响。其中有些因素的影响较为普遍且明显,有些因素的影响却不易察觉。

1.测验本身

(1)项目质量

当组成测验的试题样本没有较好地代表欲测内容或结构时,测量的内容效度或结构效度必然会不高。例如,测验的指导语和试题的解答说明不明确,试题的编制不符合测量目的,试题难度不合适,试题的编排不合理,试题提供了额外线索,选择题的答案排列具有明显的规律性,等等,都会影响测验的效度。

(2)项目数量

增加项目的数量不但能提高测验的信度,在一定程度上也能提高测验的效度。

2.测验的实施

一个测验在实施过程中,不遵照指导语、被试作弊、测验环境太差、评分标准不客观、记分错误等等,都会影响测验的效度。

3.被试者

一般而言,被试者的动机、情绪、态度、反应心向和身体状况等都会影响测量,从而影响测验的效度。

测验的效度和样本团体的特点具有很大的关系。同一个测验对于不同的样本团体其效度有很大的不同,因此在作效度分析时,必须选具有代表性的样本团体。

样本团体的异质性对于测验效度是非常重要的。如果其他条件相同,样本团体越同质,分数分布范围越小,测验效度就越低;样本团体越异质,分数分布范围越大,测验效度就越高。

4.效标的性质

效标是衡量一个测量是否有效的外部标准,它独立于测量之外并可以从实践中直接获得感兴趣的行为。由于同一个测验可以有不同的效标,因此,在评价测量效度时,所选效标的性质是很重要的因素。

效标测量的可靠性以及效标和测验分数的关系类型也会影响效度。总之,所有与测量目的无关而又能带来误差的因素都会降低测验的效度。

四、效度和信度的关系

没有信度就没有效度。信度低,效度不可能高,因为如果测量的数据都不准确,也不能有效地说明所研究的对象。信度高,效度未必高。例如,如果我们准确地测量出某人的经济收入,未必能够说明他的消费水平。效度低,信度也可能会很高。例如,一项研究未能说明社会流动的原因,但是,可能很准确地测量了不同人群的流动量。效度高,信度必然高。

思考题

1. SPSS 软件界面中变量标签和值标签的作用是什么?

2. 多项选择题数据录入有哪两种方法? 在 SPSS 中,可以用什么功能解决多项选择题中计算频率的问题?

3. 什么是测量的信度? 影响测量信度的因素有哪些?

4. 什么是测量的效度? 影响测量效度的因素有哪些?

实践题

独立完成下列问卷的变量设置工作,并用该问卷实地访问 10 位同学,把访问的数据录入 SPSS 中。根据 18 岁及以下、19～25 岁、26 岁及以上的年龄分段要求,对年龄变量进行分段,统计曾经使用过该产品的人数百分比。

手机使用问卷

S1 请问您的年龄是_____周岁?

S2 记录性别　①男性　　②女性

Q1 请问您目前使用什么品牌的手机?_____

Q2 请问您到目前为止,曾经使用过哪些品牌的手机?_____

_____

Q3 请就您对各手机品牌的了解,您觉得下列描述最适合哪个品牌(见表 4-3)?

表 4-3　手机品牌描述

序号	描述	苹果	三星	华为	小米
1	是大家都在用的品牌	1	2	3	4
2	是高科技的品牌	1	2	3	4
3	是价格便宜的品牌	1	2	3	4
4	是价格昂贵的品牌	1	2	3	4
5	是发展比较快的品牌	1	2	3	4
6	是大家都喜欢的品牌	1	2	3	4

第五章
SPSS 在市场研究中的应用

教学目的

市场营销中的一个重要观点是 STP 营销,也就是市场细分(segmentation)、选择适当的市场目标(targeting)、定位市场(positioning)。因此,在市场研究的分析中,通常需要从消费者的心理和行为特征来进行细分市场、目标市场、定位市场研究,需要探讨因变量和自变量之间的关系并对两个或多个均值进行比较,本章介绍了如何用 SPSS 软件来实现人群细分及各因子之间关系的研究。

第一节 因子分析和对应分析

一、因子分析

(一)因子分析的作用

因子分析是市场研究中一种非常重要的统计技术,它是一种把多个变量化为少数几个综合变量的多元分析方法,是一种因子缩减的方法。目的是用有限个不可观测的隐变量来解释原始变量之间的相关关系。首先可以识别内在因子,用这些内在因子来表示一系列因子之间的相互关系;其次,以少数几个互不相关的新变量来取代原有的一系列存在相互关系的变量,供后续的多元变量分析使用;第三,可以识别重要的变量,与因子相关度越高的变量就越重要。

在市场研究中,因子分析往往可以用于细分人群、影响因素研究等,特别是当影响因素结构不清楚时,可以通过因子分析探索研究可能存在的影响因子。

(二)利用因子分析进行人群细分的事例

利用因子分析对消费群体进行分类,通常在问卷设计的时候要考虑 n 条描写对某产品或品牌的态度语句,用 5 分制的里克特量表进行测量,这些态度语句彼此应该是有交互的。然后通过因子分析压缩成几个因子。如果觉得因子还是过多,人群分类不够明显,还可以用聚类分析进一步进行归类。如图 5-1 所示。

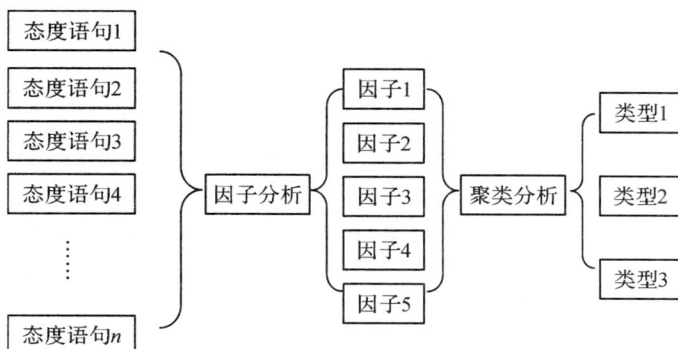

图 5-1　人群细分的过程

下面我们举一个用事后细分法对啤酒消费者进行分类的例子，一共有 20 条态度语句。

C1.根据您个人的喝酒的情况，请问您是否同意下列各因素？1 分表示非常不同意，5 分表示非常同意，您可以用 1～5 分的任意分数表示。如表 5-1 所示。

表 5-1　态度语句示例

序号	因素	非常不同意				非常同意
1	喝酒是为了交际	1	2	3	4	5
2	只有在社交场合才喝酒	1	2	3	4	5
3	喜欢认准一个品牌	1	2	3	4	5
4	喜欢换牌子喝	1	2	3	4	5
5	喜欢口味淡雅的酒	1	2	3	4	5
6	觉得喝酒很时尚	1	2	3	4	5
7	喝酒是一种享受	1	2	3	4	5
8	喜欢喝酒	1	2	3	4	5
9	周围的朋友都喝酒	1	2	3	4	5
10	喜欢口味烈的酒	1	2	3	4	5
11	只喝我喜欢的牌子	1	2	3	4	5
12	随便什么牌子都喝	1	2	3	4	5
13	大家一起的时候喝	1	2	3	4	5
14	喝酒是一种习惯	1	2	3	4	5
15	每天喜欢喝点小酒	1	2	3	4	5
16	热闹的时候喝酒	1	2	3	4	5
17	喝酒可以制造气氛	1	2	3	4	5
18	喜欢一个人的时候喝酒	1	2	3	4	5
19	喝酒可以忘掉伤心事	1	2	3	4	5
20	心烦的时候喝酒	1	2	3	4	5

(三)因子分析的步骤

1. 确定因子分析的目的和样本容量

首先要明确研究目标，必须在前期研究的基础上，选择参加因子分析的变量，这些变量必须是定距数据或定比数据。要保证一定的样本容量，一般样本容量至少是变量个数的 4～5 倍以上。

问卷中 1～20 是测量被访者对自己的喝酒行为的评价，现在要对问卷中的 1～20 这组数据进行因子分析，找出喝酒消费者的行为类型，也就是从消费行为上对喝酒的人群进行细分。

2. 检验相关矩阵

因子分析的过程是建立在变量间的相关矩阵基础上的，通过检验相关矩阵，能够获得有价值的信息。如果变量之间的相关系数小，不宜采用因子分析。

检验因子分析的模型是否适合，有两个指标：一个是 Bartlett 球形检验，一个是 Kaiser-Meyer-Olkin（KMO）。

Bartlett 球形检验能够用来检验原假设，若检验统计量的数值大，则意味着拒绝原假设。假如原假设不能被拒绝，那么因子分析的适用性就会受到质疑。

KMO 是衡量提供的样本是否恰当的标准。KMO 统计量的数值小，说明变量两两之间的相关性不能被其他变量解释，因子分析的技术可能就不适用。

点击"分析"—"降维"—"因子分析"，出现如图 5-2 所示的对话框，将要进行因子分析的指标（因子）选中到变量对话框。

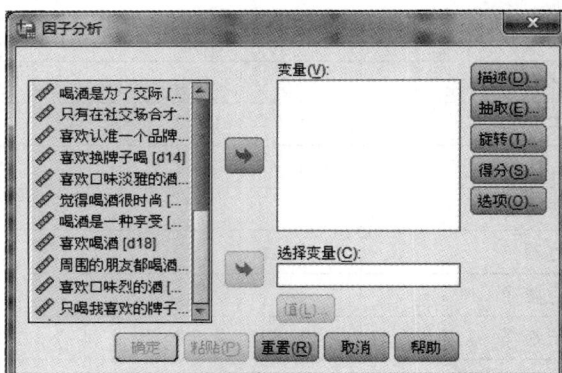

图 5-2 "因子分析"对话框

点击"描述"，出现新的对话框。

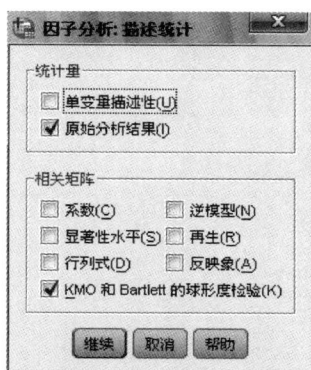

图 5-3　"因子分析：描述统计"对话框

　　在"原始分析结果"与"KMO 和 Bartlett 的球形度检验"前打钩，在输出结果中，就会显示出结果，如表 5-2 所示。

表 5-2　KMO 和 Bartlett 的球形度检验

取样足够度的 Kaiser-Meyer-Olkin 度量		0.845
Bartlett 的球形度检验	近似卡方	13147.110
	df	190
	Sig.	0.000

　　从上表中可以看出，KMO 值为 0.845，大于 0.6，说明因子分析的技术比较适合，Bartlett 的球形度检验统计量为 13147.110，具有显著性，拒绝原假设，因子分析的适用性没有被置疑。因此，此数据适合用因子分析的技术。

3. 选择因子分析的方法和确定因子个数

　　抽取因子的方法有很多，主要有主成分法、主因子法等。SPSS 统计软件中，系统默认的是主成分法，因为主成分法可以决定因子的最少个数，被确定的因子能够解释在以后的多元分析中所使用的最大方差，因而称为主成分。

　　在因子分析中，最后要确定保留的因子个数，通常在选取因子时，只保留特征根大于1 的主成分，放弃特征根小于 1 的主成分。因为，每个变量的方差为 1，该准则认为每个保留下来的因子至少应该能够解释一个变量的方差，否则，达不到精简的目的。具体操作如图 5-4 所示。

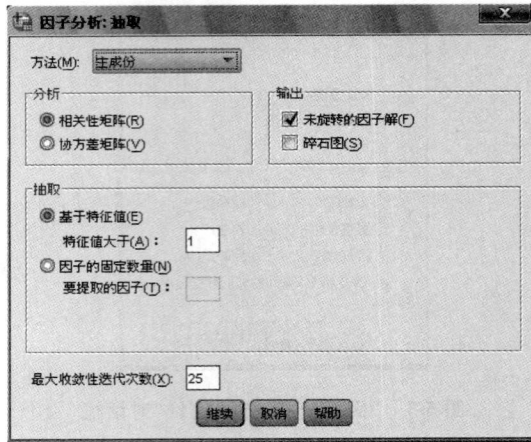

图 5-4 "因子分析:抽取"对话框

输出结果如表 5-3 所示。

表 5-3 解释的总方差

成分	初始特征值			提取平方和载入			旋转平方和载入		
	合计	方差的百分比	累积百分比	合计	方差的百分比	累积百分比	合计	方差的百分比	累积百分比
1	5.459	27.294	27.294	5.459	27.294	27.294	3.072	15.361	15.361
2	2.023	10.114	37.408	2.023	10.114	37.408	2.614	13.070	28.431
3	1.940	9.699	47.107	1.940	9.699	47.107	2.356	11.779	40.210
4	1.462	7.309	54.415	1.462	7.309	54.415	2.351	11.754	51.964
5	1.202	6.008	60.424	1.202	6.008	60.424	1.692	8.460	60.424
6	0.947	4.737	65.160						
7	0.777	3.884	69.044						
8	0.731	3.655	72.699						
9	0.652	3.260	75.959						
10	0.618	3.088	79.046						
11	0.610	3.049	82.096						
12	0.573	2.866	84.962						
13	0.495	2.475	87.437						
14	0.483	2.414	89.851						
15	0.443	2.216	92.067						
16	0.400	1.998	94.065						
17	0.381	1.904	95.968						

成分	初始特征值			提取平方和载入			旋转平方和载入		
	合计	方差的百分比	累积百分比	合计	方差的百分比	累积百分比	合计	方差的百分比	累积百分比
18	0.289	1.445	97.413						
19	0.268	1.342	98.755						
20	0.249	1.245	100.000						

说明:提取方法为主成分法。

从表 5-3 中可以看出,根据特征根大于 1,提取了 5 个因子,这 5 个因子的累积解释度为 60.424%。

4.因子载荷矩阵的旋转

因子载荷也就是指每一因子得分与其对应的各原始变量间的相互关系。因子载荷不仅反映了变量是如何由因子线性表示的,而且反映了因子和变量之间的相关程度。

得到初始因子载荷矩阵后,尽管也可以反映因子与观测变量之间的关系,但是由于它所形成的因子与很多变量都相关,所以很难对因子做出解释。需要对因子载荷矩阵进行旋转,在不影响共同度和全部所能解释的方差比例的条件下,使某个变量在某个因子上的载荷较高,而在其他因子上的载荷则显著低,从而易于解释每个因子所代表的实际意义。

因子旋转最常用的方法是"方差最大正交旋转"(varimax procedure),即通过正交变换,使得各个因子负荷的方差达到最大,同时也保持了因子之间的不相关性。具体操作如图 5-5 所示。

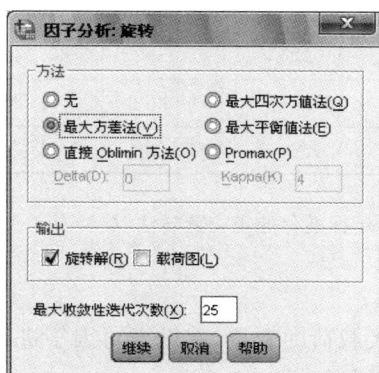

图 5-5　"因子分析:旋转"对话框

输出结果如表 5-4 所示。

表 5-4　旋转成分矩阵

因素	成分				
	1	2	3	4	5
喝酒是为了交际	0.817	0.091	0.032	0.051	−0.005
只有在社交场合才喝酒	0.848	0.167	0.032	0.052	−0.016
喜欢认准一个品牌	0.352	0.329	0.020	0.506	0.026
喜欢换牌子喝	0.771	0.223	0.035	0.130	0.026
喜欢口味淡雅的酒	0.189	0.505	0.192	0.120	−0.054
觉得喝酒很时尚	0.257	0.351	0.262	0.486	0.059
喝酒是一种享受	0.134	0.835	0.076	0.156	−0.008
喜欢喝酒	0.166	0.860	0.059	0.077	−0.005
周围的朋友都喝酒	0.178	0.668	0.104	0.128	0.076
喜欢口味烈的酒	0.198	0.105	0.497	0.319	0.078
只喝我喜欢的牌子	0.710	0.210	0.169	0.067	0.041
随便什么牌子都喝	0.469	0.120	0.315	0.396	0.078
大家一起的时候喝	0.096	0.175	0.764	0.032	−0.146
喝酒是一种习惯	0.098	−0.014	−0.164	0.077	0.755
每天喜欢喝点小酒	−0.027	−0.039	0.110	−0.032	0.777
热闹的时候喝酒	0.051	0.175	0.793	0.021	0.014
喝酒可以制造气氛	0.012	−0.013	0.765	0.095	−0.038
喜欢一个人的时候喝酒	−0.012	0.069	−0.048	0.193	0.667
喝酒可以忘掉伤心事	0.007	0.086	0.088	0.859	0.122
心烦的时候喝酒	0.052	0.123	0.074	0.848	0.089

　　说明：①提取方法为主成分法。
　　　　　②旋转法是指具有 Kaiser 标准化的正交旋转法，旋转在 6 次迭代后收敛。

5. 因子解释

　　识别在同一个因子上有大载荷的变量，有助于对因子进行解释，根据在某个因子上有大载荷的变量，就可以解释该因子。

　　根据表 5-4，消费者喝酒的行为可以分成 5 种类型，也就是可以压缩成 5 个因子，根据因子的载荷特征进行命名，分别如下。

　　(1)因子 1：社交型喝酒者

　　喝酒是为了交际；

　　只有在社交场合才喝酒。

　　(2)因子 2：享受型喝酒者

　　喝酒是一种享受；

喜欢喝酒。

（3）因子3：热闹型喝酒者

大家一起的时候喝；

热闹的时候喝酒；

喝酒可以制造气氛。

（4）因子4：情绪型喝酒者

喝酒可以忘掉伤心事；

心烦的时候喝酒。

（5）因子5：习惯型喝酒者

喝酒是一种习惯；

每天喜欢喝点小酒。

二、对应分析

（一）对应分析概述和分类

1.对应分析的含义

对应分析法又称为相应分析法，也称R-Q分析，是在因子分析基础上发展起来的一种多元统计分析方法。对应分析是一种类似于主成分法的变量降维分析方法，主要用于定性二维或多维列联表数据的分析。与主成分法分析不同之处在于它除了分别用于定性与定量数据的分析之外，主成分法基于的是方差的分解与共享，对应分析则是基于卡方统计量的分解与贡献。

2.对应分析的特点

对应分析法可以分析变量间的相关性和同一变量各分类之间的差异性或相似性，可借助图形观察对应关系。

通过分析由定性变量构成的列联表，可以解释变量之间的内在联系，可以揭示同一变量的各个类别之间的差异及不同变量各个类别之间的对应关系。特别是当分类变量的层级数比较大时，对应分析可以将列联表中众多的行和列的关系在低维的空间中表示出来。而且，变量划分的类别越多，这种方法的优势就越明显。

对应分析的基本思想是将一个列联表的行和列中各元素的比例结构以点的形式在较低维的空间中表示出来。

对应分析的最大特点是能把众多的样品和众多的变量同时展现在同一张图上，将样品的大类及其属性在图上直观而又明了地表示出来，具有直观性。

对应分析法可分成（简单）对应分析法和多重对应分析法。

列联表是对应分析的基础，表中的每一个单元格都代表被调查者选择某一答案的频数，也表示行、列的对应关系。列联表分析可分析两定性变量间的相关性，但进一步分析差异性和相似性就无能为力了。

对应分析的一个重要前提条件是表中的每个单元格不能为零或负数。

3.对应分析的作用

对应分析可以回答的问题如下。

(1)谁是我的用户?

(2)谁是我竞争对手的用户?

(3)相对于竞争对手的产品,我的产品的定位如何?

(4)与竞争对手有何差异?

(5)我还应该开发哪些新产品?

(6)对于我的新产品,我应该将目标指向哪些消费者?

(二)利用对应分析法进行品牌定位的事例

利用对应分析法进行品牌定位的事例举例如下。

我将向您读出一些有关手机品牌的描述,请您告诉我这些描述最适合哪个品牌,如表 5-5所示。

表 5-5 手机品牌描述

描述	爱立信	苹果	诺基亚	小米	三星	不知道/拒答
高质量的品牌	1	2	3	4	5	8
值得信赖的品牌	1	2	3	4	5	8
产品容易使用	1	2	3	4	5	8
手机科技领域的领导者	1	2	3	4	5	8
物有所值的品牌	1	2	3	4	5	8
式样吸引人	1	2	3	4	5	8
技术创新的品牌	1	2	3	4	5	8
产品的重量合适	1	2	3	4	5	8
关心客户的品牌	1	2	3	4	5	8
值得付更多钱的品牌	1	2	3	4	5	8
了解我的品牌	1	2	3	4	5	8
我感觉舒服的品牌	1	2	3	4	5	8
有威望的品牌	1	2	3	4	5	8
"酷/时尚"的品牌	1	2	3	4	5	8
最新型号的品牌	1	2	3	4	5	8
符合需求的品牌	1	2	3	4	5	8

(三)对应分析法分析步骤

1.获取对应分析数据

首先,需明确研究的目的,进而选择对应分析中所需的数据。

其次,计算每个品牌的每个描述频次。利用 SPSS 的描述性统计分析中的频率计算功能,分别计算每一个手机品牌所对应的每一个描述的频次,数据重新整理后,如图 5-6 所示。

序号	描述	品牌	频次
1	1	1	75
2	1	2	9
3	1	3	5
4	1	4	7
5	1	5	2
6	2	1	76
7	2	2	12
8	2	3	9
9	2	4	7
10	2	5	2
11	3	1	59
12	3	2	5
13	3	3	89
14	3	3	3
15	3	5	3
16	4	1	3
17	4	2	11
18	4	3	14
19	4	4	11
20	4	5	1
21	5	1	2
22	5	2	8
23	5	3	113

图 5-6　每个手机品牌对应的每一个描述的频次

最后,需进行加权。点击 SPSS 工作条中的"数据",选择"加权个案",会出现下列对话框,如图 5-7 所示。

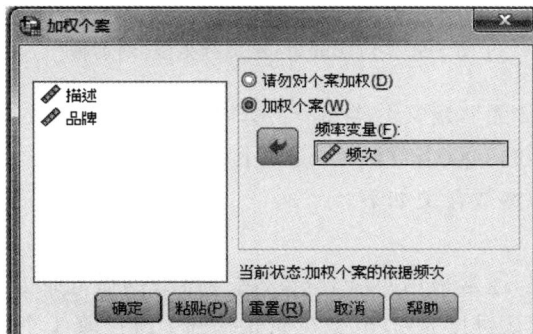

图 5-7　"加权个案"对话框

选择加权个案,将频次作为频率变量。点击"确定",完成。

2. 运用 SPSS 执行对应分析

(1)点击 SPSS 分析栏目中的降维,选择"对应分析",出现下列对话框,如图 5-8 所示。

图 5-8 "对应分析"对话框

（2）需定义各变量所取水平范围，将变量"描述"放入行栏目，点击"定义范围"按钮，键入最小值、最大值，然后点击按钮"更新"即可。本次研究中，一共有 16 个描述语句，所以，"描述"变量的最小值是 1，最大值是 16。将变量"品牌"放入列栏目，同上，品牌变量的最小值为 1，最大值为 5，一共 5 个品牌。如图 5-9 所示。

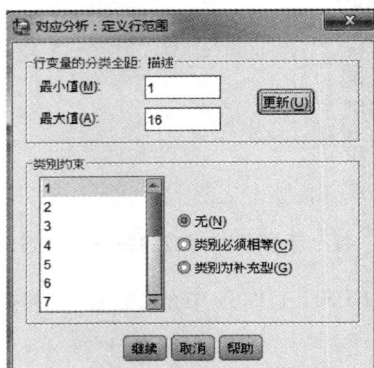

图 5-9 "对应分析:定义行范围"对话框

"类型约束"中常用"无"，定义分类特殊要求中，系统默认对分类没有特殊要求。行列变量的处理方法是一样的。点击"继续"，返回上一对话框。

（3）点击"模型"，各参数含义如下。

①解的维数

在几维空间中求解，通常采用对应分析法将高维数据做低维处理，尽可能以小的维度解释多的变异。系统默认维度是 2，至少在原先基础上维度降 1 个。

②距离度量

卡方距离和欧式距离，这里选择卡方距离。列联表的卡方距离，即卡方统计量。

③标准化方法

这里选择"行和列均值已删除"。

④正态化方法

不同的正态化方法，对应分析产生不同的结果，系统默认的是对称方法，如图 5-10所示。

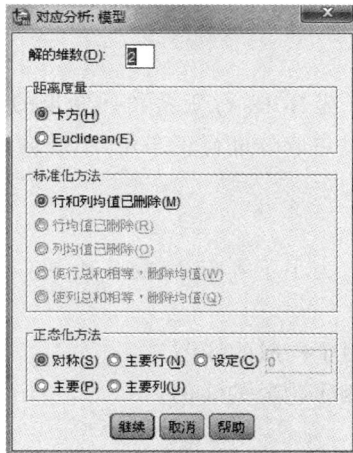

图 5-10 "对应分析:模型"对话框

(4)点击统计量,各参数含义如下(见图 5-11)。

①对应表

输出原始对应表,即原始二维列联表。

②行点概览

输出行变量的因子载荷和贡献。

③列点概览

输出列变量的因子载荷和贡献。

④对应表的排列

输出最优对应表,最大因子数,系统默认为 1。

⑤行轮廓表

基于行合计的各格子的百分比。

⑥列轮廓表

基于列合计的各格子的百分比。

⑦置信统计量

行点,即行变量各点在各因子上的标准离差及相关系数;列点,即列变量各点在各因子上的标准离差及相关系数。

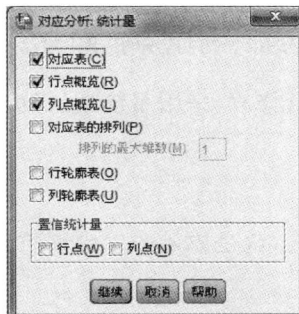

图 5-11 "对应分析:统计量"对话框

（5）点击绘制，各参数含义如下（见图5-12）。

①散点图。

a.双标图（必选）：即在因子坐标中，行变量和列变量的散点对应图，反映行变量和列变量在因子上的对应关系，若以主成分进行正态化，不能输出该因子负荷图。

b.行点：行变量的散点图。

c.列点：列变量的散点图。

d.散点图的标识标签宽度：为小于等于20的整数。

②线图（通常不选）

a.已转换的行类别：行的因子构成的线图。

b.已转换的列类别：列的因子构成的线图。

③图维数（选择默认）

a.显示解中的所有维数：提供所有维数的解。

b.限制维数：最低维数通常设定为1；最高维数为总样本量－1。

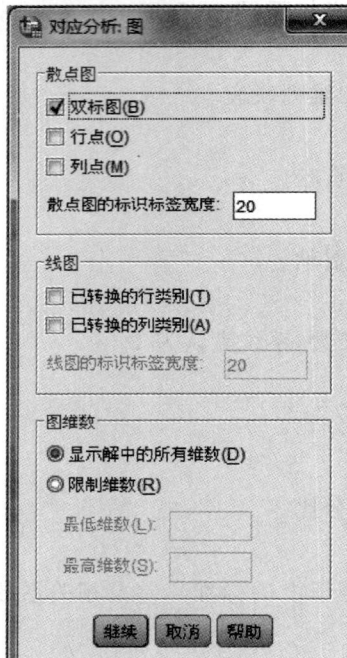

图 5-12 "对应分析：图"对话框

说明：图维数通常不需要进行修改，采用系统默认就行。

3.结果解释

（1）对应表

在结果解释中，首先是对应表，就是原始的二维频数分布表，如表5-6所示。

表 5-6　对应表

描述	品牌					
	爱立信	苹果	诺基亚	小米	三星	有效总计
高质量的品牌	75	9	5	7	2	98
值得信赖的品牌	76	12	9	7	2	106
产品容易使用	59	5	92	0	2	158
手机科技领域的领导者	3	11	14	11	1	40
物有所值的品牌	5	8	113	4	1	131
式样吸引人	37	89	5	2	2	135
技术创新的品牌	2	143	2	79	1	227
产品的重量合适	15	2	1	69	1	88
关心客户的品牌	12	79	3	4	1	99
值得付更多钱的品牌	9	5	4	5	1	24
了解我的品牌	55	78	6	1	2	142
我感觉舒服的品牌	32	3	5	1	89	130
有威望的品牌	7	3	2	4	145	161
"酷/时尚"的品牌	12	4	90	3	68	177
最新型号的品牌	69	21	8	9	27	134
符合需求的品牌	9	5	18	8	68	108
有效总计	477	477	377	214	413	1958

（2）摘要（见表 5-7）

①维数：降维数至 4 维（因子），是因为行列 2 变量中分类数最小的行变量的类数 5 减一个的结果。

②奇异值：或最好被称为特征值，解释行与列因子的相关性。

③惯量：等于各因子特征值的平方，例如 $0.628 = 0.792^2$。

④卡方：原始列联表的卡方检验。

⑤惯量比例："惯量比例"解释、"惯性比例"累积，用以解释因子的贡献率。

⑥置信奇异值：或最好被称为置信特征值，因为选择的是二维解，所以只给出两个因子的结果，标准差越小，说明点估计值越准确；因子的相关系数越小，则说明因子分解越稳定。

表 5-7　摘要

维数	奇异值	惯量	卡方	Sig.	惯量比例		置信奇异值	
					解释	累积	标准差	相关 2
1	0.792	0.628			0.387	0.387	0.012	0.312
2	0.669	0.447			0.276	0.663	0.016	
3	0.552	0.305			0.188	0.851		
4	0.492	0.242			0.149	1.000		
总计		1.622	3176.033	0.000①	1.000	1.000		

注:①60 自由度。

(3)概述行点

概述行点是对各品牌手机描述因素的统计。其中的质量、维中的得分、贡献的结果如表 5-8 所示。

质量是基于边际频数的影响量,为行或列百分比的加权均数,值越大,对形心影响越大,即越靠近形心。

表 5-8　概述行点①

描述	质量	维中的得分		惯量	贡献				
		1	2		点对维惯量		维对点惯量		
					1	2	1	2	总计
高质量的品牌	0.050	0.295	−0.227	0.075	0.006	0.004	0.046	0.023	0.069
值得信赖的品牌	0.054	0.283	−0.283	0.067	0.005	0.006	0.051	0.043	0.094
产品容易使用	0.081	−0.338	−1.347	0.108	0.012	0.219	0.068	0.907	0.974
手机科技领域的领导者	0.020	0.393	−0.428	0.014	0.004	0.006	0.184	0.184	0.368
物有所值的品牌	0.067	−0.538	−1.824	0.194	0.024	0.333	0.079	0.769	0.848
式样吸引人	0.069	0.871	0.132	0.076	0.066	0.002	0.545	0.011	0.556
技术创新的品牌	0.116	1.213	0.499	0.201	0.215	0.043	0.670	0.096	0.766
产品的重量合适	0.045	0.974	0.541	0.213	0.054	0.020	0.158	0.041	0.199
关心客户的品牌	0.051	1.060	0.261	0.086	0.072	0.005	0.525	0.027	0.552
值得付更多钱的品牌	0.012	0.402	−0.175	0.004	0.003	0.001	0.420	0.067	0.488
了解我的品牌	0.073	0.742	0.034	0.063	0.050	0.000	0.505	0.001	0.506
我感觉舒服的品牌	0.066	−1.077	0.872	0.098	0.097	0.075	0.620	0.343	0.963
有威望的品牌	0.082	−1.446	1.323	0.235	0.217	0.215	0.579	0.409	0.988

续　表

描述	质量	维中的得分		惯量	贡献				
					点对维惯量		维对点惯量		
		1	2		1	2	1	2	总计
"酷/时尚"的品牌	0.090	−0.958	−0.532	0.096	0.105	0.038	0.682	0.177	0.859
最新型号的品牌	0.068	0.012	0.124	0.030	0.000	0.002	0.000	0.023	0.023
符合需求的品牌	0.055	−1.008	0.622	0.061	0.071	0.032	0.724	0.233	0.956
有效总计	1.000			1.622	1.000	1.000			

注:①对称标准化。

（4）概述列点

概述列点是对各品牌手机相关因素的统计。质量、维中的得分、贡献结果如表 5-9 所示。

表 5-9　概述列点①

品牌	质量	维中的得分		惯量	贡献				
					点对维惯量		维对点惯量		
		1	2		1	2	1	2	总计
爱立信	0.244	0.170	−0.207	0.214	0.009	0.016	0.026	0.033	0.059
苹果	0.244	1.018	0.267	0.313	0.319	0.026	0.640	0.037	0.677
诺基亚	0.193	−0.595	−1.451	0.358	0.086	0.606	0.151	0.757	0.908
小米	0.109	0.945	0.505	0.303	0.123	0.042	0.255	0.061	0.317
三星	0.211	−1.319	0.993	0.434	0.463	0.311	0.670	0.321	0.991
有效总计	1.000			1.622	1.000	1.000			

注:①对称标准化。

（5）因子负荷图

因子负荷图（见图 5-13）可以看出哪些变量偏向于第一因子,哪些偏向于第二因子,图形很直观。

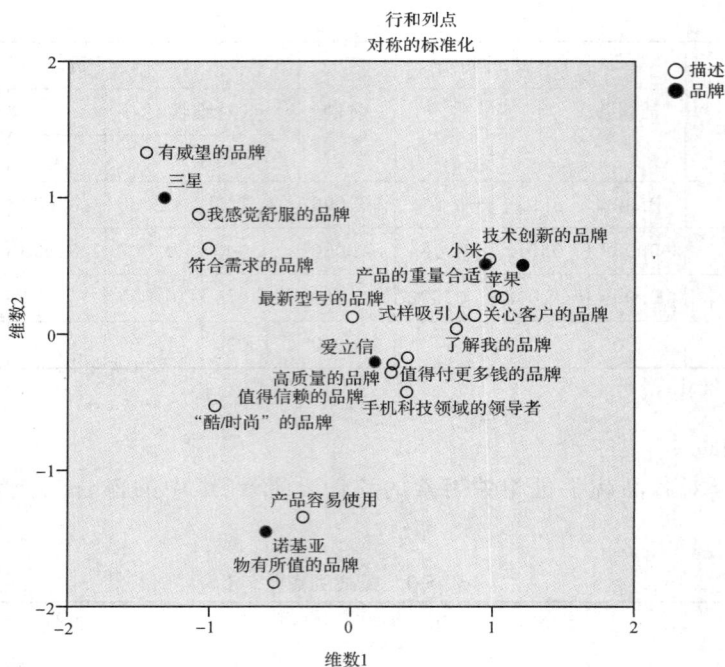

图 5-13　因子负荷图

基于第一因子的最优对应表,同因子负荷图一样,可以反映行列变量间的相关性。与原始的对应表对比可知,行列变量的顺序有所变动。

(四)解读对应分析图

1. 余弦定理

连接其中两点到原点,各作一条射线,两条线之间的夹角越小,说明它们越相关(余弦定理:夹角的余弦用来表示相关性的大小),如果从产品角度来说,二者具有竞争关系,如图 5-14 所示。

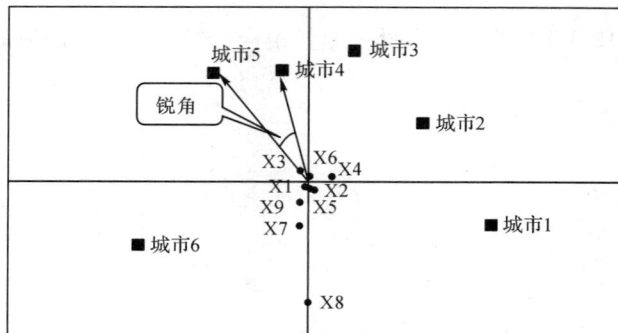

图 5-14　余弦定理示意

2. 原点定理

如果某点离圆心越远,则说明该点具有的个性越鲜明,与其他点(产品)差异大,从统计学的角度来说则越有意义,如图 5-15 所示。

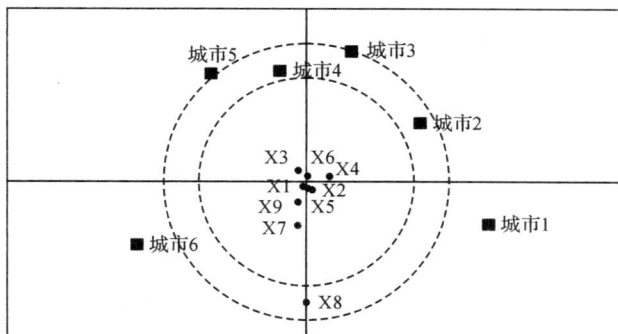

图 5-15　原点定理示意

3. 圆心定理

以某点为圆点做半径不同的圆数个,其他点落入的圆上的半径越短,则说明购买该产品的可能性越大,或者是具有相似行为但属性(年龄等)不同的消费者可能性越大,如图 5-16所示。

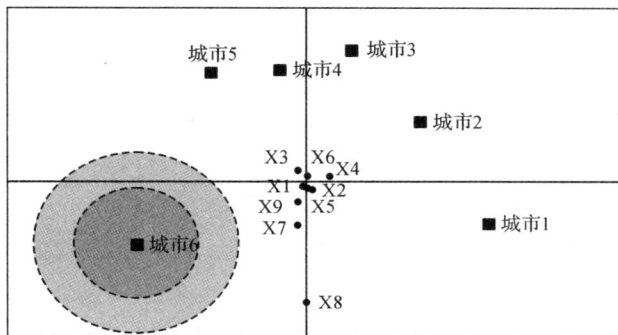

图 5-16　圆心定理示意

第二节 相关和回归分析

一、相关分析

(一)相关分析概述

1. 相关分析概念

相关分析和回归分析都是研究变量之间关系的方法,而且两者经常替换使用。但是,两者还是存在一些差异。

相关系数是用来描述两个变量或两组变量之间的接近程度的量化指标,有着广泛的应用。相关分析旨在测定变量间关系紧密的程度,因而关注的是评价对象两者之间的相对变动,其中,哪个是自变量,哪个是因变量,没有必要区分,它们各自的变化状况也不用清楚地加以确定或限制。

数据探索性分析在研究分析中有着巨大的作用,同时在做探索性分析时,相关系数往往是被经常采用的工具用来衡量变量与变量之间的关系,然后决定是否分析这些变量。

为了确定相关变量之间的关系,首先应该收集一些数据,这些数据应该是成对的。例如,每人的身高和体重。然后在直角坐标系上描述这些点,这一组点集称为"散点图"。

根据散点图,当自变量取某一值时,因变量对应为概率分布,如果对于所有的自变量取值的概率分布都相同,则说明因变量和自变量是没有相关关系的。反之,如果自变量的取值不同,因变量的分布也不同,则说明两者是存在相关关系的。

两个变量之间的相关程度通过相关系数 r 来表示。相关系数 r 的值在 -1 和 1 之间,但可以是此范围内的任何值。正相关时,r 值在 0 和 1 之间,散点图是斜向上的,这时一个变量增加,另一个变量也增加;负相关时,r 值在 -1 和 0 之间,散点图是斜向下的,此时一个变量增加,另一个变量将减少。r 的绝对值越接近 1,两变量的关联程度越强,r 的绝对值越接近 0,两变量的关联程度越弱。

2. 偏相关分析概念

偏相关分析是指当两个变量同时与第三个变量相关时,将第三个变量的影响剔除,只分析另外两个变量之间相关程度的过程。

P 值是针对原假设 H0:假设两变量无线性相关而言的。一般假设检验的显著性水平为 0.05,你只需要拿 P 值和 0.05 进行比较:如果 P 值小于 0.05,就否定原假设 H0,说明两变量有线性相关的关系,他们无线性相关的可能性小于 0.05。如果 P 值大于 0.05,则一般认为无线性相关关系,至于相关的程度则要看相关系数 r 值,r 越大,说明越相关;越小,则相关程度越低。

偏相关分析也称净相关分析,它在控制其他变量的线性影响的条件下分析两变量间的线性相关性,所采用的工具是偏相关系数(净相关系数)。控制变量个数为 1 时,偏相关系数称为一阶偏相关系数;控制变量个数为 2 时,偏相关系数称为二阶相关系数;控制变量个数为 0 时,偏相关系数称为零阶偏相关系数,也就是相关系数。

(二)相关分析事例

1. 双变量相关

例如,在满意度指数模型研究中,要探讨顾客抱怨和顾客忠诚之间的关系,可以采用双变量相关分析。

顾客抱怨和顾客忠诚设计二级指标,采用 1～5 分制打分,用二级指标的均值分别代表顾客抱怨和顾客忠诚的得分,如图 5-17 所示。

顾客抱怨	顾客忠诚
1.00	4.00
2.00	1.00
3.00	1.50
2.00	1.50
2.00	2.00
3.00	3.00
1.00	3.00
1.00	3.00
4.00	3.50
1.00	3.00
1.00	3.50
3.00	1.00
1.00	3.50
1.00	2.50
1.00	3.50
1.00	3.00
1.00	3.50
1.00	3.50
1.00	3.50

图 5-17　顾客抱怨和顾客忠诚二级指标

点击"分析"—"相关"—"双变量",出现下列对话框,如图 5-18 所示。

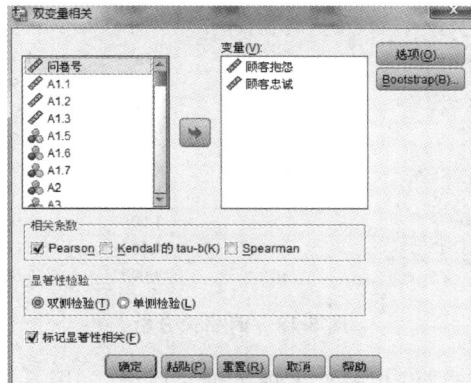

图 5-18　"双变量相关"对话框

将要分析的两个变量放入变量框中,相关系数选择 Pearson 相关,显著性采用双侧检验,其他采用默认。点击"确定",输出表 5-10。

表 5-10　相关性

变量	相关性	顾客抱怨	顾客忠诚
顾客抱怨	Pearson 相关性	1	−0.163**
	显著性(双侧)		0.000
	N	1064	1054
顾客忠诚	Pearson 相关性	−0.163**	1
	显著性(双侧)	0.000	
	N	1054	1054

注:** 表示在 0.01 水平(双侧)上显著相关。

系统自动进行显著性检验,一个"*"号是在 0.05 的水平上显著相关,"**"号是在 0.01 的水平上显著相关,没有"*"号就是没有相关。

2. 偏相关

在前面案例的满意度指数模型研究中,要探讨顾客抱怨和顾客忠诚之间的关系,可以采用双变量相关分析,而要去除满意度这个变量对顾客抱怨和顾客忠诚的影响,则要采用偏相关分析。

数据表如图 5-19 所示。

序号	顾客满意	顾客抱怨	顾客忠诚
1	5.00	1.00	4.00
2	4.50	2.00	1.00
3	2.50	3.00	1.50
4	4.50	2.00	1.50
5	5.00	2.00	2.00
6	3.50	3.00	3.00
7	3.00	1.00	3.00
8	4.00	1.00	3.00
9	4.00	4.00	3.50
10	3.00	1.00	3.00
11	3.50	1.00	3.50
12	2.50	3.00	1.00
13	3.00	1.00	3.50
14	4.00	1.00	2.50
15	3.00	1.00	3.50
16	2.50	1.00	3.00
17	3.50	1.00	3.50
18	3.50	1.00	3.50
19	3.50	1.00	3.50
20	3.50	3.00	3.50

图 5-19　偏相关分析

点击"分析"—"相关"—"偏相关",出现下列对话框,如图 5-20 所示。

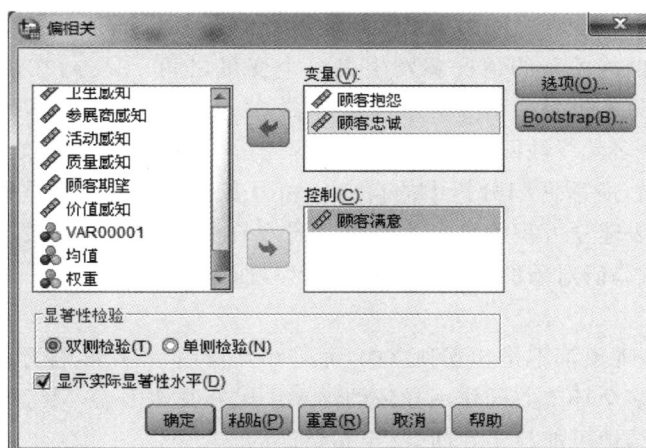

图 5-20　"偏相关"对话框

将顾客满意度作为控制变量,将顾客忠诚和顾客抱怨作为分析变量,采用双侧检验。点击"确认",输出下列结果,如表 5-11 所示。

表 5-11　相关性

控制变量			顾客抱怨	顾客忠诚
顾客满意	顾客抱怨	相关性	1.000	−0.155
		显著性(双侧)	0.000	0.000
		df	0	1046
	顾客忠诚	相关性	−0.155	1.000
		显著性(双侧)	0.000	0.000
		df	1046	0.000

在控制了顾客满意度的情况下,顾客抱怨和顾客忠诚呈现显著的负相关。在偏相关中,系统没有自动形成"＊"号的标注。

二、回归分析

(一)多元线性回归分析

1. 多元线性回归概念

在由一个或一组非随机变量来估计或预测某一个随机变量的观察值时,所建立的数学模型及所进行的统计分析,称为回归分析。

回归分析是希望明确建立一个方程关系式,借助一个或多个变量(自变量)来推测另一个变量(因变量)的变化趋势。只包括一个自变量和一个因变量的回归分析是最简单的,因而被称为简单回归,或一元线性回归。包括两个或两个以上自变量的回归分析被称为多元回归分析。如果变量之间的关系可以用一条直线近似地表示出来,该回归分析则被称为线性回归;如果变量之间的关系是用曲线近似表示出来的,该回归分析被称为曲线回归。一般而言,曲线关系的情况多发生在多个变量之间。另外,在许多经济管理问题中,一元线性回归只不过是回归分析中的特例,在复杂的经济管理中,往往有许多影响因素,因此,本章介绍多元线性回归,即一个被解释变量与多个解释变量之间的线性关系。

需要说明的是,所谓回归分析中的自变量和因变量术语的使用是为了数学上建立方程的需要,并不代表建立方程的变量之间就一定存在必然的因果关系。它们之间的因果关系是源于我们对调研对象的理论和实践的认识,而不是靠数学方程推导出来的,只能由其来验证。

生活中的许多现象都不是相互独立的,而是相互作用、相互影响的。一种结果的出现往往是多个因素、多个环节共同作用导致的结果。抛开其他因素,只考虑其中的一个因素的影响,所得出的结论可能趋于片面,甚至是错误的。

本章讨论的问题是如何同时考虑多个因素对同一结果的影响。此时,因变量只有一个,也称反应变量或响应变量,常用 Y 表示;自变量,也称解释变量,有多个,通常用 X 表示。当因变量和自变量之间存在多重线性关系时,用多重线性回归模型可以很好地表达它们之间的关系

$$Y = a + b_1 X_1 + b_2 X_2 + \cdots\cdots + b_n X_n$$

应用多元线性回归时,要注意适合的条件,此外,为了保证参数估计的稳定性,还需要注意模型的样本量的要求。有学者认为样本量应当在希望纳入模型的自变量数的 20 倍以上为宜。比如模型中希望纳入 5 个自变量,则样本量应当在 100 以上,少于此数可能会出现检验效能不足的问题。当然,如果检验结果有统计学意义,该结论并非不可信,但是在解释时要加以小心,需要牢记系数估计值可能并不稳定。

2. 多元线性分析步骤

回归分析被应用得非常广泛。作为一个统计学的模型,它有着自己严格的适用条件,在拟合时也需要不断地进行适合条件的判断。但是,许多使用者往往忽视了这一点,只是把模型做出来。这不仅仅浪费信息,更有可能得出错误的结论。这里给出一种相对比较适合的回归操作步骤供参考。

(1)绘制散点图,观察变量间的趋势。如果是多个变量,则还应当做出散点图矩阵、重叠散点图和三维散点图。绘制散点图是线性回归分析之前的必要步骤,不能随意省略。

(2)考察数据的分布,进行必要的预处理。分析变量的正态性、方差齐性等问题,并确定是否可以直接进行线性回归分析。如果进行变量变换,则应当重新绘制散点图,以确保线性趋势在变换后仍然存在。

(3)进行直线回归分析,包括变量的初筛、变量选择方法的确定等。

(4)残差分析。这是模型拟合完毕后模型诊断过程的第一步,主要分析两个方面:残差间是否独立,可以采用 Durbin-Watson 残差序列相关性检验进行分析;残差分布是否为正态,可以采用残差列表及一些相关指标来分析,但是最重要和最直观的方法为图示法。

(5)强影响点的诊断及多重共线性问题的判断。这两个步骤和残差分析往往混在一起,难以完全分出先后。

只有以上五个步骤全部通过,研究者才能认为得到的是一个统计学上无误的模型,下

一步该做的事情就是结合专业实际,将分析结果运用到现实中,来看看结果有无实用价值,以及是否存在应用中的其他问题。

(二)多元线性回归事例

例如,现在有下列数据,希望了解国民生产总值是否受婴儿死亡率和享受医疗百分比的影响。

	婴儿死亡率	国民生产总值	享受医疗百分比
1	7.3	16748	26.56
2	6.7	18796	14.38
3	7.2	17912	15.87
4	6.8	19904	32.68
5	6.6	18277	27.13
6	5.3	15877	3.10
7	6.7	18944	51.73
8	6.5	17539	13.77
9	8.2	8060	8.81
10	4.0	17241	10.33
11	7.4	12170	10.89
12	7.6	17500	38.06
13	6.3	17245	19.81
14	8.9	14381	12.23
15	6.3	17755	8.72
16	9.2	9000	18.29

图 5-21　婴儿死亡率、国民生产总值、享受医疗百分比数据

1. 绘制散点图

本事例有两个自变量和一个因变量,可绘制散点矩阵图。

点击"图形",选择"图形构建程序",选择"散点图"中的"散点图矩阵",绘制下列图形,可以看出,国民生产总值与婴儿死亡率、享受医疗百分比之间有着线性关系,如图 5-22 所示。

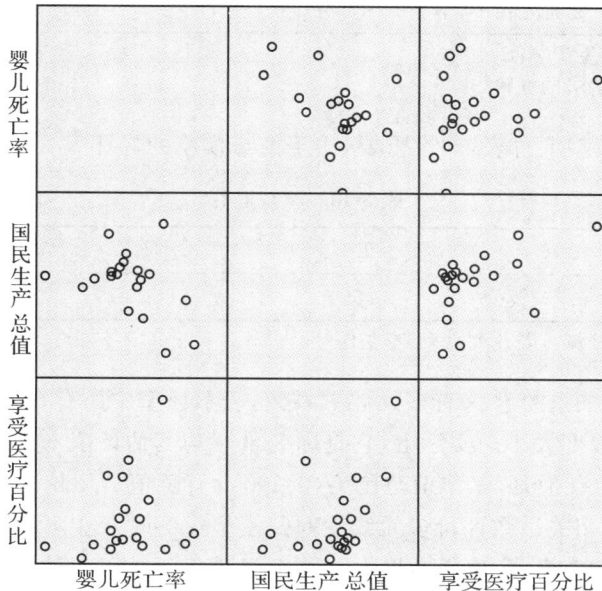

图 5-22　婴儿死亡率、国民生产总值、享受医疗百分比之间的散点图

2.建立回归模型

选择"分析"—"回归"—"线性",出现下列对话框,如图 5-23 所示。

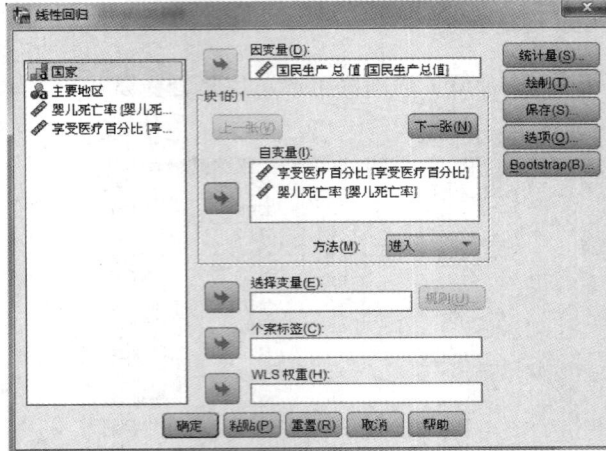

图 5-23 "线性回归"对话框

将国民生产总值放入因变量列表框,将婴儿死亡率和享受医疗百分比放入自变量列表框中。系统默认的回归方法是进入,点击"确认"会输出四张表格。

(1)表 5-12 首先给出的是自变量进入模型的方式,由于此处未涉及变量筛选的问题,因此,两个自变量都是用进入的方式被强制纳入回归模型。

表 5-12 输入/移去的变量[①]

模型	输入的变量	移去的变量	方法
1	婴儿死亡率,享受医疗百分比[②]	0.000	输入

注:①因变量:国民生产总值。
　　②已输入所有请求的变量。

(2)表 5-13 为模型汇总表,非常重要,用于衡量模型的好坏。

表 5-13 模型汇总

模型	R	R^2	R_{adj}^2	标准估计的误差
1	0.707[①]	0.500	0.445	2784.357

注:①预测变量:(常量),婴儿死亡率,享受医疗百分比。

表 5-13 中复相关系数 R 又称多元相关系数,表示模型中所有自变量与因变量之间线性回归关系的密切程度大小。实际上,它是因变量 y 与其估计值 y 的简单线性相关系数,及 Pearson 相关系数。但是,其取值范围为 $(0,1)$,没有负值。R 越大,说明线性回归关系越紧密。但是,用复相关系数评价多元线性回归模型优劣时存在不足,即使向模型中增加的变量没有统计学的意义,R 值仍会增大。关于 R 值多大才可以认为模型足够好,不同的学科有不同的判断,社会科学研究者可能认为 $R>0.4$ 已经足够好了,而实验室研究者有时认为 $R=0.9$ 仍偏小。这可能是社会科学研究中存在较多对因变量确有影响却无法进

行测量的变量,当然也就无法进行统计。

决定系数 R^2,即模型的决定系数等于复相关系数的二次方。它表示因变量的总变异中可由回归模型中自变量解释的部分所占的比例,显然,R^2 越大越好,但是也存在与复相关系数一样的不足。

由于用 R^2 来评价拟合模型的好坏具有一定的局限性,因此,需要对其进行校正,从而设置了校正的决定系数 R^2_{adj}。与 R^2 不同的是,当模型中增加的变量没有统计学意义时,校正决定系数会减少,因此,校正的决定系数是衡量所建模型好坏的重要指标之一,R^2_{adj} 的值越大,模型效果越好。

实际应用中,R^2、R^2_{adj} 值的大小还与研究中实际观察到的自变量的取值范围有关,一种可能的情况是,某个实际观测的自变量取值范围很窄,导致所建模型的 R^2 很大,但这并不代表模型在外推应用时的效果肯定会很好。此外,有时虽然校正决定系数很大,但误差均方也很大,这会导致估计值的可信区间很宽,从而失去实际应用价值。

标准估计的误差等于误差均方的算术平方根,其大小反映了用建立的模型预测因变量时的精确度。标准的估计误差越小,说明模型的预测效果越好。

(3)表 5-14 是对模型整体所做的方差分析。

表 5-14　Anova[①]

模型		平方和	df	均方	F	Sig.
1	回归	139655944.522	2	69827972.261	9.007	0.002[②]
	残差	139547584.050	18	7752643.558		
	总计	279203528.571	20			

注:①因变量:国民生产总值。
　　②预测变量:(常量),婴儿死亡率,享受医疗百分比。

因变量的总变异用平方和表示,在模型中可以分为两个部分:一是回归平方和,表示因变量的变异中由回归模型所包含的自变量所能解释的部分;二是误差平方和,表示因变量的变异中没有被回归模型所包含的变量解释的部分。

(4)在得出整个回归模型有统计学的意义后,还需要检验具体某个自变量 Xi 与因变量 Y 之间是否存在线性关系,如表 5-15 所示。

表 5-15　系数[①]

模型		非标准化系数		标准系数	t	Sig.
		B	标准误差	试用版[②]		
1	(常量)	25420.462	3721.593		6.831	0.000
	享受医疗百分比	97.534	27.638	0.601	3.529	0.002
	婴儿死亡率	−1643.420	542.758	−0.515	−3.028	0.007

注:①因变量:国民生产总值。
　　②表格中的"试用版"是误译,正确的含义应当是"标准化偏回归系数"。

本例中两个自变量的检验 P 值分别为 $P=0.002$ 和 $P=0.007$,两个值均小于 0.05,

具有显著性,也就是说这两个自变量对因变量均有显著的影响。

根据表 5-15,可以写出回归模型:$Y = 25420.462 + 97.534X_1 - 1643.420X_2$。

对于标准化偏回归系数,国内学者主要是从模型中自变量对因变量的贡献大小出发进行比较,以消除原始变量单位不同及量纲不同的影响。实际上,计算标准化的偏回归系数还可以减少在拟合回归模型计算求解时的截断误差,从而提高模型的拟合精度。

(三)常用的进入模型的回归方法

SPSS 中提供的自变量进入模型的方法有五种。

1. 进入法

所有选入自变量框的候选自变量均进入模型,不涉及变量筛选问题,为默认选项。

2. 向前法和向后法

向前法的基本思想是依次纳入最重要的候选自变量,首先会分别对 p 个候选自变量拟合它与因变量的简单线性回归模型,共有 p 个。考察其中有统计学意义的 k 个简单线性回归模型,将 p 值最小的模型所对应的自变量 x 首先引入模型。第二步是在已经引入模型的基础上,再分别拟合引入模型外的 $p-1$ 个自变量的线性回归模型。如此反复进行,直到模型外的自变量均无统计学意义为止。

向后法的基本思想则是依次剔除最不重要的候选变量。该方法首先会对因变量拟包含的全部 p 个候选自变量的线性回归模型进行检验,然后按照和向前法相反的逻辑依次剔除 P 值最大且没有统计学意义的变量。如此反复进行,直至模型中剩余的所有自变量均有统计学意义为止。

3. 逐步回归法

逐步回归是将上面两种方法结合起来筛选自变量的方法。前两步与向前法相同。第三步是考察第一步引入模型的自变量是否具有统计学意义,若没有统计学意义,则将其剔除于模型之外。如此反复,直至模型外的自变量均无统计学意义,而模型内的自变量均有统计学意义。由此可见,与向前法和向后法相比,逐步回归是比较"负责任"的,每向模型引入一个新变量,均要考察原来在模型中的自变量是否还有统计学意义,是否可以被剔除。

4. 删除法

规定为 Remove 的自变量将被强制剔除于模型之外。但 SPSS 会给出如果将其引入模型的参数估计及检验结果。该方法实际上需要利用将变量分块(block)的方式和其他方法联合使用。变量分块可通过"自变量"列表框上方的"上一张""下一张"组合按钮将自变量分为不同的块,并且在不同块中指定不同的自变量纳入方法,以满足复杂的变量筛选需求。

补充说明如下。

(1)上面筛选操作中的界值均以"选项"对话框中设定的 p 值或 f 值筛选标准为准。

(2)线性回归模型中包含自变量的组合不同时,对于同一个自变量的偏回归系数的统计学检验结果是不同的。所以,在进行逐步回归的过程中,有的自变量在前面几步运算的过程中被引入模型,而在后面的运算过程中却可能被剔除模型,甚至理论上存在出现循环的可能性。

（3）向前法、向后法、逐步回归法的侧重点不同。当自变量间不存在简单线性相关关系时，三种方法的计算结果是一致的。当自变量间存在一定的简单线性相关关系时，向前法侧重于向模型引入单独作用较强的变量，向后法侧重于向模型中引入联合作用较强的变量，逐步回归法介于向前法与向后法之间。

第三节　方差分析

一、方差分析

（一）方差分析概述

在相关分析和回归分析中，往往要求自变量和因变量均为连续变量，而对于因变量为连续变量、自变量为分类变量的情况，一般要使用方差分析。比如，如果我们要分析不同年龄、不同收入的被调查者对产品的满意情况是否有明显的差异，或者年龄或收入对"用户满意度"有没有影响，就不能用上面提到的相关分析或回归分析，而只能用方差分析的方法。

方差分析包括一元方差分析、协方差分析和多元方差分析。在这里我们将介绍一元方差分析。

一元方差分析是为了简化多个 t 检验而建立的综合性更强的分析方法。在统计分析中，如果我们要比较两组样本的平均值是否有显著性差异，比如比较不同性别的用户在满意度上是否存在显著性差异，一般可以采用 t 检验的方法。但是，涉及多组分类数据的时候，比如，不同收入的人群的满意度是否存在显著性差异，因为收入的分类在两类以上，如果用 t 检验的话就要进行两两比较，显得十分烦琐。因此，可以用综合性更强的方差分析来取代。

方差分析将提出问题的方式进行了变化，即是否至少有一组数据的平均值与其他组的平均值有显著性差异。方差分析的思路是将所有样本的总变动分成两个部分：一部分是组内变动，代表本组内各样本与该组平均值的离散程度；另一部分是组间变动，代表各组平均值关于总体平均值的离散程度。将两个变动部分除以它们所对应的自由度，即得到均方差。然后，用组间变动的均方差除以组内变动的均方差，即可得到 F 检验值，根据统计值对应的显著性水平就可以判断不同的组间是否有显著性的差异。事实上，如果不同组间的差异越大，组内的离散程度越小，那么组间变动的均方差越大，组内变动的均方差越小，即 F 值越大，越容易通过显著性检验。

因此，方差分析是比较若干个总体均值是否相同时最常用的统计方法。在方差分析中，我们将那些影响试验指标的条件称为因素或因子，即可能对因变量有影响的分类变量。分类变量的不同取值等级（类别）被称为水平，如性别有男女两个水平。分析的目的就是考察或比较各个水平对因变量的影响是否相等。如果所研究的问题只涉及一个因素，则这样的方差分析称为单因素方差分析;如果所研究的问题涉及多个影响因素,则称为多因素分析。

(二)常用术语

在了解了方差分析模型的基本结构后,就需要了解方差分析中的常用术语。

1.因素与水平

因素也被称为因子,指可能对因变量有影响的分类变量,而分类变量的不同取值等级(类别)就称为水平。显然,一个进入分析的因素会有不止一个水平,如性别有男、女两个水平,分析的目的就是考察或比较各个水平对因变量的影响是否相同。在方差分析中,因素的取值不能无限,只能有若干个水平。需要注意的是,有时水平是人为划分出来的,比如身高被分为高、中、低三个水平。

2.单元

单元也被称为水平组合,指各因素各水平的组合,如在研究性别(二水平)、血型(四水平)对成年人身高的影响,最多会出现 $2 \times 4 = 8$ 个单元。需要注意的是,在一些特殊的实验设计中,可能有的单元在样本中并不会出现,如拉丁方设计。

3.元素

元素是指用于测量因变量值的最小单位,元素可以是每一位受访者,也可以是受访者的每一次测量。根据具体的实验设计,一个单元格内可以有一个或多个元素,甚至也可以没有元素。

4.协变量

协变量是指对因变量可能有影响,需要在分析时对其作用加以控制的连续性变量。实际上,因素和协变量这两个术语就分别对应了通常所说的分类自变量和连续性自变量。当模型中存在协变量时,一般是通过找出它与因变量的回归关系来控制其影响。

5.交互作用

如果一个因素的效应大小在另一个因素不同水平下明显不同,则称为两因素间存在交互作用。在存在交互作用时,单纯研究某个因素的作用没有意义,必须区分另一个因素的不同水平研究该因素的作用的大小。

6.固定因素和随机因素

两者都是因素的不同种类,固定因素指的是该因素在样本中所有可能的水平都出现了。换言之,该因素的所有可能水平仅此几种,针对该因素而言,从样本的分析结果中就可以得知所有水平的状况,无须进行外推。比如,要研究 3 种促销手段的效果有无差别,所有样本只会是三种促销方式之一,不存在第四种促销手段的问题,则此时此刻该因素就被认定为固定因素。

和固定因素对应的是随机因素,是指该因素所有可能的取值在样本中没有都出现,或者不可能出现。换言之,目前在样本中的这些水平是从总体中随机抽样而来,如果重复本研究,则得到的因素水平可能会和现在完全不同。这时,研究者显然希望得到的是一个能够"泛化",即对所有可能出现水平均适用的结果。例如,研究广告类型和投放城市对产品销量是否有影响,在设计中随机抽取了 20 个城市进行研究,显然,研究者希望分析结果能够外推到抽样所对应的全国城市总体,此时就涉及将结果外推到抽样未包括的城市中的问题,在这种情况下,城市就应当是一个随机因素。

需要注意的是,一般来讲,固定因素和随机因素在分析时应分别指定,如果将随机因素按固定因素来分析,则可能出现错误的分析结果。但是,在许多时候,判断一个因素究竟是固定因素还是随机因素并不是件容易的事情。区别这两者的并非是该因素本身的特点,而是分析目的。假如将其看成是固定因素,则结论就不应该外推到未出现的其他水平中去;否则就应当考虑按照随机因素来分析。

(三)适用条件

1. 理论上的适用条件

具体而言,方差分析模型的适用条件有以下几点。

(1)独立性

只有样本中各元素相互独立,来自真正的随机抽样,才能保证变异能够按照模型表达式那样具有可加性(可分解性)。

(2)正态性

由于各组的随机误差项被设定为服从正态分布,因此,模型要求各单元格的残差必须服从正态分布。

(3)方差齐性

由于在模型中无论何种组合都被假定服从相同的正态分布,因此,模型要求各单元格都满足方差齐性(变异程度相同)的要求。

2. 实际操作中对适用条件的把握

显然,以上要求还是比较严格的,那么在实际操作中应如何掌握? 首先在以上条件中,对独立性的要求是最严的,但除了重复测量等特殊情况外,该条件一般都可以满足。下面是对正态性和方差齐性的不同情况的考虑。

(1)单因素方差分析

因模型中只有一个因素,设计较为简单,样本有充足的信息量对正态性和方差齐性进行考察,这已经成为标准步骤。但是许多人误将正态性理解为因变量应当服从正态分布,显然这种想法和实际的要求不是一回事,真正应当考察的是模型残差是否服从正态分布。不过从经验上讲,由于模型有一定的稳定性,只要因变量分布不是明显偏态,分析结果一般是较稳定的。

(2)单元格内无重复数据的方差分析

以配伍设计的方差分析最为典型,此时在建模前不需要考虑正态性和方差齐性问题,原因在于正态性和方差齐性的考察是以单元格为基本单位,此时,每个单元格中只有一个元素,当然没法分析。需要指出的是,这里是因为条件不足无法分析,并不是说可以完全忽视这个问题。

（3）有重复数据的多因素方差分析

由于正态性和方差齐性的考察是以单元格为基本单位，此时单元格数目往往很多，平均每个单元格内的样本数实际上比较少。另一方面，这时也可能因为极个别单元格方差不齐而导致检验不能通过。根据实际经验，在多因素分析中，极端值的影响远大于方差齐性等问题的影响，因此在分析中可以直接考察因变量的分布情况，如果数据分布不是明显偏态，不存在极端值，则一般而言方差齐性和正态性不会有太大的问题，而且也可以基本保证单元格内无极端值。因此，在多因素方差分析中，方差齐性往往只限于理论探讨。但对于较重要的研究，建模后的残差分析是非常重要的。

二、方差分析事例

（一）单因素方差分析事例

为了比较不同年龄段的消费者的满意度，对 5 个年龄段的消费者进行了满意度测量，用 1～5 分范围内的分值打分，1 分表示非常不满意，5 分表示非常满意。具体数据如图 5-24 所示。

序号	满意度	年龄段
1	2.30	2
2	2.32	1
3	3.44	1
4	2.45	3
5	3.46	4
6	3.40	1
7	3.45	2
8	3.10	5
9	2.42	2
10	2.60	2
11	2.35	2
12	3.67	2
13	3.24	5
14	4.02	3
15	4.20	4
16	3.80	5
17	3.03	5
18	3.50	1

图 5-24　满意度与年龄段数据

该事例希望分析年龄段这个分类因素是否对满意度这个连续变量有影响，这显然是方差分析适用的范围。由于只有一个影响因素，因此需要建立的是单因素方差分析模型。

1. 差异性假设检验

选择"分析"—"一般线性模型"—"单变量"菜单项，出现图 5-25 的对话框（这里需要说明的是，单变量的含义是"只有一个因变量的方差分析模型"）。

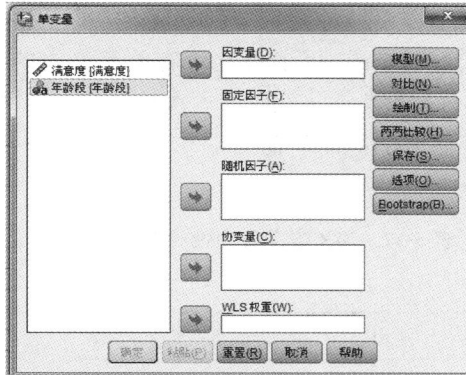

图 5-25 "单变量"对话框

在这个事例中,满意度是因变量,年龄段是固定因子,分别选入相应的对话框。然后点击"选项",出现图如 5-26 的对话框。

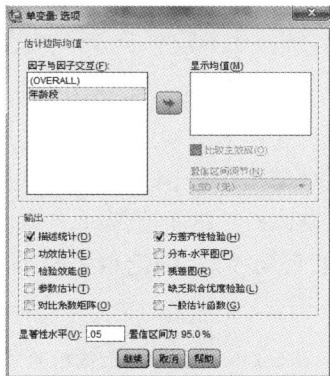

图 5-26 "单变量:选项"对话框

将年龄段这个变量移入"显示均值对话框",在输出栏选择"描述性统计"和"方差齐性",点击"继续",点击"确认",结果输出如表 5-16 所示。

表 5-16 描述性统计量

因变量:满意度

年龄段	均值	标准差	N
1	2.5920	0.45926	5
2	2.7056	0.48703	9
3	3.9800	0.82484	7
4	3.8760	0.50649	5
5	3.8322	0.63340	9
总计	3.4011	0.83724	35

首先输出的是模型中所有因素各水平的取值情况列表。对 5 个年龄段的样本分别给

出了均值、标准差和样本量。

表 5-17 为方差齐性检验的结果,用来检验所有单元格内的方差是否齐同,本例中共有 5 个单元格,因此,第一自由度为 5－1＝4。本次检验使用了 Levene 检验,F 统计量为 0.587,在当前自由度的情况下对应的 P 值为 0.675,可以认为各单元格所代表的总体方差齐性。

表 5-17　误差方差等同性的 Levene 检验[①]

因变量:满意度

F	df1	df2	Sig.
0.587	4	30	0.675

说明:检验零假设,即在所有组中因变量的误差方差均相等。

注:①设计:截距＋年龄段。

表 5-18 给出的是对模型进行方差分析的结果的表格,可以看出一共进行了 3 个检验。

(1)对第一行校正模型进行的整个方差分析模型的检验,F 值为 6.154,$P<0.001$,因此所用模型具有统计学意义。

(2)第二行是截距,其原假设为 $\mu=0$,即当不考虑年龄段时,满意度的均值为 0,显然检验结果拒绝了该假设,但是由于它在本分析中没有实际意义,可以忽略。

(3)从第三行开始就应当是对模型中各因素的检验,由于本模型中只有一个因素,因此,只能对年龄段进行检验。可见该检验的 F 值为 8.663,对应的 P 值<0.001,检验的结果与第一行校正模型的检验结果完全相同,结论也完全等价。也就是说不同年龄段的满意度存在差异。

表 5-18　主体间效应的检验

因变量:满意度

源	III 型平方和	df	均方	F	Sig.
校正模型	12.774[①]	4	3.193	8.663	0.000
截距	377.107	1	377.107	1022.970	0.000
年龄段	12.774	4	3.193	8.663	0.000
误差	11.059	30	0.369		
总计	428.705	35			
校正的总计	23.833	34			

说明:P 值显示"0.000"只是表明 $P<0.001$,由于表格数值设定的原因无法显示精确数字,如果将"0.000"理解为 $P=0.000$,是严重的误解。要知道假设检验 P 值是不可能等于 0 的,至多只会无限接近 0。

注:①$R^2=0.536$($R^2_{adj}=0.474$)。

2. 两两比较

由上面的结果可以知道不同年龄段的满意度存在差异,但上述检验并未表明是哪些年龄段之间有差异,为此,需要进一步做各水平间的两两比较。

SPSS 中提供的两两比较的方法有 20 多种,如何根据具体情况选用合适的方法是非常复杂的问题,为方便使用,这里简单总结一下具体方法的选择原则:如果存在明确的对照组,要进行验证性研究,即计划好的某两个或几个组间(都和对照组)的比较,宜用 LSD 法;若需要进行的是多个均值间的两两比较(f 研究),且各组人数相等,适用 Tukey 法或 S-N-K 检验。相比之下,后者更方便一些。但是,如果比较的组数特别多,则 S-N-K 法的假阳性较高;若需要进行的是多个均值间的两两比较(探索性研究),但各组人数相等,且组数较多,比较较为复杂,则宜用 Scheffe 法。

点击"两两比较"按钮,出现图 5-27 所示对话框。

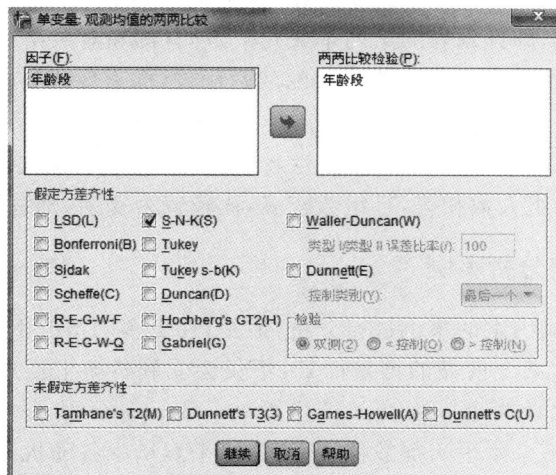

图 5-27　"单变量:观测均值的两两比较"对话框

将年龄段选入两两比较检验列表中,选中"假定方差齐性"选项组中的"S-N-K",点击"继续"按钮,再点击"确定"按钮,输出结果如表 5-19 所示。

5-19　满意度的两两比较

Student-Newman-Keuls(S-N-K)

年龄段	N	子集	
		1	2
1	5	2.5192	
2	9	2.7056	
5	9		3.8322
4	5		3.8760
3	7		3.9800
Sig.		0.738	0.899

说明:①已显示同类子集中的组均值。
②基于观测到的均值。
③误差项为均值方(错误)=0.369。
④使用调和均值样本大小=6.535。
⑤组大小不相等,将使用组大小的调和均值,不保证 I 型误差级别。
⑥α=0.05。

　　从表 5-19 可以看出,首先将各组在表格上按照均值大小排序,随后,在表格的横向上各水平被分成若干个亚组,不同亚组间的 P 值小于 0.05,而在同一个亚组的各均值则两两无差别,比较的 P 值均大于 0.05。

　　从表 5-19 中可以看出,第一、第二年龄段的消费者的满意度在同一亚组,满意度较低,第三、第四、第五年龄段的消费者的满意度在同一亚组,满意度较高。

　　各因素间的比较,在 SPSS 软件中给出了 20 多种方法,如何根据具体情况选用是非常复杂的问题,为了方便使用,这里简单总结下具体方法的选择原则:如果存在明确的对照组,要进行验证研究,即计划好的某两个或几个组间(都和对照组)的比较,宜用 Bonferroni(LSD)法;若需要进行的是多个均值间的两两比较(探索性研究),且各组人数相等,适宜用 Tukey 法或 S-N-K(q)检验(S-N-K 法)。相比较之下,S-N-K 法更方便一些,但是如果比较的组数特别多,则 S-N-K 法的假阳性较高;若需要进行的是多个均值间的两两比较(探索性研究),但各组人数相等,且组数较多,比较较为复杂,则宜用 Scheffe 法。

(二)两因素方差分析事例

　　上一节对单个影响因素的事例进行分析,但是,在更多的情况下是存在多个影响因素的。例如,就超市中的某个商品的销量而言,不仅会受到货架上摆放位置的影响,还会受到超市规模的影响,或者两个因素交叉产生影响。Berenson 和 Levine 着手研究这个问题,按照超市的大小(三个水平)、摆放位置(四个水平),从中各随机选取了两个点,记录其同一周内该货物的销量,具体数据如表 5-20 所示。

表 5-20　货物销量

超市规模	货物摆放的位置			
	A	B	C	D
小型	45、50	56、63	65、71	48、53
中型	57、65	69、78	73、80	60、57
大型	70、78	75、82	82、89	71、75

　　将表 5-20 数据录入 SPSS,形成下列数据格式,如图 5-28 所示。

序 号	超市规模	摆放位置	销量
1	1	A	45.0
2	1	A	50.0
3	1	B	56.0
4	1	B	63.0
5	1	C	65.0
6	1	C	71.0
7	1	D	48.0
8	1	D	53.0
9	2	A	57.0
10	2	A	65.0
11	2	B	69.0
12	2	B	78.0
13	2	C	73.0
14	2	C	80.0
15	2	D	60.0
16	2	D	57.0
17	3	A	70.0
18	3	A	78.0
19	3	B	75.0

图 5-28　超市规模、摆放位置与销量数据

1. 初步拟合模型

选择"分析"—"一般线性模型"—"单变量"菜单（这个事例中还是只有一个因变量、两个影响变量，因此还是单变量），出现下列对话框，如图 5-29 所示。

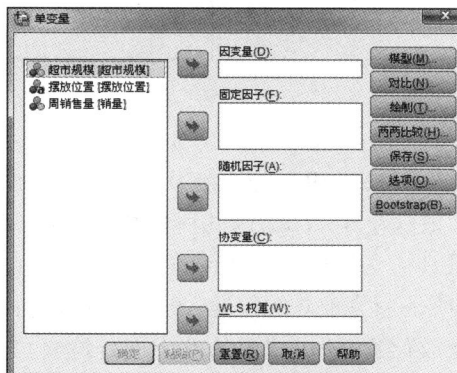

图 5-29　将周销售量作为单变量的对话框

将周销售量选入"因变量"列表框，将超市规模和摆放位置选入"固定因子"列表框，在"选项"对话框中选中"方差齐性检验"复选框。点击"确认"，输出下列结果。

首先是方差齐性检验的输出，如表 5-21 所示。可以看见无法进行检验，因为两个因素的各水平交叉，一共会形成 12 个单元格，这里的检验就是 12 个单元格方差是否齐性。但是，如果要在考虑交互作用的模型中进行方差齐性检验，每个单元格内至少要有 3 个元素（数据点）才可以，因此这里无法得到分析结果。可见多因素存在时，方差检验往往价值不大。

表 5-21　误差方差等同性的 Levene 检验①

因变量:周销售量

F	df1	df2	Sig.
0.000	11	12	0.000

说明:检验零假设,即在所有组中因变量的误差方差均相等。

注:①设计:截距＋摆放位置＋超市规模＋摆放位置×超市规模。

接下来是总的方差分析表,与前面的解释相同,如表 5-22 所示。

表 5-22　主体间效应的检验

因变量:周销售量

源	III 型平方和	df	均方	F	Sig.
校正模型	3019.333①	11	274.485	12.767	0.000
截距	108272.667	1	108272.667	5035.938	0.000
摆放位置	1102.333	3	367.444	17.090	0.000
超市规模	1828.083	2	914.042	42.514	0.000
源	III 型平方和	df	均方	F	Sig.
摆放位置×超市规模	88.917	6	14.819	0.689	0.663
误差	258.000	12	21.500		
总计	111550.000	24			
校正的总计	3277.333	23			

注:①$R^2=0.921(R_{adj}^2=0.849)$。

第一行的校正模型是对所用方差分析模型的检验,其原假设为模型中所有的影响因素均无作用,即超市规模、摆放位置、两者的交互作用均对销量没有影响,其系数(全部的 α、β、γ)均为 0,该检验的 P 值远小于 0.05,因此所用模型有统计学意义,以上所提到的至少有一个是有差异的,但是具体是哪些则需要阅读后面的分析结果才能知晓。

第二行是模型中常数项是否等于 0 的检验,显然对本次分析没有实际意义。

第三、四行分别是对摆放位置、超市规模的效应进行检验,其原假设分别为:所有的 αi 均为 0,所有的 βi 均为 0。可见两者均有统计学意义,即 αi、βi 中均至少有一个不为 0。

第五行是对摆放位置和超市规模的交互作用进行了检验,可见 P 值无统计学意义。

2. 进一步简化模型

由于本次分析中发现两个因素的交互作用无统计学意义,为了使得模型更为简洁,需要在模型中将其除去,具体在模型对话框中展现。

点击"模型",出现下列对话框,如图 5-30 所示。

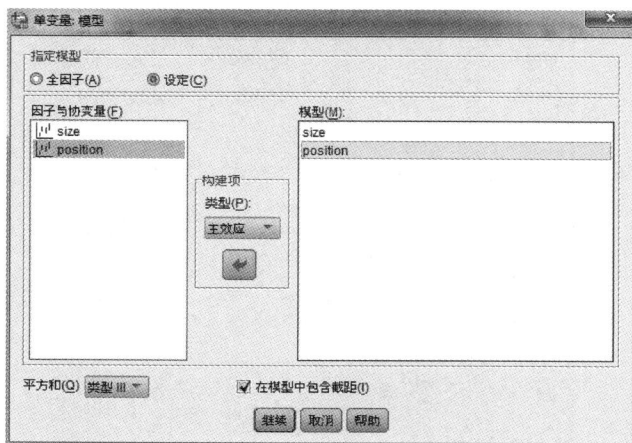

图 5-30 以周销售量为单变量的模型对话框

将"指定模型"选项组切换至"设定",在"构建项"选项组中,将"类型"下拉列表框中的选项更改为"主效应"选项。将 size 和 position 选入右侧的"模型"列表框,单击"继续",再单击"确定",输出如下结果,如表 5-23 所示。

表 5-23 主体间效应的检验

因变量:周销售量

源	III 型平方和	df	均方	F	Sig.
校正模型	2930.417①	5	586.083	30.409	0.000
截距	108272.667	1	108272.667	5617.799	0.000
超市规模(size)	1828.083	2	914.042	47.426	0.000
摆放位置(position)	1102.333	3	367.444	19.065	0.000
误差	346.917	18	19.273		
总计	111550.000	24			
校正的总计	3277.333	23			

注:① $R^2 = 0.894 (R_{adj}^2 = 0.865)$。

表 5-23 是剔除了交互作用后的方差分析结果,可见检验结论和前面相同,不再详述。

3. 两两比较

接下来对超市规模、摆放位置的具体水平间差异使用 S-N-K 法进行两两比较,操作步骤如下。

单击"两两比较"按钮,出现下面对话框,如图 5-31 所示。

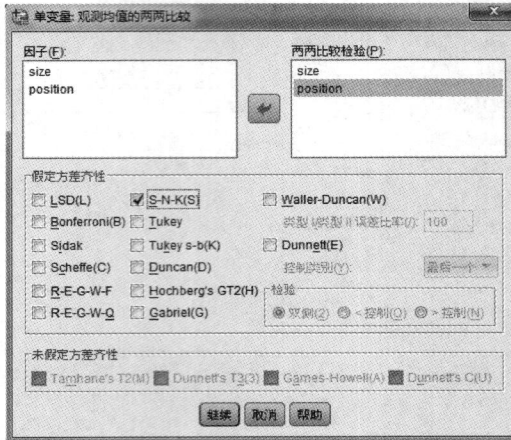

图 5-31 以周销售量为单变量的观测均值的两两比较对话框

将"size""position"选入列表框,在"假定方差齐性"选项组中,选中"S-N-K(S)"复选框,单击"继续"按钮,单击"确定",输出下列结果,如表 5-24 所示。

表 5-24 周销售量

Student-Newman-Keuls(S-N-K)

超市规模	N	子集		
		1	2	3
小型	8	56.375		
中型	8		67.375	
大型	8			77.750
Sig.		1.000	1.000	1.000

说明:①已显示同类子集中的组均值。
　　②基于观测到的均值。
　　③误差项为均值方(错误)=19.273。
　　④使用调和均值样本大小=8.000。
　　⑤$\alpha=0.05$。

这是超市规模的两两比较,可见超市规模越大,销售量就越大。

从表 5-25 来看,四种摆放位置对销量也有影响,C 位置的销量最大,其次为 B 位置,D 和 A 位置的销量最小。同时,以上差异不受另一个因素水平取值的影响,两者间无交互作用。

表 5-25　周销售量

Student-Newman-Keuls（S-N-K）

摆放位置	N	子集		
		1	2	3
D	6	60.667		
A	6	60.833		
B	6		70.500	
C	6			76.667
Sig.		0.948	1.000	1.000

说明：①已显示同类子集中的组均值。
　　　②基于观测到的均值。
　　　③误差项为均值方（错误）＝19.273。
　　　④使用调和均值样本大小＝6.000。
　　　⑤α＝0.05。

思考题

1. 因子分析的作用是什么？在市场研究中，因子分析通常可以用于什么研究？
2. 如何用对应分析法进行品牌定位研究？
3. 什么是相关研究？它与回归分析的区别是什么？
4. 介绍单因素方差分析的步骤。
5. 介绍两因素方差分析的步骤。

实践题

自行确定一个产品，选择该产品的几个主要竞争品牌，设计使用 SPSS 对应分析统计方法来分析该产品品牌形象的研究问卷，再访问 30 个被访者，用 SPSS 软件进行数据录入，分析该产品几个主要品牌的品牌形象。

第六章

问卷和量表设计

教学目的

　　问卷是由各种量表构成的,量表是对事物主观特性和客观特性的测量。量表的设计就类似要测量身高,需要用尺子;测量体重,需要用称。量表的好坏通常用信度和效度来评价,本章特介绍量表和测量的基本概念、量表的类型、问卷设计的结构和要求等内容。

第一节　量表和测量

一、测量的本质

(一)测量的基本概述

1.测量的概念

　　测量是人类生产和生活过程中普遍存在的现象。斯蒂文斯在 1946 年提出了一个简洁的测量的定义,认为测量是根据法则给客体或事件指派数字。后来,有研究者认为,测量的对象不是客体(如水果或空气)本身,而是客体的特定属性。因此测量的定义被修改为"根据法则给客体或事件的属性指派数字",通俗地讲,测量是指依据一定的法则使用量尺对事物的属性进行定量描述的过程。

　　所谓"一定的法则",是指任何测量都要建立在某种科学规则和科学原理基础上,并通过科学的方法和程序完成测量的过程。例如,用杆秤测量物体的重量,所依据的是物理学上的杠杆原理;用温度计测量温度,所依据的是热胀冷缩原理;等等。其中,有的测量所依据的法则比较稳定和完善,所以,测量的结果比较准确、可靠;而有的测量所依据的法则比较粗糙和欠成熟,测量结果的准确性和可靠性便比较差。

　　所谓"事物的属性",是指所要测量的客体或事件的特定特征。例如,物体的重量、长短、高矮等,这些不同特征就是测量的特定对象。一种事物有各种不同的属性,对不同的属性要用不同的测量工具,依据不同的法则进行测量。有些事物的属性直观明显,具有外显性,在测量中容易被确定,并容易被所有人所认同和接受,测量的结果无可争辩;而有些事物的属性不容易外露,具有内隐性,在测量中难以界定,也不容易取得大多数人的认同和接受,测量的结果也就不容易获得清晰的解释。

所谓"量尺",是指测量中所使用的度量工具。例如,测量重量的杆秤,测量长度的尺子,测量温度的温度计等,不同的测量要用不同的量尺,不同的量尺所使用的单位和参照点也不同。

所谓"定量描述",是指测量的结果总是对事物属性的量的确定。虽然有时人们把诸如"1"代表男、"0"代表女这样的做法也叫做测量,但这里的数字只是一种分类符号,并不是有意义的数量。所谓"数量"不仅是指事物特征的符号,而且指一种有序的量。数量具有四个特性:一是区分性,即一个数(如"1")不同于另一个数(如"2");二是序列性,即 $1 < 2 < 3 < 4 \cdots\cdots$;三是等距性,即 $2-1=1, 3-2=1$,所以,$2-1=3-2$;四是可加性,即一个数加另一个数产生第三个数。数量的这些特点是一切数学运算的基础,同样,也正是数的这些特点使得对事物特征差异的测量成为可能。有的测量对事物特征定量描述的精确度高些,而另一些测量对事物特征定量描述的精确度低些。

2.测量的类型和精确度

测量的精确度既与测量对象的性质有关,也与测量时所用的工具有关。

(1)测量的精确度取决于测量对象本身的性质。我们可以根据测量对象的性质把它分为三种类型。

①确定型

即在一定条件下,事物的量保持恒定不变。例如,物体的长度和重量,只要物体的温度不变,受力状况不变,其长度也就不会改变;只要物体在地球表面的水平位置和垂直高度不变,其重量也不会改变。

②随机型

即事物的量随机改变。例如,人的短时记忆的容量,尽管实验者在实验过程中每次被测试时刺激的条件保持恒定,但每次测量的结果总是存在差异,只是这种差异总是保持在一定范围内,量的改变趋势也呈现出一定的规律。

③模糊型

即事物的量本身是模糊的,难以获得确定的量。例如,对人的性格特征,尽管人们习惯于用热情奔放或冷若冰霜等词汇来描绘,而且能够区分出两个同是热情奔放的人在程度上的差别,但这种差别的量却是很模糊的。显然,对确定型的事物进行定量描述要比对随机型和模糊型的事物进行定量描述要容易得多,因此测量的精确度也要高得多。但是,即使对确定型的事物也不能做出绝对精确的描述,在任何测量过程中都会有误差存在,所不同的是误差的大小而已。

(2)测量的精确度取决于测量工具的精密性。不言而喻,使用技术上完善的测量工具比使用技术上粗糙的测量工具,其测量结果要精确得多。对于长度的测量,用皮尺测量比用脚步测量,其结果要精确得多,而用激光测量比用皮尺测量,其结果又要精确得多。同样,对于重量的测量,用杆秤测量比个人主观估计,其结果要精确得多,而用电子秤测量比用杆秤测量,其结果又要精确得多。因此,尽可能使用技术精密的测量工具,是保证测量精确的重要条件。但是,不论使用何等精密的测量工具,实际测量中仍然会有误差存在,所不同的也仅是误差的大小而已。测量学的目标之一是设法尽可能地把误差降到最低限度,而不能完全消灭误差。

测量技术被广泛用于工农业生产、商业流通、科学研究和人们的日常生活领域。根据测量对象的性质和特点,可以将各种不同形式的测量大致分为四种类型。

①物理测量

物理测量是指对事物的物理特征的测量。如长度测量、重量测量、面积测量、速度测量等均属于物理测量。

②生理测量

生理测量是指对机体生理特征的测量。如对动植物各种化学成分含量的测量,对人体各种生理机能的测量等均属于生理测量。

③社会测量

社会测量是指对社会现象的测量。如在人口普查、经济统计、民意调查中所使用的测量技术等均属于社会测量。

④心理测量

心理测量是指对人的心理特征的测量。如智力测量、人格测量、职业兴趣测量、态度测量等均属于心理测量。

(二)测量的基本要素

在数学上,测量的数量是由零(0)和任何正负数组成的实数系,该实数系通常可用实数轴直观地表示出来。实数系是可被无限分解为不同单位的数字连续体,其中每个数值都处于该连续体上的一个特定位置。

表 6-1　测量中的数量连续体

−5	−4	−3	−2	−1	0	1	2	3	4

从表 6-1 可以观察到,一个完善的测量数量必须具备两个基本要素,即测量的参照点和测量的单位。

1. 测量的参照点

从根本上说,测量是确定特定事物的特定特征的数量。因此,在测量工作中,必须有一个测量的原始起点,也就是测量前测量对象的数量的固定原点。这个固定原点就叫做测量的参照点。在测量的数量连续体中,固定原点的数字被定为"0"。显然,要使两个测量数量能够相互比较,必须使这两个测量建立在同一个参照点上。因为参照点不同的两个测量,其结果的意义完全不同。

参照点有两种:一种是绝对参照点,即以绝对的零点作为测量的起点。如长度测量和重量测量就是建立在以绝对的零点为参照点的基础上的测量。这个绝对的零点的意义就是"无有",即没有重量或没有长度,以此为测量的起点去确定某事物有多重或有多长。另一种是相对参照点,即以人为确定的零点为测量的起点。如对地势高度的测量,就是以海平面为测量的起点。此时,人们假定海平面的高度为"零",然后去确定陆地高出海平面多少。再如对气温的测量,是以水的冰点为测量的起点。此时,人们假定水刚刚能够结为冰的温度为"零",然后确定气温高于或低于"零"多少度。

最为理想的测量参照点当然是绝对参照点,因为它的意义最为明确。但在许多情况下,人们难以找到绝对参照点,所以必须改用相对参照点。采用相对参照点为测量起点的测量结果只能进行加减运算,而不能进行乘除运算,它的两个值之间没有倍数关系。例如,在智力测量中,假定甲的智商为 100,而乙的智商为 50,我们不能说甲的智商是乙的智商的 2 倍,而只能说甲的智商高出乙的智商 50。

2. 测量的单位

测量的第二个基本要素是它的单位。在现实生活中,不同的测量所用的单位有很大差异,如长度测量的单位是毫米、厘米、分米、米等,而重量测量的单位是毫克、克、千克、吨等。但抽象到实数轴的数字连续序列中,可以观察到测量数量的基本单位是"1",即数量从原点"0"开始移动,数轴上每个连续整数都与前一个整数相距 1 个单位,数轴上相邻整数间的距离都是相等的。所以,理想的测量单位应当具备以下两个条件:一是要有确定的意义,即对同一单位,所有人的理解都是相同的,不允许做出不同的解释。例如,所有的人对重量单位"千克"的解释都是一样的,没有歧义。二是要有相等的价值,即第一个单位与第二个单位之间的距离等于第二个单位与第三个单位之间的距离。例如,30 千克与 20 千克之差等于 40 千克与 30 千克之差。但是,在某些情况下,要具备这两个条件是相当困难的。例如,市场研究测量中的单位就往往难以达到这个要求,它远没有其他测量中使用的单位成熟和完善。

二、测量的量表

要测量某一特定事物的特定特征的数量,必须首先选择一个具有确定单位和测量参照点的数字连续体,将欲测量的特征与连续体相比照,确定它的位置,看它距参照点的远近,就会得到该特征的一个度量值。这种能够使事物的特征数量化的数字的连续体就是量表,建立系统的法则,选择有意义的参照点及单位来量化事物属性的获得便称为度量。制定量表的参照点和单位不同,就会编制出不同的量表,不同的量表具有不同的测量水平,相应的测量的精确度也不同。

测量的核心是制定对事物的属性和态度特性进行赋值的规则。赋值的规则有时候非常简单,比如为研究中的每个品牌进行编号,只要保证每个品牌有一个数字编号,不同的品牌数字编号也不同。这些数字不必组成一个连续的序列,数字编号的大小也不代表任何意义。这种最简单的赋值规则所具有的测量水平被称作名义尺度。另一个极端的测量尺度被称作比率尺度,它要求赋值的数字组成连续有序的区间并具有天然的零点。一般来说,根据赋值规则所附加的满足条件形成了不同的测量尺度。

斯蒂文斯在 1946 年根据测量中使用的不同参照点和单位,区分出四种测量尺度:名义尺度、顺序尺度、区间尺度和比率尺度。

(一)名义尺度

名义尺度也称作类别尺度,其数字分配仅仅是用作识别不同对象或对某种属性进行分类的标记,这些类别之间没有任何顺序和空间分布上的关系。如果赋值不同,它们就是两个不同的对象或属于两个不同的类别。如果赋值相同,它们在名义上属于同类。例如,在一个调研项目中对每个受访者进行编号,这个编号就是一个名义尺度。当名义尺度中的数字是用于识别不同对象时,数字与对象间存在着一一对应的关系,例如,大学里每个学生的学号、球队中每个队员的编号等。

在营销研究中,名义尺度常用来标识不同的受访者、不同的品牌、不同的产品特性、不同的商店或其他对象等,也经常对某些重要属性进行分类,像消费者按性别可以分为男性和女性,按婚姻状况可以分为已婚和未婚,按教育背景可以分为文史类、理工类和经管类等。名义尺度的数字不能反映对象的属性或具体特征的性质和数量。

例如,学号较大的学生并不比学号小的学生更优秀,反过来也是一样。对名义尺度中的数字,只能计算发生及和频率有关的一些统计量,如百分比、众数、卡方检验、二次检验等。计算平均数是没有任何意义的。

(二)顺序尺度

顺序尺度是一种排序尺度,分配给受测对象的属性或特征的数字表示其具有相对的大小或强弱程度。顺序尺度可以让我们确定一个对象的某种属性或特征是否比另一个对象的某种属性或特征更大(较强)或更小(更弱)。顺序尺度规定了对象的属性或特征的相对位置,但没有规定对象的属性或特征之间差距的大小。比如,排在第 1 位的受测者都表示非常喜欢可口可乐,排在第 2 位的受测者都表示喜欢可口可乐,但是我们不能确切地知道他们之间在喜欢程度上的差距。

顺序尺度的例子有产品质量的等级、品牌知名度的排序、大学综合排名和运动员的积分排名等。态度的测量大都属于顺序尺度,即只能分出高低、大小,无法分出之间的差距。

和名义尺度一样,在顺序尺度中等价的个体有相同的名次。任何一组有序数字都可用于表达对象的属性或特征之间已排定的顺序关系,而不必要求数字是连续的序列。例如,只要能保持基本的顺序关系,就可对顺序尺度施以任何变换。因此,除了计算频度,顺序尺度还可用来计算百分位数、四分位数、中位数等。

(三)区间尺度

区间尺度也称等距尺度,在区间尺度中相等的数字距离代表所测量的变量相等的数量差值。区间尺度包含顺序尺度提供的一切信息,并且可以让我们比较对象的属性或特征间的差别,它就等于尺度上对应数字之差。区间尺度中相邻数值之间的差距是相等的,1 和 2 之间的差距就等于 2 和 3 之间的差距,也等于 5 和 6 之间的差距。

有关区间尺度最典型的实际例子是温度的测量,华氏温度计和摄氏温度计采用了不同的区间尺度,它们都可以测量温度的高低和差距,但规定的零点不同。在学校里,学生的考试成绩实际上就是对学习效果的一种测量,它也是比较典型的区间尺度。

在市场营销研究中,经常使用的态度测量的尺度不是区间尺度,有时候我们只是近似地把某些顺序尺度看成是人为确定的。温度计中的零点是人为确定的,比如摄氏温度测量的零点确定为标准气压下水的冰点。同样,学生的考试成绩为零分仅仅是卷面上的题目都不会,并不代表该学生对考试的课程内容一无所知。

在区间尺度中,任何形式为 $y=a+bx$ 的线性变换都能够保持区间尺度的特性。这里,x 是测量变量在原尺度中的值,y 是变换后得到的新值,b 是一个正的常数,a 可以是任何常数。因此,对 4 个对象 A、B、C、D 分别打分为 1、2、3、4 或 22、24、26、28 都是等价的。后一种量表可以从前一种量表经过变换得到,其中 $a=20,b=2$。由于原点不固定,量表上数字的比值没有任何意义。例如,D 和 B 的比值变换前为 2∶1,变换后却为 7∶6,但测量值差距之比是有意义的,因为在这个过程中常数 a、b 都被消掉了。在不同量表中,对象 D、B 的差值和对象 C、B 的差值之比都是 2∶1。

对于区间尺度可采用名义尺度和顺序尺度适用的一切统计方法。此外,还可以计算算术平均值、标准方差以及其他有关的统计量。

(四)比率尺度

比率尺度具有名义尺度、顺序尺度、区间尺度的一切特性,并有固定的天然原点。因此,在比率尺度中,我们可以标识对象,将对象进行分类、排序,并可以比较不同对象某一变量测量值的差别。测量值之间的比值也是有意义的,不仅"2"和"5"的差别与"10"和"13"的差别相等,并且可以说"10"是"5"的 2 倍。身高、体重、年龄、收入等都是比率尺度的例子。市场营销研究中,销售额、市场份额、消费者收看电视节目的时间等变量都要用比率尺度来测量。

比率尺度仅限于使用形式为 $y=bx$ 的变换,这里 b 是个正的常数,不能够像在区间尺度中那样再加上一个常数 a。例如从"米"到"厘米"的变换(b=100),不管是用米还是用厘米作为测量单位,对象之间的比较总是一致的。

所有的统计方法都适于比率尺度,包括几何平均数的计算。遗憾的是比率尺度对态度测量并没有太大的用处。

四种类型量表的性质总结如表 6-2 所示。

表 6-2 测量尺度的四种类型

类型	规则描述	基本操作	应用实例	统计计算
名义尺度	用数字识别对象,对属性特征进行分类	判断是或不是	品牌编号、商店编号、受访者分类	频数、百分比、众数、卡方检验、二项检验
顺序尺度	除识别外,数字表示测量对象的相对顺序,但不表示差距的大小	判断较大或较小	产品质量等级、对品牌的偏好排序或社会阶层的高低等级	百分位数、中位数、秩次数
区间尺度	除排序外,可比较对象间差别的大小,但原点不固定	判断间距相等性	温度、品牌认知水平等复杂概念和偏好的测量	极差、均值、方差或标准差,Z 检验、t 检验、因子分析
比率尺度	具有上面 3 种类型的性质,并有固定的原点	判断等比相等性	销售量、市场份额、产品价格、家庭收入等精确数据的测量	几何平均数、变异系数

表 6-3 是一个应用实例,说明了各种基本测量尺度的使用。

表 6-3　基本测量尺度实例

名义尺度		顺序尺度	区间尺度	比率尺度
品牌名称	品牌编号	按喜好程度排序	按喜好程度 打分 1～5 分	最近 3 个月购买 的百分比
A	1	7	3	23％
B	2	2	5	43％
C	3	8	5	28％
D	4	3	3	19％
E	5	1	4	4％
F	6	4	5	35&.
G	7	6	5	26％
H	8	5	3	12％
I	9	9	4	5％
J	10	10	2	3.4％

　　这是一项对 10 个品牌的调查。可以用 1 到 10 这 10 个数字分别代表 10 个品牌,这就是一种名义尺度。比如,编号 9 代表品牌 I,品牌 C 编号为 3,但这并不意味着它要比品牌 I 好些或差些。对这 10 个数字重新进行分配,例如,让品牌 I 编号为 3,品牌 C 编号为 9,对于整个测量没有任何影响,因为这些数字并不代表品牌的任何具体特征和性质。上个月有 28％的受访者曾购买过品牌 C,这样的陈述是有意义的,而计算所有编号(从 1 到 10)的平均数得到 5.5,“电视品牌编号平均值为 5.5”这样的陈述则是毫无意义的。

　　要求受访者根据对这 10 个品牌的喜爱程度进行排序,就可以采用顺序尺度。例如,要求受访者对最喜欢的品牌用“1”表示,次喜欢的用“2”表示,依此类推。在表 6-3 中我们给出了两种排序的结果。我们能够知道受访者对品牌 I 的偏好超过对品牌 C 的偏好,但我们不知道到底差多少。

　　要求受访者根据个人对品牌喜爱程度对 10 个品牌用 5 分制打分,就得到表 6-3 的中区间尺度。品牌 I 得 4 分,品牌 J 得 2 分,但这并不意味着受访者对品牌 I 的偏好程度是对品牌 J 的 2 倍。

三、态度及测量尺度

(一)态度的含义

　　从某种意义上说,市场营销是试图影响人们的态度并改变其消费行为的理论。我们通常假设,一个人对于某事物的相关行为与对它的态度是一致的。比如,那些认为中医不是很科学的人在生病时更有可能去看西医,那些对中国移动公司有着强烈的正面情感的人更不会轻易转换服务商。态度虽然不能完全决定行为,但是态度的确是决定行为的一个关键性因素。

在营销研究中,研究的问题可以用变量的语言来表述。研究人员通过对变量的测量,来确定变量之间的关系。按照某种标准我们可以将变量划分为三大类,即属性变量、行为变量和态度变量。属性变量主要是指人口统计学上的特征,比如年龄、性别、教育程度、工资收入和家庭状况等。行为变量则是指那些反映消费地点、消费频度和消费方式的变量。态度广义上也包括信念,所以态度变量则是与认知有关的看法及反映受测者个人心理状态的主观评判的变量。态度作为科学术语有很多不同的定义。然而,它们都将态度描述为能够影响个人行为的选择并对这些行为保持一致性的潜在的精神状态。人们普遍接受的观点是,构成"态度"的成分主要有三个方面:一是对某事物的认知或知识,二是对某事物的情感或偏好,三是对未来行为或状态的预期和意向。

对某事物的认知或知识代表了个人了解和掌握该事物的信息,包括知晓该事物的存在、对该事物的特征或属性所持的信念及对这些特征或属性的相对重要性的判断。比如家住武汉的高先生准备在炎热的暑期去海滨度假,他知道很多国内知名的海滨度假区,像海南的三亚、江苏的连云港、辽宁的大连、山东的青岛等。他还知道一些不是那么有知名度的海滨度假区,比如山东日照,那里有绵延数十里的细软平缓的金色沙滩,夏季气候凉爽宜人,海产丰富,价格也不高。那里还可以提供各类价格适中的酒店,景点也不是很拥挤。这些信息对于高先生旅游度假地的选择将起到决定性的作用。

对某事物的情感或偏好代表了一个人对某事物是否满足个人和社会需求的心理反应和生理体验。情感经常使用"喜欢—厌恶"或"同意—反对"这样的词汇来测量,偏好则经常通过受测者在多个备选对象中做出选择来达到测量的目的。比如,有人喜欢去麦当劳或肯德基主要是因为那里整洁、温馨的环境和气氛;有人喜欢乘坐法国航空的班机图的就是其优质服务。旅游度假有人愿意去知名的景点,有人却只愿去鲜为人知的僻静之地,有人愿意乘坐火车、飞机,有人却宁愿自驾旅行尽享高速驾车的乐趣。情感或偏好与个人的行为通常保持较高的一致性。

对未来行为或状态的预期和意向是指个人对自己未来的行动所持的期望和判断。比如,今年下半年某人将考虑在近郊购买一套湖景别墅,但是他不打算购买普通的高层公寓。研究人员通过对个人未来预期和意向的测量,再结合受测者其他相关信息,可以比较准确地预测某产品的销售潜量。

(二)态度测量量表

在营销研究中,为了揭示研究问题的答案,弄清变量之间的确切关系,就必须对变量进行标准化的测量,这种标准化的程序有时被称作量化技术。如前所述,对于一般的属性变量和行为特征变量的测量相对来讲是容易的;而态度变量作为一种主观的精神状态,准确地测量它们有很大的难度。

在本节中,我们就重点介绍和讨论一些常用的态度测量量表。常用的量表可分为比较量表和非比较量表两类。

比较量表是根据不同测量对象的比较获得某一属性或特征的相对值。比如,可以让受测者回答他们更喜欢摩托罗拉还是诺基亚。比较量表包括配对比较量表、等级顺序量表、常量和量表和 Q 分类量表等。使用比较量表测量通常得到顺序数据,因此比较量表也被称为非公制量表。

比较量表的主要优点是通过受测者对某些属性或特征的比较并强迫他们作出排序选择而发现这些属性或特征之间的细微的差别。比较量表的主要缺点是只能得到顺序数据,无法测量出属性或特征之间差距的大小。同时,由于测量结果只限于受测对象之间的相对比较,所以无法在更大范围内使用。比如,通过比较量表我们知道在碳酸饮料中受测者更喜欢百事可乐,但是我们无法知道喜欢的程度比可口可乐高多少,我们也不知道受测者更喜欢百事可乐还是统一冰红茶。

非比较量表是对每个测量对象进行独立的测量,被称作单独量表或公制量表,产生的数据是区间尺度或比率尺度。一个典型的非比较量表就是对某产品或品牌进行打分评价。非比较量表又可以进一步分为单项评分量表和分项评分量表。常用的分项评分量表有沙氏通量表、Likert 量表、语义差异量表和斯坦普尔量表。非比较量表操作简单,在营销研究中使用非常广泛。

(三)比较量表技术

1. 配对比较量表

在配对比较量表中,受测者被要求对一系列对象进行两两比较,并根据某个标准在两个被比较的对象中做出选择。配对比较量表是一种使用得很普遍的态度测量方法,获得的数据具有顺序尺度。

配对比较量表在操作上简单易行。首先,对受测者来说,从一对对象中选出一个肯定比从一大组对象中选出一个更容易;其次,配对比较也可以避免等级量表的顺序误差。但是,因为一般要对所有的配对进行比较,所以对于有 n 个对象的情况,要进行 $n(n-1)/2$ 次配对比较,是关于 n 的一个几何级数。因此,被测量的对象的个数不宜太多,以免使受测者产生厌烦情绪而影响回答的质量。

以下为配对比较量表实例。

Q1:下面是 10 对牙膏品牌,对每一对牙膏品牌进行比较,指出你更喜欢其中哪一个,在选中的品牌旁边□处打钩(√)。

高露洁□		佳洁士□	
高露洁□		黑人 □	
高露洁□		黄芩 □	
高露洁□		黑妹 □	
佳洁士□		黑人 □	
佳洁士□		黄芩 □	
佳洁士□		黑妹 □	
黄芩 □		黑人 □	
黄芩 □		黑妹 □	
黑人 □		黑妹 □	

访问结束之后,可以将受测者的回答整理成表格的形式。表 6-4 是根据某受访者的回答整理得到的矩阵表。表中每一行、每一列交叉点上的元素表示该行的品牌与该列的

品牌进行比较的结果,其中元素"1"表示受测者更喜欢这一列的品牌,"0"表示更喜欢这一行的品牌。将各列取值进行加总,得到表中合计栏,这表明各列的品牌比其他品牌更受偏爱的次数,假设样本量为100,将得到下列数据。

表6-4 品牌偏好次数矩阵(假设)

品牌	高露洁	佳洁士	黑人	黄芩	黑妹
高露洁	—	20	30	15	20
佳洁士	80	—	5	40	65
黑人	70	50	—	60	45
黄芩	85	60	40	—	75
黑妹	80	35	35	23	—
合计	315	165	110	138	205

在"可传递性"的假设下,可将配对比较的数据转换成等级顺序。所谓"可传递性"是指,如果一个人喜欢A品牌甚于B品牌,喜欢B品牌甚于C品牌,那么他一定喜欢A品牌甚于C品牌。将表6-4的各列数字分别加总,计算出每个品牌比其他品牌更受偏爱的次数,就得到受测者对于5个牙膏品牌的偏好,从表6-4可以看出,高露洁最受喜爱,黑妹其次。

但这是一个顺序量表,只能比较各品牌的相对位置,要想衡量各品牌偏好间的差异程度必须先将其转化为区间量表。

当要评价的对象的个数不多时,配对比较法是有用的。但如果要评价的对象超过10个,这种方法就太麻烦了。配对比较量表的另外一个缺点是"可传递性"的假设可能不成立,在实际研究中这种情况常常发生;同时对象列举的顺序可能影响受测者,造成顺序反应误差;而且这种"2中选1"的方式和实际生活中做购买选择的情况也不太相同,受访者可能在A、B两个品牌中对A要略为偏爱些,但实际上却两个品牌都不喜欢。

2.等级顺序量表

等级顺序量表是将多个评价对象同时展示给受测者,并要求他们根据某个标准对这些对象排序或分成等级。例如,要求受测者根据总体印象对不同的品牌进行排序。在操作上,这种排序的典型做法是要求受测者对他们认为最好的品牌排"1"号,次好的排"2"号,以此类推,直到量表中列举出的每个品牌都有了相应的序号。等级顺序量表本质上也是比较量表,得到的是顺序尺度的数据。

以下为等级顺序量表实例。

Q2:对下面列举的5个电冰箱品牌按喜欢程度顺序进行排序。选出你最喜欢的品牌并在右侧的等级顺序中填写1,然后选出第二喜欢的品牌并填写2,以此类推,直到你对所有的电冰箱品牌按喜欢程度进行了排序。最不喜欢的品牌排序为5。注意:任何两个品牌不应该得到相同的排序数。

品牌名称	等级顺序
1.美菱	_____
2.海尔	_____
3.容声	_____
4.松下	_____
5.西门子	_____

等级顺序量表也是使用很广泛的一种态度测量技术。这种量表非常容易设计，受测者也比较容易掌握回答的方法。等级量表强迫受测者在一定数目的评价对象中作出比较和选择，从而得到对象间相对性或相互关系的测量数据。与配对比较量表相比，等级顺序量表的操作过程与购物环境更为相似，也比较节省时间。如果有 n 个评价对象，在等级顺序量表中只需做$(n-1)$次选择决定，而在配对比较中需要 $n(n-1)/2$ 次决定。

等级顺序量表最大的缺点在于只能得到顺序数据，不能对各等级间的差距进行测量，同时卡片上列举对象的顺序也有可能带来所谓顺序误差。此外，用于排序的对象个数也不能太多，一般要少于 10 个，否则很容易出现错误和遗漏。而且，从心理学的角度来说，对象个数越多，受测者越难以分辨各对象偏好程度的差别，诸如只对两三个对象有明显偏好，其他都差不多的情况在实际研究中是经常发生的。在这种情况下就必须借助其他间接的评价方法。

3.常量和量表

常量和量表要求受测者根据一些标准在评价对象的一组属性中分配一个固定的常量（如 100 分），以反映受测者对这些属性的相对偏好或重要性。以百分数为例，如果某项属性比另一项属性更重要，就给这项属性更多的分数。如果认为这项属性的重要性是另一项属性的两倍，那么给这项属性的分数就是另一项属性的分数的两倍。如果认为某项属性完全不重要，甚至可以给它分配零分。无论如何，各项属性分配的分数总和为常数 100分。这种方法被广泛用于测量产品属性的相对重要性上。

以下为等级顺序量表实例。

Q3：请对下列品牌的喜好进行比较，请将 100 分分配到这些品牌当中，以反映你对这些品牌相对重要性的看法。一种品牌得分越多，这种品牌就越重要。如果一种品牌一点也不重要，就给零分。如果一种品牌的重要性是另一种品牌的两倍，就给它两倍的分数。

品牌名称	评价得分
1.美菱	_____
2.海尔	_____
3.容声	_____
4.松下	_____
5.西门子	_____
合计	100

根据所有的受测者分配给每个品牌的分数，很容易计算出每个品牌的平均得分，由此得到每个品牌的喜欢程度的指标。

和量表比较的本质和结果缺乏普适性，获得的数据属于顺序尺度。但是，量表中绝对零点的存在,使得分数之间的差距具有意义。比如,10 分和 12 分之间的差距与 30 分和 32 分之间的差距相同,10 分是 5 分的 2 倍。因此,常量和数据通常被认为具有区间尺度。这类信息对于改善产品和服务并制定针对性的营销策略有十分重要的意义。

4. Q 分类量表

Q 分类量表是在需要评价或排序的对象非常多的情况下,广泛使用的一种比较量表技术。它要求受测者把所比较的对象或特征按照一些标准分成若干类,通常可以分成 11 类或更多,这些类依次从最负面态度到最正面态度,每个类中的对象或特征的数目要求服从正态分布。一般来讲,被分类的对象或特征的数目不应该少于 60,也不应该多于 140,60～90 个被评价对象或特征是一个合理的范围。通常,为了在整体上得到一个正态分布,研究人员可以根据总数和分类数计算出每类应该放入的数目。例如,某公司想开发新产品,经过头脑风暴之后,新产品开发小组提出了 100 种不同的新产品,每种新产品都有非常细微的差别。研究人员希望做产品概念测试,了解消费者喜欢哪些产品品牌和特点,并进而有较强的购买意向。在这种情况下,最适合的方法就是采用 Q 分类法找出消费者最喜欢的产品类别,然后再利用等级顺序量表或配对比较量表让消费者对该类产品进行排序。

(四)非比较量表

1. 单项评分量表

顾名思义,单项评分量表是指那些只测量对象的单一属性或特征的量表。这类评分量表是由研究人员事先将各种可能的选择标示在一个测量表上,然后要求受测者在测量表上指出他的态度或意见。

根据测量表的形式,单项评分量表又分为图示评分量表和列举评分量表。

(1)图示评分量表

图示评分量表要求受测者在一个有两个固定端点的连续直线上进行选择和标记,因此,图示评分量表也被称为连续评分量表。如图 6-1 所示。

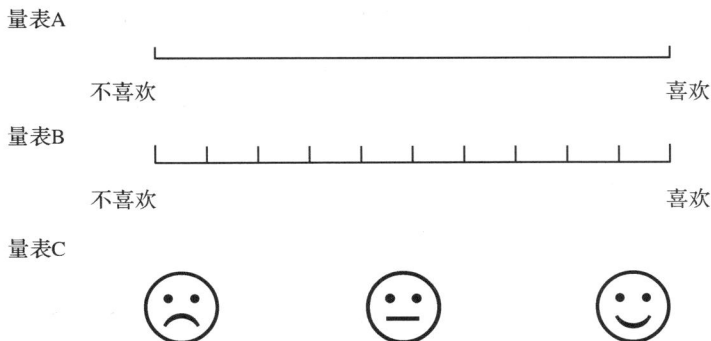

图 6-1　图示评分量表

量表 A 是最简单的一种形式,受测者只需根据自己的喜好程度在连续直线的适当位置作出标记,然后研究者根据整体的反应分布及研究目标的要求,将直线划分为若干部分,每个部分代表一个类别,并分配给一个对应的数字。量表 B 事先在连续体上标出刻度并分配了相应的数字,受测者很容易在适当位置做出反应标记,可以用于相对复杂的评价对象。量表 C 在本质上与量表 B 没什么区别,但是由于在连续体两端分别增加了对应的哭脸和笑脸,使量表更具有生动性和趣味性。此量表非常适用于对儿童的测试。

（2）列举评分量表

①列举评分量表的测量方法

列举评分量表不同于图示评分量表,它要求受测者在有限类别的选项中进行选择和评价。列举评分量表获得的数据通常作为区间尺度数据使用和处理。

以下为列举量表的实例(见表6-5)。

Q1:下面将向您列举一些电视机品牌,当我提到每一种品牌时,请您告诉我您认为该品牌的知名度是非常低的、低的、一般的、高的还是非常高的,在相应的数字上打圈。

表 6-5　电视机品牌知名度评分表

您认为下列电视机品牌的知名度是:

品牌	非常低的	低的	一般的	高的	非常高的
康佳	1	2	3	4	5
长虹	1	2	3	4	5
海信	1	2	3	4	5
创维	1	2	3	4	5
索尼	1	2	3	4	5
三星	1	2	3	4	5

此时,访问人员通常向受测者出示示卡,示卡上标有相应的有限选择答案,在访问人员读出一个品牌时,受测者在备选答案的范围内做出自己的选择。

②列举评分量表的优缺点

a.优点

列举评分量表比图示评价量表更容易构造和操作,研究表明其在可靠性方面也比图示评价量表要好,但是不能像图示评价量表那样衡量出对象的细微差别。总体上讲,评价量表有许多优点:省时、有趣、用途广,可以用来处理大量变量等。因此,在营销研究中被广泛采用。

b.缺点

然而,这种方法也可能会产生三种误差。

（ⅰ）仁慈误差

有些人对客体进行评价时,倾向于给予较高的评价,这就产生了所谓的仁慈误差;反之,有些人总是给予较低的评价,从而引起负向的仁慈误差。

（ⅱ）中间倾向误差

有些人不愿意给予被评价的客体很高或很低的评价,特别是当不了解或难以用适当的方式表示出来时,往往倾向于给予中间性的评价。可以用以下方法防止这种误差的发生：一是调整叙述性形容词的强；二是增加中间的评价性语句在整个量表中的空间；三是使靠近量表两端的各级在语意上的差别加大，使其大于中间各级间的语意差别；四是增加测量量表的层次。

（ⅲ）晕轮效果

如果受测者对被评价的对象有一种整体印象，可能会导致系统偏差。预防的方法是对所有被评价的对象，每次只评价一个变量或特性；或者问卷每一页只列一种特性，而不是将所有要被评价的变量或特性全部列出。

2. 分项评分量表

（1）沙氏通量表

在市场营销研究中，经常涉及对某一主题的态度测量，比如人们对于电视商业广告的态度、对人寿保险的态度等。沙氏通量表通过受测者在若干条（一般 9～15 条）态度相关的语句中选择是否同意的方式，获得受测者对相关主题的看法。沙氏通量表的实地测试和统计汇总都很简单，只是量表的构造相对来说比较麻烦。一个测量态度的沙氏通量表，其构造的基本步骤如下。

①收集大量的与要测量的态度有关的语句，一般应在 100 条以上，保证其中对主题不利的、中立的和有利的语句都占有足够的比例，并将其分别写在特制的卡片上。

②选定 20 人以上的评定者，按照各条语句所表明态度的有利或不利的程度，将其分别归入 11 类。第 1 类代表最不利的态度，以此类推，第 6 类代表中立的态度……第 11 类代表最有利的态度。

③计算每条语句被归在这 11 类的次数分布。

④删除那些次数分配过于分散的语句。

⑤计算各保留语句的中位数，并将其按中位数进行归类。

⑥从每个类别选出一两条代表语句（即各评定者对其分类的判断最为一致的），将这些语句混合排列，即得到所谓的沙氏通量表。

以下为沙氏通量表实例。

Q2：请问您对电视广告持下列哪种态度？

1. 所有的电视商业广告都应该由法律禁止。

2. 看电视广告完全是浪费时间。

3. 大部分电视商业广告是非常差的。

4. 电视商业广告枯燥乏味。

6. 对大多数电视商业广告我无所谓好恶。

7. 我有时喜欢看电视商业广告。

8. 大多数电视商业广告是挺有趣的。

9. 只要有可能，我喜欢购买在电视上看到过广告的商品。

10. 大多数电视商业广告能帮助人们选择更好的商品。

11. 电视商业广告比一般的电视节目更有趣。

沙氏通量表通常在设计时将有关态度语句划分为 11 类，其实并不一定非要划分成

11类,多些少些都可以,但最好划分成奇数类别,以中间的一条作为中间立场。分类后在每个类别中至少选择一条代表语句,也可以选择一条以上的语句,这样组成的沙氏通量表就不止包含与类别数相同的语句,可能多达二十几条态度语句,但一般来讲在每个类别中选择多条语句没有特别的必要。

沙氏通量表构造比较麻烦但使用操作很简单,只要求受测者指出量表中他同意的陈述或语句。每条语句根据其类别都有一个分值,在实际操作中量表中的语句排列可以是随意的,但每个受测者都应该只同意其中的分值相邻的几个意见。如果在实际中一个受测者的语句或意见的分值过于分散,则判定此人对要测量的问题没有一个明确一致的态度,或者量表的制作可能存在问题。

沙氏通量表根据受测者所同意的陈述或意见的分值,通过分值平均数的计算求得受测者的态度分数。例如,某人同意第8条意见,他的态度分数就是8,如果同意第7、第8、第9这三条意见,他的态度分数则为(7+8+9)/3=8。在上例中,分数越高,说明受测者对某一问题持有的态度越有利;分数越低,说明受测者持有的态度越不利。沙氏通量表本质上是顺序尺度,但是可以近似地被视作区间尺度,因此不仅可以用两个受测者的态度分数比较他们对相关主题所持态度的相对有利和不利的程度,还可以测量其态度的差异大小。

沙氏通量表在营销研究中使用得不是太多,主要原因是沙氏通量表的构造非常麻烦,即使单一主题的量表构造也要耗费大量的时间,对于多个主题的沙氏通量表制作就更加困难。另外,不同的人即使态度完全不同,也有可能获得相同的分数。例如,一个人同意第五条意见,得5分,另一个人同意第三、第四、第八条意见,也得5分。再有,沙氏通量表无法获得受测者对各条语句同意或不同意程度的信息,这也是其缺点之一。

(2)利克特量表

利克特量表(Likert scales)以它的发明者 Rensis Likert(伦西斯·利克特)名字命名的一个应用广泛的评分量表。它在形式上与沙氏通量表相似,都要求受测者对一组与测量主题有关的陈述语句发表自己的看法。它们的区别是,沙氏通量表只要求受测者选出他所同意的陈述语句,而利克特量表要求受测者对每一个与态度有关的陈述语句表明他同意或不同意的程度。

另外,沙氏通量表中的一组有关态度的语句按有利和不利的程度都有一个确定的分值,而利克特量表仅仅需要对态度语句划分为有利还是不利,以便事后进行数据处理。利克特量表制作的基本步骤如下。

①收集大量(50~100条)与测量的概念相关的陈述语句。

②研究人员根据测量的概念将每个测量的项目划分为"有利"或"不利"两类,一般测量的项目中有利的或不利的项目都应有一定的数量。

③选择部分受测者对全部项目进行预先测试,要求受测者指出每个项目是有利的或不利的,并在下面的方向—强度描述语中进行选择,一般采用所谓"5点"量表。举例如下。

a.非常同意   b.同意   c.无所谓(不确定)   d.不同意   e.非常不同意

④对每个回答给一个分数,如从非常同意到非常不同意的有利项目分别为1分、2分、3分、4分、5分,对不利项目就为5分、4分、3分、2分、1分。

⑤根据受测者的各个项目的分数计算代数和,得到个人态度总得分,并依据总分多少

将受测者划分为高分组和低分组。

　　⑥选出若干条在高分组和低分组之间有较大区分能力的项目,构成一个利克特量表。如可以计算每个项目在高分组和低分组中的平均得分,选择那些在高分组平均得分较高并且在低分组平均得分较低的项目。

　　利克特量表的制作比较简单而且易于执行,因此在营销研究实务中应用非常广泛。在实地调查时,研究者通常给受测者一个"回答范围"卡,请他从中挑选一个答案。需要指出的是,目前在商业调查中很少有按照上面给出的步骤来制作利克特量表的,而是通常由客户项目经理和研究人员共同研究确定。表6-6是进行大型购物中心调查时使用的利克特量表。

　　以下为利克特量表实例。

　　Q3:下面所列的陈述语句是针对某品牌的不同观点,指出你对每种观点同意或反对的程度。请你在表格中适当的数字上打圈。1表示强烈反对,2表示反对,3表示既不赞同也不反对,4表示赞同,5表示强烈赞同。

表6-6　利克特量表示例

描述语句	1	2	3	4	5
	强烈反对				强烈赞同
是世界知名品牌	1	2	3	4	5
是广为人知的品牌	1	2	3	4	5
是质量可靠的品牌	1	2	3	4	5
是大家都在用的品牌	1	2	3	4	5
是不断创新的品牌	1	2	3	4	5
是历史悠久的品牌	1	2	3	4	5

　　在利克特量表中,受访者要对每一条语句分别表示同意的程度。一般采用5级:非常不同意、不同意、无所谓、同意和非常同意,当然也可以是相反的顺序,如1表示非常同意,5代表非常不同意等。可以将各数字代表的含义在题目开头给出,然后让受测者根据对每个陈述语句的同意程度填写1~5中的某个数字,但更常用的一种格式是将1~5分别列在每个陈述语句的后面,让受测者根据自己同意或不同意的程度在相应的数字上划圈。后一种方式看起来不太简洁,但更便于受测者理解和回答。

　　在数量处理时,给受测者对每条态度语句的回答分配一个权值,可以是从1~2,也可以是从1~5。可以汇总计算每条态度语句的得分,从而了解受访者群体对测量对象各方面的态度,也可以计算每个受测者对测量对象的态度总分,以了解不同受测者对受测对象的不同态度。

　　在市场营销研究中,利克特量表的使用十分普遍,因为它比较容易制作和执行,受测者也很容易理解量表的使用,因而在邮寄访问、电话访问和人员访问中被广泛采用。利克特量表的主要缺点是回答时间长,因为受测者需要仔细阅读每一条态度陈述语句。如果量表中陈述语句过多,还可能引起受测者的厌烦。为了防止少数受测者因心生厌烦而胡乱填答,在量表中设置某些陷阱通常是必要的,比如购物中心的量表中语句1和语句7是相反的,它使得这两条语句的答案具有严格的逻辑关系,从形式上看一定是对称的。一旦发现答案不符合逻辑关系,就可以认定受测者没有认真回答问题。

利克特量表每一个项目的测量都是顺序尺度,实际上经常被视作区间尺度,通过加总得到的每条态度陈述语句的得分及每个受测者的态度总分更具有区间尺度的性质。研究人员依此来比较受测者态度有利或不利程度的等级,并计算他们的态度之间的差距。

(3)语义差异量表

在市场研究中,常常需要知道某事物或对象在人们心中的印象,语义差异法就是一种常用的测量事物或对象印象的方法。语义差异法可以用于测量人们对产品、品牌、商店等的印象。在设计语义差异量表时,首先要确定与要测量对象相关的一系列属性,对于每个属性,选择一对意义相对的形容词,分别放在量表的两端,中间划分为7个连续的等级。受测者被要求根据他们对事物或对象的看法评价每个属性,在合适的等级位置上作标记。

在语义差异量表中带有否定含义的形容词有时放在量表左边,有时放在右边。习惯上,在语义差别量表的形容词中,大约一半是将肯定的词放在右边,另一半将否定的词放在右边,这样可以减少反应误差。项目的排列顺序是随机的。

以下为语义差异量表实例(见表6-7)。

Q4:下面列举了关于商场印象的一系列评价属性,每一个属性的两端有一对描述该属性的反义形容词,中间有7个间隔的选项。依下列规则在表中选出最能反映你对A商场感觉的选项。若你认为某形容词能完全描述你对A商场的感觉,请选择离该词汇最近的一项。若两个形容词都不能正确描述你对A商场的感觉,请在两端之间选择最能反映你的感觉的一项。

表 6-7　商场印象评分表

您对A商场的印象是:

优质的	1	2	3	4	5	6	7	劣质的
时尚的	1	2	3	4	5	6	7	经典的
不便的	1	2	3	4	5	6	7	方便的
昂贵的	1	2	3	4	5	6	7	便宜的
选择多	1	2	3	4	5	6	7	选择少

语义差别量表的主要优点是可以用折线清楚有效地描绘形象。如果同时测量多个对象,则可以得到多条所谓的语义差异曲线,由此可以清楚地比较它们在每个属性上的差异。

由于语义差异曲线所具有的实用的、直接的管理意义,语义差异量表也因此成为营销研究中被广泛使用的态度测量技术。

(五)量表的选择

在营销研究中经常使用的测量量表很多,它们适用于测量不同对象的属性和特征,在表现形式上也不存在标准格式。因此,对研究人员来讲,在构建和使用量表时就必须做出必要的选择。

1. 量表种类的选择

毫无疑问,量表制作与测量的难易程度是研究人员选择的重要因素。绝大多数研究人员都倾向于使用制作简单,而且测量操作也非常容易的量表。所以在实践中,制作相对容易的评分量表、等级顺序量表、配对比较量表和利克特量表经常被使用,而制作过程冗长复杂的沙氏通量表已很少被使用。语义差别量表的制作和开发也比较复杂,但是此量表用于特定问题的测量效果非常好,所以使用的场合还是比较多的。究竟采用哪种量表,原则上还是取决于所要解决的问题和想知道的答案。通常,在一份调查问卷中会使用多种不同的测量量表。

2. 量表层次的个数

量表层次的个数也是研究人员要解决的一个问题。量表是用于测量态度、感觉或动机等的倾向程度,如果层次个数太少,比如只有同意、无所谓、不同意 3 层,那么量表就过于粗略而不够全面。通常一个 3 层量表难以反映出感觉的强度。然而,如果量表层级太多,比如 10 层量表,又可能超出了人们的分辨能力。研究表明,评分量表、利克特量表等基本上以 5～9 层为宜,如果采用电话访问方式,量表层次个数只能为 5 层。一般来讲,5层的量表使用得最多。

3. 平衡量表与非平衡量表的选择

所谓平衡量表,就是在量表中肯定态度的答案数目与否定态度的答案数目相等,否则就称为非平衡量表。一般来讲,如果研究人员想得到广泛的意见,并且估计有利的意见和不利的意见分布是对称的,则采用平衡量表比较好。如果以往的经验或预先研究已表明,大多数的意见都是肯定的,那么量表就应该给出更多的肯定答案,这样能使研究者更确切地测出受测者的肯定程度。

4. 量表层次的奇数与偶数选择

偶数个量级的量表意味着没有中间答案。如果没有中间答案,被测者就会被迫选择一个正向或负向答案,但那些确实持有中立意见的人就无法表达他们的观点。另一方面,研究人员也认为给被测者设立一个中间答案,事实上就给被测者提供了一个简单的出路。假设他确实没有某种很强烈的意见,他就不必集中思考他的真实感觉而可以简单地选择中间答案。

5. 强迫性与非强迫性量表的选择

强迫性与非强迫性量表的选择与上面的奇数和偶数量表有关,通常强迫选择就是剔除量表中的中立答案,使受测者被迫给出正面的或负面的答案。事实上,在实际工作中人们对某些问题的态度可能是中立的,量表要测量准确全面的数据就要给出中立选择。但是,有时在涉及一些行为选择和决策时,中立的态度无法指引研究人员做出满意的决定,在这种情况下使用强迫选择是必要的。

6. 量表层次的标记与描述

量表的层级划分通常使用数字、文字或图示标记,标记的形式和文字描述的性质与程度对受测者的回答有很大的影响。标记和描述的基本原则就是清楚明确,有利于受测者做出正确的判断和选择。一般来讲,尽量不使用过分极端的词语作为描述词,比如像备选答案(1＝完全反对,5＝完全赞同)这样的极端用词很容易导致不正常的非均匀的答案分布。相反,像备选答案(1＝有点喜欢,5＝不很讨厌)这样平缓无力的用词将导致不正常的均匀扁平的答案分布。

第二节　问卷设计概述

问卷设计是市场营销调研的关键环节,对调查质量产生重大影响。科学合理的问卷设计有助于调研工作的高效进行和调研目的的顺利实现;反之,问卷设计的缺陷不仅会影响市场营销调研的其他环节,甚至有可能导致整个调查项目的失败。问卷设计涉及的知识面广泛,需要掌握高超的技术。问卷既要满足调查需要,又要照顾被调查者的感受。不同类型的调查项目,对问卷要求有较大的差异性。因此,了解问卷设计的多种类型、熟悉问卷的基本结构、遵守问卷设计的基本程序、掌握问卷设计的相关技巧,是调研人员的基本职责。

一、调查问卷的概念和类型

(一)问卷的概念

问卷是调查问卷的简称,又称调查表。它是指调查人员根据调查目的和要求,设计出的由有关问题、备选答案及填制说明等部分组成的一种调研工具。调查人在搜集第一手资料的过程中,对问卷的运用较为普遍。问卷不仅仅适用于邮寄调研和留置调研,而且还在入户访问、拦截访问、焦点小组访谈法和深度访谈法等多种调研形式中频繁出现。

问卷调查最早起源于古代中国和埃及以课税和征兵为目的所进行的调查,这是远古意义上的问卷调查。近代问卷调查始于 1748 年瑞典进行的全国规模的人口普查。而现代意义上的问卷调查则是从 20 世纪 30 年代,以美国新闻学博士乔治·盖洛普成功地运用问卷进行美国总统选举的预测调查后开始的,也就是这一事件之后,问卷调查才得以迅猛发展。自 20 世纪 80 年代引入问卷调查以来,问卷调查目前在我国已得到了长足的发展。

问卷的诞生使市场调查获得了质的飞跃,它使问题的用语和提问的程序都标准化了,从而大大降低了统计处理的难度,否则调查者将面临一大堆零乱无章的数据,这将使统计工作很难进行,所以从这个意义上讲,问卷又是一种控制工具,而且它将是目前所能见到的唯一的工具。

有效的调查问卷设计是成功的市场调研的前提和基础,它是调查人员把握调研的方向、控制调研进程、实现调研目的和要求的重要手段。

(二)调查问卷的类型

按照不同的分类标准,可将调查问卷分成不同的类型。

1. 按使用问卷方法的不同分类

根据市场调查中使用问卷方法的不同,可将调查问卷分成自填式问卷和代填式问卷两大类。

自填式问卷,是指由调查者发(或邮寄)给被调查者,由被调查者根据实际情况自己填写的问卷。而代填式问卷则是由调查者按照事先设计好的问卷或问卷提纲向被调查者提问,然后根据被调查者的回答进行填写的问卷。自填式问卷与代填式问卷在具体的设计原则、设计程序等方面均大致相同,只是在具体的设计方法以及使用方法方面有所差异。一般而言,代填式问卷要求简便,最好采用两项选择题进行设计;而自填式问卷由于可以借助视觉功能,在问题的制作上相对可以更加详尽、全面一些。

2. 按问卷发放方式的不同分类

根据问卷发放方式的不同,可将调查问卷分为送发式问卷、邮寄式问卷、报刊式问卷、人员访问式问卷、电话访问式问卷和网上访问式问卷六种。其中送发式问卷、邮寄式问卷、报刊式问卷、网上访问式问卷大致可以划归自填式问卷范畴,而人员访问式问卷、电话访问式问卷则属于代填式问卷。

二、调查问卷的基本结构

调研目标本身是无形的,它需要依靠调研问卷来体现。合格的问卷应该目标明确,问题始终围绕着调查主题展开,不应涉及与本次调查无关的内容。

一份好的问卷应该结构完整。在问卷中,问题是主体。但其他内容,诸如问卷编号、填写说明等对调查均有一定作用。缺少这些要件,有可能影响收集信息的完整性与真实性,或者导致调查过程不够顺畅。比如,缺少填写说明的问卷可能使正文内容显得突兀,而缺少问卷编号等信息,可能造成复核与汇总的困难。

一份完整的问卷一般应包括开头部分、甄别部分、问卷正文和背景资料四个部分。

(一)开头部分

开头部分包括如下四项内容。

1. 标题

问卷的标题是对调查主题的概括说明,是为了使被调查者对问卷有大致了解,因而要开门见山,简单而明确,如"关于×××的调查问卷""×××消费者调查问卷"。

2. 问卷编号和记录

用于识别问卷、访问员、被访者地址等,可用于检查访问员的工作,防止舞弊行为,便于校对检查、更正错误等,也便于分类归档和统计。一般放置在问卷的页眉处,方便整理及归档。

3. 指导语

旨在向被调查者说明调查意图及表达问候、致谢等信息,以便于被调查者了解情况,消除顾虑,积极合作。因而,问候语部分应亲切、诚恳、礼貌,内容要能交代清楚调查目的、调查者身份、保密原则及奖励措施等,而不宜拖沓冗长,引起反感。指导语实例如资料链接 6-1 所示。

🔍 资料链链 6-1:指导语实例

_____先生/女士:您好!

我们是_____公司(或)学校的访问员,我们正在进行一项关于×××产品的研究,为了更好地为消费者服务,提供更好的产品,希望您能花几分钟的时间回答以下问题,您的个人资料将会严格保密,谢谢!

4. 填写说明

与指导语不同,填写说明的目的在于向被调查者说明填表须知、填表方法、交表时间及地点等,以规范和帮助被调查者更好地完成问卷。

填表说明如果是仅针对问卷中个别的复杂问题,则要在该问题之前列出;如果是针对问卷所有问题,则应单独作为问卷的第三部分,在指导语之后,问卷问题之前列出。总之,填表说明必须在被说明项之前出现,否则填了答案之后才看到填写说明会严重影响问卷质量。填写说明对于自填式问卷尤其重要,需写得详细、清晰。

问卷在设计选项时,建议不要用 A、B、C 等字母,也不要在□或○等符号上打钩,而要在相应的数字上画圈,把数字圈起来可以避免误解。

每一题后面要标明是单选还是复选,避免访问员出现记录错误。

(二)甄别部分

在做问卷调查时只有合格的应答者对调查数据的收集有帮助,因此一般通过甄别问题来过滤不合格的应答者。甄别部分通常会设计一些排除性或过滤性问题,以有目的地选择合适的消费者。比如,通过"您是否购买过×××品牌的产品?"这样的问题来过滤掉非购买者。

在实际运用中,为了不造成问卷的浪费,甄别问题一般首先由访问者向应答者询问,确定被调查者符合条件了,方进行问卷填写,否则直接跳过,开始询问下一个应答者。

(三)问卷正文

问卷正文是调查问卷中最主要的部分,主要包括问题及回答方式、编码等。这是问卷的主体部分,也是问卷设计的关键。

1. 问题及其回答方式

问题及其回答方式是调查内容的主要组成部分,包括调查者所要了解的问题及其答案,这是问卷设计的主要内容。可以说,问题及其回答方式的设计质量直接关系到整个调查问卷的质量。

2. 编码

编码一般应用于大规模的问卷调查中。因为在大规模问卷调查中,调查资料的统计汇总工作十分繁重,借助于编码技术和计算机,则可大大简化这一工作。

编码是对调查问卷中的调查项目及备选答案进行统一设计的代码。编码既可以在问卷设计的同时就设计好,也可以等调查工作完成以后再进行。前者称为预编码,后者称为后编码。在实际调查中,常采用预编码。

编码一般放在问卷的最右侧,有时还可以用一条竖线将它与问题及答案部分分开。问卷中常见的编码方法有以下几种。

(1)以答案序号作为编码号

Q1:请问您的实足年龄属于下面哪个年龄段?

    1.20 岁及以下　　　　　_____

    2.21～30 岁　　　　　　_____

    3.31～40 岁　　　　　　_____

    4.41～50 岁　　　　　　_____

    5.51 岁及以上　　　　　_____

(2)以答案本身为数字编码

Q2:请问您家中的人口数是_____人?

可以直接用人数作为编码

(3)对于无应答或拒答的问题可采用"98""99"编码

编码的方法多种多样,这里只列举了其中 3 种,大家可以根据实际情况选择合适的编码方法,不必苛求一律。

后编码主要用于开放题题型,我们后面会详细介绍。

(四)背景资料

背景资料主要用于交叉分析,因此,背景资料中涉及的问题应该是与研究主题有关联的,一些没有关联的背景资料就没有必要询问了。

常见的背景资料信息包括被调研者的性别、年龄、收入、学历、职业等。

三、调查问卷的评价

一份完善的调查问卷应在形式和内容两方面都很完善。

(一)调查问卷的形式

从形式上看,要求版面整齐、美观,便于阅读和作答。同时,问卷的长度也值得注意,不同的访问方式对问卷的长度要求不一样,比如说电话访问,长度一般设计为 20 分钟左右,不宜太长;人员访问式问卷时间相对可长一些,但一般不超过 40 分钟。当然这些并不是绝对的,近期一项研究发现,当被调查者对调查项目不感兴趣或不重视时,问卷长度也就不重要了。换句话说,无论问卷是长是短,人们都不会参与调研。同时,研究也发现,当被调查者对调查问题感兴趣或当他们感到回答问题不太困难时,他们会回答一些较长的问卷。

(二)调查问卷的内容

从内容上看,一份好的问卷调查表至少应该满足以下几方面的要求。

(1)确保问卷能完成调查任务与目的

任何问卷都是为完成一定的调查任务与目的而制作的,如果问卷不能达到这一目标,也就意味着问卷设计不成功,应该返回去重新设计。

(2)问题具体、表述清楚、重点突出、整体结构好

问题具体,就是要言之有物,确保每一个问题都能反映事实;表述清楚,就是没有模糊信息、诱导信息,使收集的信息尽可能客观、准确;重点突出、整体结构好,就是主干题与细节题有机搭配。

(3)使问卷适合于应答者

对儿童测试的问卷应当用儿童的语言表述,对成人测试的问卷应当使用成人的语言。为了使问题适合潜在的应答者,问卷设计者必须避免使用营销专业术语和可能使应答者误解的术语,最好使用简单的日常用语。

(4)编码和统计整理

我们进行问卷调查就是为了依据调查获取的信息得出统计结论,因此,是否便于编码和统计整理,对于一些大型的调查项目而言,也就构成了问卷设计一个不可回避的问题,是问卷设计的基本要求。

第三节　问卷设计过程

一、问卷所需信息和内容的设计

设计所需信息是问卷设计的前提工作。调查者必须在问卷设计之前就把握所有能达到研究目的和验证研究假设所需要的信息,并决定所有用于分析使用这些信息的方法,比如频率分布、统计检验等,并按这些分析方法所要求的形式来收集资料、把握信息。

设计问题的内容似乎是一个比较简单的问题。比如,这个问题是一般性问题还是特殊性问题? 是比较熟悉的问题还是比较生疏的问题? 是有趣的问题还是枯燥的问题? 是容易回答的问题还是难以回答的问题? 是常识性问题还是专业性问题? 解决类似问题似乎并不是一件很难的事,不需要任何专业知识,一看就能把握。事实上不然,这其中还涉及个体的差异性问题,也许你认为是容易的问题,在被调研者看来则是困难的问题;在你认为是熟悉的问题,在被调研者看来却是生疏的问题;同样,你感兴趣的问题,他可能感觉枯燥无味。因此,确定问题的内容,最好与被调查对象联系起来。分析一下被调查者群体,有时比盲目分析问题的内容效果要好。一般来讲,在设计问卷时以下三个问题值得我们重点考虑。

（一）设计的问题的必要性

设计问题的目的是收集、研究主题相关的信息或是评价问卷的信度和效度。遗憾的是，一些研究人员或委托单位的参与人员喜欢从一份问卷中提出更多的问题。或许他们认为顺便多问几个问题总没什么坏处。其实不然，首先，这些问题对研究问题没有任何帮助；其次，增加了受访者的无效工作量，构成对受访者不够尊重的道德问题；最后，问题的增加也降低了受访者对其他问题的回答质量。在有些情况下，比如问卷的主题比较敏感或存在很大争议的时候，在问卷的开始可以提出一些中立的问题以营造被调研者参与和沟通的氛围；有时候为了掩饰研究的目的或委托方，会提出一些混淆性和迷惑性的问题；有时为了问卷的回答质量和防止访问员作弊，会编制一些看似重复的陷阱问题。

（二）避免受访者无法回答

研究人员不应该想当然地认为受访者能够对所有提出的问题给予准确或合理的答案，而是要尽量避免受访者无法回答的问题。无法回答有多种可能，主要的可能是缺乏相关的知识，相关的信息记忆不准确，或者提出的问题无法清晰地描述。比如研究的主题与某品牌的手机使用有关，像这样的问题一般要设置所谓的过滤性问题，举列如下。

请问您是否使用过某品牌的手机？

是，继续访问/否，终止访问。

（三）避免受访者不愿回答

研究人员同样也不能假定受访者乐于回答他能够回答的所有问题。首先，我们必须清楚，受访者没有任何义务来回答问题。其次，即使大多数商业调查会给受访者一定的报酬，但是通常与受访者的付出相比都是象征性的。最后，受访者的回答还有可能暴露个人的某些隐私或敏感性的政治观点，给受访者带来潜在的威胁。因此，为了避免受访者不愿回答，我们要尽量减少受访者付出的努力，使所有的问题都有合适的背景和合理的目的，对敏感信息使用适当的技巧降低敏感度并对潜在的威胁做出承诺。

二、问卷题型的设计

进行问卷设计时需要决定使用何种类型的问题。我们确定问题类型的出发点主要是基于研究要求，同时尽量使设计的每一个问题传达更多的有用信息。不过也有例外，有时问卷中出现的个别问题与市场研究看起来毫无关系，它的存在只是引起被调查者的兴趣，促使其继续往下答。但不管属于哪一类问题，都有其存在的理由，关键是看这种"存在"在一定程度上是否不可替代。在某种意义上说，这种"不可替代性"越强，也就代表着更高的问卷设计水平。

另一方面，问题的难易程度也是一个值得考虑的因素。你必须分析你将要面对的被调查者群体的层次水平，太难或太无聊的问题往往令人兴味索然。

比如，"您觉得您所用的这个品牌的企业今后几年的努力方向是什么"这样的问题，对于普通消费者来讲，如果设计成开放式问题，则要想得到满意答案的概率很小，而得到空白答复的可能性则相当大。但如果设计成多项选择题,再加上一个"不知道"的选项,效果就不一样了。

空白和"不知道"代表不同的结果,"不知道"向你传达了一个信息,空白则有可能是"不知道",也有可能是厌烦问题而漏掉问题。反过来,如果你面对的是经理层,正在进行一项深度访谈,那你设计的问题最好是开放式问题,对于你进行探索性研究,获得一些深层次市场信息大有裨益。

问题的类型归结起来可以分为三类:开放式问题、封闭式问题、混合型问题。

(一)开放式问题题型

开放式问题,也称自由问答题,只提问题或要求,不给具体答案,要求被调查者根据自身实际情况自由作答。调查者没有对被调查者的选择进行任何限制。开放式问题主要限于探索性调查,在实际的调查问卷中,这种问题不多。开放式问题经常要"追问"。追问是访问人员为了获得更详细的材料或使讨论继续下去而对被调查者所做的一种鼓励。举例如下。

Q1:请问您为什么购买该品牌的手机?

_____

对于开放式的题型,需要注意的是被访者往往给出的是笼统答案,比如,"因为这款手机好""我喜欢这款手机"等,这些答案对于研究者来讲其实没有任何意义,研究者真正想了解的是这款手机好在哪里,为什么喜欢这款手机,是哪几个方面受到被访者的喜欢。因此,对于开放题,必须要进行追问,直到获得具体明确的答案,这对访问员有较高的要求。

通过追问,可以深入了解大量的深层次信息,对调研大有裨益。

1. 开放式问题的设计

(1)自由回答法

要求被调查者根据问题要求用文字形式自由表述。举例如下。

Q1:请问您选择洗衣粉时,主要考虑的因素有哪些?

_____

这类问题可以直接了解被调查者的态度和观点,而且回答不拘形式,被调查者可以自由发挥,因而可以收集大量的信息。但这种调查方式并不适合所有的被调查者,因为在有限的时间里,有些被调查者不愿对问卷作更深入的文字描述,宁愿接受选择答案的方式。

(2)填入式问题

填入式问题一般针对只有唯一答案的问题。对于答案不固定的问题,则只能设计成开放式问题。举例如下。

- 您工作多长时间了? _____年。(未工作填"0";不足 1 年填"1")
- 您的年均纯收入约为_____元。

填入式问题一般简便、易答,多数情况下是用来填写数字答案的。

2. 开放式题型的优缺点

开放式问题具有明显的优点,主要表现在以下几个方面。

（1）在开放式问题中，被调查者的观点不受限制，便于深入了解被调查者的建设性意见、态度、需求等。

（2）开放式问题能为研究者提供大量、丰富的信息。被调查者一般运用生活中的语言而不是用实验室或营销专业术语来讨论有关问题。这样有助于设计广告主题和促销活动，使文案创作更接近于消费者语言。

（3）对开放式问题回答的分析有时候能够作为解释封闭式问题的工具。在封闭式反应模式后进行这种分析经常可在动机或态度上有出乎意料的发现。例如，在五种产品特性的重要性中，知道颜色排在第二位是一个方面，但知道为什么颜色排在第二位也许更有价值。而对于后者的把握，一般只能通过对开放式问题的问答才能完成。

开放式问题也有缺点。其中一个最主要的缺点是难于编码和统计。对开放式回答的编码需要把许多回答归纳为一些适当的类别并分配给号码。如果使用了太多的类别，各种类别的频次可能减小，从而使解释变得困难；如果类别太少，回答就可能集中在几个类别上，信息又变得太一般，重要的意见就会丢失。即使使用了适当的类别，编辑人员仍不得不解释访问人员已经给出的记录数据为什么归于某一类。

与开放式问题有关的另一个缺点是访问记录误差。尽管在培训会上可能一再强调逐字记录开放式回答的重要性，但在实际调查中经常做不到。人的记忆力有好坏之分，记得慢的访问人员也许会由于这些缺点在无意中出错，所以开放式问题在应用上也受到了很大的限制。

3.开放式题型的适用范围

一般而言，开放式问题通常应用于以下几种场合。

（1）作为对调查的介绍。比如"您觉得开展企业竞争力调查有没有必要？能不能简要谈谈您的看法？"类似的问题便于被调查者迅速适应主题，并为随后的回答作准备。

（2）针对某个问题的答案太多或根本无法预料时。如"您为什么要选择海尔冰箱？"类似的问题答案至少可以罗列数十种，设计者往往疲于列举，设计成自由问答题则可以较好地解决这一问题。

（3）由于研究需要，必须在研究报告中引用被调查者的原话时，必须采用开放式问题。

（二）封闭式问题题型

封闭式问题不同于开放式问题，一般给定备选答案，要求被调查者从中做出选择，或者给定"事实性"空格，要求如实填写。其主要优点是避开了开放式问题的缺点。传统上，市场调研人员通常把封闭式问题分成二项选择题、多项选择题、填入式问题、顺位式问题、态度评比测量题、矩阵式问题和比较式问题 7 类。下面我们重点介绍一下二项选择题和多项选择题。

1.二项选择题

二项选择题，也称是非题，是多项选择的一个特例，一般只设两个选项，如"是"与"否"，"有"与"没有"等。

二项选择题的特点是简单明了。缺点是所获信息量太少，两种极端的回答类型有时往往难以了解和分析被调查者群体中客观存在的不同态度层次。同时,二项选择题还容易产生大量的测量误差,因为处于两个极端之间的问题完全被排除在考虑之外,而被排除的部分有时恰好又是最关键的部分,这时,测量误差便产生了。

当然,二项选择题在电话访问式问卷中还是有其优势的。

2. 多项选择题

多项选择题是从多个备选答案中择一或择几,称为单选题和复选题。问卷多项选择题的优点是便于回答,便于编码和统计;缺点在于问题提供答案的排列次序可能引起偏见。这种偏见主要表现在以下 3 个方面。

第一,对于没有强烈偏好的被调查者而言,选择第一个答案的可能性大大高于选择其他答案的可能性。解决办法是打乱排列次序,制作多份调查问卷同时进行调查,但这样做的结果是加大了制作成本。

第二,如果被选答案均为数字,没有明显态度的人往往选择中间的数字而不是偏向两端的数。

第三,对于 A、B、C 字母编号而言,不知道如何回答的人往往选择 A,因为 A 往往与高质量、好等特性相关联。解决办法是改用其他字母,如使用 L、M、N 等进行编号,或者干脆不写字母。

对于多项选择题来讲,备选答案齐全也是在设计时需要值得注意的一个方面。

(三)混合型问题题型

混合型问题,又称半开放半封闭式问题,是一种介于开放式问题和封闭式问题之间的问题设计方式,即在一个问题中,只给出一部分答案,被调查者可从中挑选,另一部分答案则不给出,要求被调查者根据自身实际情况自由作答。举例如下。

Q1:请问您是从下列哪些场所看到过洗衣粉产品的广告?

  1.电视广告

  2.电台广告

  3.路灯广告

  4.地铁广告

  5.其他(请注明_____)

上述题目中,1~4 的选项是封闭式题型,第 5 个选项是开放式题型。

综上所述,问题的类型很多,对问卷设计者而言,确定问题的类型并不是随心所欲的,必须紧紧把握一条宗旨,使设计的问卷能尽可能准确地收集到更多的有用信息。

三、问卷提问措辞的设计

很多人可能不太重视问题的措辞,而把主要精力集中在问卷设计的其他方面,这样做的结果是有可能降低问卷的整体质量。

其实,措辞在问卷设计中相当重要,有时由于提问的措辞不同,会对被调查者产生不同的影响。

(一)问题的陈述应尽量简洁、准确,避免模糊信息

(1)一般而言,问题的陈述越长,引起误会或产生歧义的可能性也就越大,因此在陈述问题时,最好使用短句子。例如,"对于目前市面上出现的各式各样的洗衣粉,您更偏爱哪种品牌",远不如"您更喜欢哪种牌子的洗衣粉"来得干净利落。

(2)问题和答案的用词要准确,不要过于宽泛、抽象和笼统。举例如下。

请问您的收入属于下列哪一种类型?

1.高　　2.中　　3.低

高、中、低的概念过于笼统,被调查者可能因没有明确概念而选择了不符合实际情况的选项。

(3)问卷不是词汇测试,应当尽量避免专业术语。一般而言,最好使用具有准确意义、普通用法并且不会模棱两可的用词。反过来,如果用词含糊不清,拒答现象将会大大增加。要尽量使用被调查者熟悉的词语,符合被访者的理解能力,不要用专业词汇等妨碍理解的词语,如果必须用到,应在问题下方加上注解。举例如下。

你觉得这款冰淇淋的配方成分如何?

被访者无法了解配方成分,也就无法回答了。

(4)要有明确的答案,不要让被访者通过推断或估计来猜测。举例如下。

你一年大约购买多少盒牛奶?

被访者在回答这类问题时,不得不进行估算,如将每个月的购买量乘以 12,或因为怕麻烦就直接给出一个答案,导致最终数据不准确。

(二)避免提带有双重或多重含义的问题

要避免二合一的问题,双重或多重含义的问题往往令人无所适从。

比如,"您对中华牙膏的香型和洁牙效果满意吗"? 如被调查者对二者都满意或都不满意,也就不存在问题,但关键是可能有一部分人只偏爱其中一项,回答"是"或"不是"均不足以准确传达他们的信息,如果要做到不违心的话,只有放弃这个问题。

(三)最好不用反义疑问句,避免使用否定句

由于受习惯思维的影响,人们往往不太习惯否定形式的提问。而对于反义疑问句,实际上已经向人暗示了一种信息,在没有明确态度的情况下,被调查者已经被牵着鼻子走了。我们看看下面的例子。

您是否不赞成商店实行"打折"制度?

这是一个否定式问句,由于受习惯性思维的影响,人们往往倾向于选择答案"是",即"不赞成",而对相当一部分人而言,可能并非出自本意。如果将否定句改为反义疑问句,情况同样糟糕。举例如下。

您不赞成商店实行"打折"制度,是吗?

这一问,可能相当一部分人要回答"是"了,尽管他们的本意是赞成商店实行"打折"制度。造成这种结果的原因是受了反义疑问句中陈述部分的信息暗示。但是,如果将上题

改为：

"您是否赞成商店实行'打折'制度？"

1. 是　2. 否

情况则大为改观,有望获得准确信息。

(四)注意避免问题的从众效应和权威效应

所谓从众效应,是指人们普遍怀有的一种随大流的思想,在许多问题上愿意同意大多数人的意见,即使心里不同意,也会从表面上放弃自己的看法。

权威效应则是指由于受权威人士、权威机关、权威观念等的影响而被迫放弃自己的观点,这也是问卷设计中应尽量避免的。

四、问卷设计技巧

(一)问卷内容展开

1. 问卷内容展开的原则

问卷内容展开的过程是一个目标层层分解的过程,即根据调研的目标确定问卷应该涉及哪几方面的内容,再根据每一方面的内容确定需要问哪些问题。使每个问题都具有一定的目的,所有的问题完整支撑调研目标。

2. 逻辑树

目标分解的过程可以采用"逻辑树"工具完成。

逻辑树又称问题树,是把一个已知问题当成树干,然后开始考虑这个问题和哪些相关问题或者子任务有关。每想到一点,就给这个问题(也就是树干)加一个"树枝",如此类推而形成的树状的思考框架。运用逻辑树的方法可以帮助你将调研目标分解成几项主要的调研内容,再细化每一项调研内容进而形成调研问卷,它可以使你的问题设置紧贴调研目标,并且全面无遗漏。

运用逻辑树方法解决问题有以下三个步骤。

(1)深入了解调研目标

一个好的目标或问题陈述应该是具有这三个特点:具体的,而不是笼统的;不是事实的简单罗列;具有可操作性。

(2)结构化分解目标

在分析清楚问题的基础上,进行下一步分解,然后逐层往下分解,直至得到我们想要的一张调研问卷草稿,分解目标有两种方法。

①议题法

议题法是将一项事物细分为有内在逻辑联系的副议题,使问题分解为可以分别处理的、利于操作的小块,如图 6-2 所示。

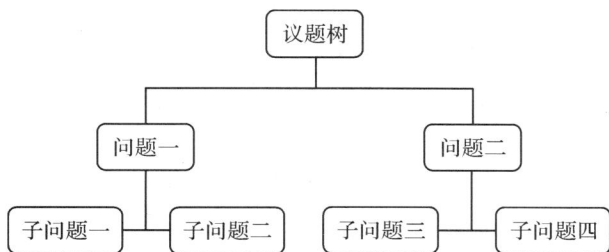

图6-2　逻辑—议题树

②假设法

假设法是假设一种解决方案,并找到足够的论据来证明或否定这种假设。比如,在分析某个品牌的短期价格波动时,我们可以假设品牌的波动跟下述原因有关,如消费者需求大幅度变化、存在收购情况等。

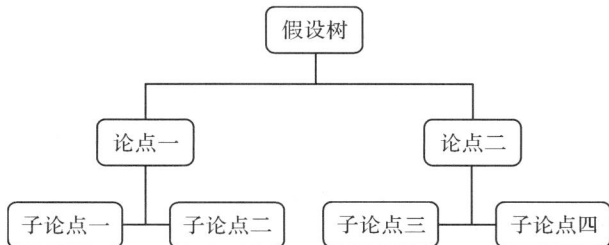

图6-3　逻辑—假设树

(3)形成假设的原则

在结构化分解时我们要遵循"相互独立,完全穷尽"的原则,就是对于一个目标或是问题,能够做到不重叠、不遗漏的分类。这样就可以帮助我们完善第二步的结构化分解,做到既围绕目标又覆盖全面,满足不遗漏、不重复的问卷设计要求。

(二)备选答案的设计

1. 基本要求:完全穷尽、相互独立

(1)"穷尽所有"指的是每个问题所列的备选答案应包括所有可能的回答。这是为了使被调查者都能在给定的备选答案中至少选择出一项适合自己的答案,不至于因没有合适的答案可选而放弃回答。举例如下。

Q1:请问您的学历是下列哪种情况?

①小学　②初中　③高中或中专或职高　④大专或本科　⑤研究生

以上这个例子就是没有穷尽的,漏了"小学以下"及"研究生以上"两个区间范围的可能。

(2)"相互独立"指的是单项选择问题中所列备选答案必须互不相容、互不重叠。举例如下。

Q2:请问您平均每天面纸的使用量是下列哪种情况?

①半包以下　②半包～1包　③1～2包　④2包以上

备选答案的互斥性是为了避免被调查者在选择时出现双重选择的现象。比如 Q2 单选题就违背了互斥性原则,其中第②、第③项——"半包～1 包"与"1～2 包"之间有重叠,当一位消费者固定每天用量为 1 包时,他会犹豫该选哪个选项,最后的结果可能就是随便选一个,这样就会导致调研数据不准确。

2. 在无法用"基本要求"设计答案时需引入"开放式答案"

在某些情况下,你没法穷尽所有答案,为了确保数据的精确性,需要提供一个开放式答案选项。比如,在问题的答案很多,没法一一列举的情况下,将一些重要的或是主要的选项列出来以后,设计开放式选项;在原因之类的选项无法穷尽时,可以使用混合型题型的设计,即半开放半封闭的题型。

(三)问卷题目顺序的设计

问卷中问题的排列,也就是问题相互之间的排列组合和排列顺序,是问卷设计中的另一个相当重要的问题。良好的排列组合方式和排列次序会激发被调查者的兴趣、情绪,进而提高其合作积极性;而杂乱无章的排列,则会影响被调查者的顺利作答和资料的准确性,甚至影响到问卷的回收率。一般说来,问题的排列顺序必须按以下两条基本要求加以确定:一是便于被调查者顺利作答,二是便于资料的整理和分析。

具体来说,可以从以下几个方面下手。

1. 按问题的难易程度排列次序

一般而言,问卷的开头部分应安排比较容易的问题,这样可以给被调查者一种轻松、愉快的感觉,便于他们继续答下去。如果一开始就遇到难答的问题,就会影响他们继续回答问题的积极性。先易后难的排列方法具体要注意以下几点。

(1)先列被调查者较熟悉的问题,再列较生疏的问题。

(2)先问事实、行为方面的问题,然后才是观念、情感、态度等方面的问题。

(3)先问一般性问题,后问特殊性问题,或者说先问能引起被调查者兴趣的问题,然后再问容易引起他们紧张、顾虑、厌烦的问题。

(4)开放式问题尽量安排在问卷的后面。

2. 按问题的时间先后顺序排列次序

有些问题具有时间上的逻辑联系,对于这部分的问题,可以考虑按照时间顺序先问当前的情况,再问过去的情况,而不宜远近交错、前后跳跃,这样容易打乱被调查者的思路,因为人们的思维总习惯按照一定的时间顺序进行。

3. 相同性质或同类问题尽量集中排列

如果问卷中出现相同性质或同类的问题,应想办法尽量安排在一起,这样被调查者作答时,其思路不至于经常被不同性质的问题所隔断,也不至于过分频繁地在不同内容之间跳跃,从而降低被调查者的疲劳程度或预防他们的厌烦情绪,提高问卷的回收率和作答质量。

(四)问卷排版设计

问卷的设计工作基本完成之后,便要着手问卷的排版和布局。问卷的排版和布局总的要求是整齐、美观,便于阅读、作答和统计。下面我们具体谈谈这个问题。

1.卷面排版不能过紧、过密,字间距、行间距要适当

尤其是行间距,一定要设计好,行间距过小很容易造成阅读吃力,使人产生厌倦情绪,影响被调查者继续答下去的兴趣,从而直接影响答卷成绩。

2.字体和字号要有机组合,可适当通过变换字体和字号来美化版面

一般说来,问卷题目一定要醒目,可以采用黑体,字号可以选择一号字,也可以自定义选择。至于问题和答案,要选择小四或四号字,也可用五号字,但问题和答案一定要有变化,应该突出问题。突出问题的方法很多,比如加粗、放大字号,改变字体等,这里不再一一列举。另外,问卷的说明信、结束语和正文字体也要有所变化,通常的做法是说明信、结束语部分采用楷体,正文部分(调查内容)采用宋体或仿宋体。

3.留出足够的填写空位

对于开放式问答题,一定要留足空格以供被调查者填写,不要期望被调查者自备纸加页。对于封闭式问答题,给出的每一个答案的前面都应有明显的标记,答案与答案之间要有足够的空格。

4.注意一些细节性问题

在可能的情况下,一个题目最好不要编排成两页;核对一定要仔细,不要出现漏字、错字现象。好的版面就好像人的外表,是给人留下良好第一印象的关键因素,不可不察。

问卷的初稿设计工作完毕,获得管理层的最终认可之后,不要急于投入使用,特别是对于一些大规模的问卷调查,一定要先组织问卷的预先测试。预先测试通常选择20～100人,样本数不宜太多,也不要太少。样本数太多增大了调研成本,太少则达不到测试目的。

在预先测试工作完成之后,任何需要改动的地方应切实修改。如果第一次测试后有很大的改动,可以考虑组织第二次预试。

当问卷的预试工作完成,确定没有必要再进一步修改后,可以考虑定稿。问卷定稿后就可以交付打印,正式投入使用。

❓ 思考题

1.什么是测量?它有哪些基本要素?

2.测量的量表有哪四种尺度?分别介绍这四种尺度。

3.比较技术量表有哪几种量表?

4.什么是利克特量表?请设计一个利克特量表。

5.问卷设计有哪些基本题型?

6.备选答案设计有哪些基本原则?

✏ 实践题

各小组根据研究方案中的选题,设计一份完整的问卷。

第七章

使用习惯研究

教学目的

使用习惯和态度的研究是市场研究中最常研究的内容,可以通过追踪了解消费者对某产品或某品牌的使用情况和态度,为企业的营销策略提供建议和对策,本章的内容主要是介绍使用习惯和态度研究问卷的设计思路、数据分析方法等,掌握针对使用习惯和态度研究的基本问卷设计结构。

第一节　使用习惯和态度研究概述

一、使用习惯与态度研究

(一)消费习惯

消费习惯是指人们长期持续地对于某类商品或某种品牌的消费需要,它是个人的一种稳定性消费行为,是人们在长期的生活中慢慢积累而成的,反过来它又对人们的购买行为有着重要的影响。

(二)使用习惯和态度研究

1. U&A 研究概念

使用习惯和态度研究简称 U&A 研究(usage and attitude research),是对消费者的消费习惯和态度的研究,它是一种综合、有用、没有固定分析框架,但通常是非常实际的研究。U&A 研究可以提供有关消费者的使用和购买习惯,以及对产品和品牌的态度方面的信息,也可以提供各品牌在市场竞争态势力方面的信息。有了这些信息,企业就可以为现有产品或新产品寻找市场机会;有效地细分市场,选择目标市场和确定产品定位;制定营销组合策略;评价企业的市场营销活动。

2. U&A 研究的优势

通过 U&A 研究,我们可以得到下列营销信息。

（1）了解产品的渗透水平以发现市场机会。

（2）了解产品使用者和购买者的人口统计特征：①全部使用者和购买者的人口统计特征，②重度使用者的人口统计特征，③目标市场的人口统计特征，④不同品牌最常使用者的人口统计特征。

（3）使用习惯和购买习惯：①使用和购买的产品类型，②使用和购买的包装规格，③使用和购买的频率，④使用和购买的时间，⑤使用和购买的地点，⑥使用和购买的场合，⑦使用和购买的数量，⑧购买金额，⑨使用方法。

3. U&A 研究问卷的设计

不同日用消费品的购买者的产品使用习惯和购买习惯是不同的，因而 U&A 研究的标准问卷只能就其主要问题来设计，不同产品在使用标准问卷时应做适当的增减。

为了便于介绍 U&A 研究在营销管理上的作用，这里我们给出每天使用量不多的日用消费品的 U&A 研究调查问卷中的核心问题。本章后面各节若不特别声明，则评价指标所涉及的问题编号均指该问题在本问卷中的编号。

二、分析产品品牌渗透水平以寻找市场机会

(一)问卷设计

以下为产品品牌渗透水平调研问题设计样例。

B1. 请问您是否使用过(产品名)呢？

　　有　　　　　1　　→跳问 B2

　　没有　　　　2

Bl. 请问您为什么从来不使用(产品名)呢？

　　　　　　　　　　　　　　　　　　　　　　　　　→终止访问

B2. 请问您上次使用(产品名)是多久以前呢？（单选）

　　过去 1 周内　　　　　　　　　　　　　　1

　　过去 1～2 周内　　　　　　　　　　　　2

　　过去 3～4 周内　　　　　　　　　　　　3

　　过去 1～3 个月内　　　　　　　　　　　4

　　过去 4～6 个月内　　　　　　　　　　　5

　　过去 7～12 个月内　　　　　　　　　　6

　　超过 12 个月　　　　　　　　　　　　　7

　　不知道/不记得　　　　　　　　　　　　X

[B3 只问过去 6 个月内没有使用过该产品的人]

B3. 请问您为什么在过去 6 个月内没有使用过(产品名)呢？

[出示卡片]

B4. 请问您曾经使用过哪些品牌的(产品名)呢？[追问]还有呢？（复选）

[B5 只问过去 6 个月内使用过产品的人]

B5.请问您在过去 6 个月内,使用过哪些品牌的(产品名)呢?[追问]还有呢? 还有呢?(复选)

[B6 只问过去 3 个月内使用过产品的人,可以从 B3 中判断]

B6.请问您在过去 3 个月内,使用过哪些品牌的(产品名)呢?[追问]还有呢? 还有呢?(复选)

[以下问题只问过去 6 个月内使用过产品的人]

B7.请问您在过去 6 个月内,最常使用哪一种品牌的(产品名)呢?(单选)

B8.在您最经常使用_____(填入 B7 的答案)品牌的(产品名)前,请问您最常用的品牌是什么呢(见表 7-1)?(单选)

表 7-1　使用某品牌的程度

品牌名称	曾经用过	过去 6 个月内用过	过去 3 个月内用过	最常用	以前最常用
	B4	B5	B6	B7	B8
A	1	1	1	1	1
B	2	2	2	2	2
C	3	3	3	3	3
D	4	4	4	4	4
E	5	5	5	5	5
不知道	X	X	X	X	X
其他(请注明)	_____	_____	_____	_____	_____

[如果没有转换品牌,即 B8 和 B7 的答案相同,跳问 B9]:

B9.请问您为什么从_____(填入 B8 的答案)转向_____(填入 B7 的答案)呢?

_____

(二)产品渗透率分析

1.渗透率和渗透深度计算

所谓产品的渗透水平是指产品的使用者占总人口的比例,通常有产品的曾经使用率、过去 6 个月(3 个月)内的使用率等指标。产品的曾经使用率公式为

$$产品的曾经使用率 = \frac{使用过该产品的人数}{总样本数} \times 100\%$$

其中,使用过该产品的人数为 B1 中答"1"的人数,品牌的渗透率是使用过该品牌的人数,即 B4 中选择该品牌的人数。

对于新产品,曾经使用率可以说明产品在市场上的成熟程度,但对于老产品研究,曾经使用率意义不大,因为消费者可能是 5 年前才用过一次。企业所关心的是近期使用过产品的人,为此一般将时间限制在过去 6 个月或 3 个月内来考虑使用率(时间的长短可根据产品种类调整),公式如下

$$过去 6 个月（3 个月）内的使用率＝\frac{过去 6 个月（3 个月）时间使用过该产品的人数}{总样本数}×100\%$$

其中，过去 6 个月（3 个月）内使用过产品的人数为 B2 中答相应码的人数。品牌的过去 6 个月（3 个月）内渗透率是过去 6 个月（3 个月）内使用过该品牌的人数，即 B5 或 B6 中选择该品牌的人数。

品牌的渗透率和产品的渗透率一样，也可以用品牌的曾经使用率来代替，公式如下

$$某品牌的曾经使用率＝\frac{使用过该品牌的人数}{总样本数}×100\%$$

其中，分子为 B4 中选某品牌的人数。

$$过去 6 个月（3 个月）某品牌的使用率＝\frac{过去 6 个月（3 个月）使用过该品牌的人}{总样本数}×100\%$$

其中，分子为 B5（B6）中选择某品牌的人数。

对于新进入市场的品牌，其曾经使用率可以反映它在市场上的渗透水平，而对于老品牌考虑过去 6 个月内的使用率则更为有意义。比较这 3 个使用率的数值，可以看出品牌在市场上的渗透深度。

所谓渗透深度是指上述 3 个使用率的数值是否接近，如果三者数字十分接近且数值较大，说明渗透较深；如果过去 3 个月内的使用率远低于过去 6 个月内的使用率，而后者又远低于曾经使用率，则说明渗透较浅。

2. 寻找市场机会

产品在市场上有一个从投入、发展到淘汰的过程，这个变化过程可以绘制一条曲线图，叫做产品生命曲线图，如图 7-1 所示。

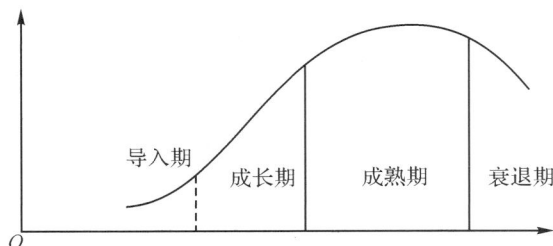

图 7-1　产品生命曲线

产品生命周期可分为四个阶段，即导入期、成长期、成熟期和衰退期。这四个阶段在市场营销中具有不同的特点。

导入期是指产品投入市场的初期阶段。消费者对新产品有个接受过程，所以在这个阶段销售量低，费用及成本高，利润低，有时甚至要亏本。

成长期是指产品经过试销，消费者对新产品有所了解，产品销路打开，销售量迅速增长的阶段。在这个阶段产品已经定型，已能大批量生产，分销途径已经疏通，成本开始降低，利润增长。同时，竞争者也开始加入。

成熟期是指产品的市场销售量已达饱和状态的阶段。在此阶段，销售量虽有增长，但

增长速度减慢,开始呈下降趋势,竞争激烈,利润相对下降。

衰退期是指产品已经陈旧老化趋于淘汰阶段。在这个阶段,销售量下降很快,新产品已经出来,老产品日趋淘汰,退出市场。

产品生命周期从严格的意义上讲,是对产品类型而言的。对于产品种类,有的产品几乎会无限期地延续下去,人们还难以预见其周期的变化。

产品生命周期理论反映了产品在市场营销中各个阶段的不同特征,对于企业营销者来说,根据自己的产品所处的阶段做出相应的市场营销决策,对企业产品的发展是十分重要的。

而通过调查产品的渗透水平,可以大致估计产品所处的生命周期,从而制定相应的营销策略。例如,在漱口水的 U&A 研究中,发现其渗透率为 20%,还处于产品的导入期。尚有 80% 的非使用者,了解这部分人不使用产品的原因,并设法将他们转变为使用者,调查刚刚转变为使用者的转换动机将更有利于企业做决策。调查结果发现,漱口水非使用者中有 43% 认为"牙膏也是漱口水,所以用牙膏已经足够";32% 的人认为"漱口水仅用于有口臭的人,而我没有";31% 的人认为"漱口水是不必要的"。在刚转变为使用者的人中有 30% 的人认为"每次用牙膏漱口后,再用漱口水可以中和引起细菌的气味",在广告中以此去说服非使用者,有可能将他们转变为使用者,以提高渗透率。

此外,在 U&A 研究中,调查使用者如何使用产品可以发现"更多地使用产品"的机会,从而增加产品的销售量。在漱口水研究中,发现使用者中 86% 的人会冲淡漱口水来漱口,所以若告知使用者不冲淡漱口水的好处,就可能增加漱口水的使用量。

又如在 U&A 研究中,若 A 产品的渗透率为 84%,则说明产品已处于成熟期后期,开始步入衰退期,此时企业再增加渗透率上的投资是浪费资源,应该寻找另外的途径来增加或维持销售的增长。在衰退期,企业的努力使产品销售又出现回升的势头,显示出产品生命周期的再循环。

3. 发现产品生命周期再循环的机会

发展产品的新用途和开发新的使用者是产品生命周期再循环的主要营销策略。U&A 研究中通过调查"消费者在什么场合会使用产品"可以发现产品的"新用途"。例如,美国某发酵粉品牌在 U&A 研究中发现,19% 的美国家庭用它作为冰箱防臭剂和空气清新剂,于是对这一新用途作了促销,第二年再作 U&A 调查时,已有 63% 的家庭用它作为冰箱防臭剂,是上一年使用家庭数的 3 倍以上。

此外通过调查"家里还有什么人使用产品",可以发现新的使用者。例如,强生婴儿爽身粉在 U&A 调查中发现,30% 的成年人不但给小孩用,而且自己也用。于是发动新使用者的促销活动,其广告口号为"如果它非常适合你的小孩,同样它也非常适合你",从而使其销量增长了 80%。

三、市场占有率分析

(一)市场占有率概述

某一时期内某一品牌产品在某地区的市场占有率是指该时期内该品牌在该地区的实际销售占整个行业的实际销售的百分比。通常可按销售数量或按销售金额来计算,市场占有率在分析产品层次竞争时是一个十分重要的指标,市场占有率一定是在某个时间段某个区域内的数据,可以分成销售数量的市场占有率和销售金额的市场占有率,计算公式如下

$$数量市场占有率 = \frac{该品牌实际销售数量}{行业实际销售数量} \times 100\%$$

$$金额市场占有率 = \frac{该品牌实际销售金额}{行业实际销售金额} \times 100\%$$

市场占有率是评价企业业绩的重要指标。评价一个企业的业绩,通常运用的指标有:销售额增长率、销售利润率、投资报酬率,而往往忽略市场占有率这个重要指标。在经济高速发展时期,市场购买力总是年年上升,所有参加竞争的企业都可以沾光,即使是竞争能力弱的企业,销售额也会有一定程度的上升而获得利润。所以在经济高速成长的时代,企业的市场竞争只是企业所取得的利润大小的次序之争。然而当社会需求量饱和,市场增长率出现了停滞的状况,市场竞争势必形成在固定的、有限的利润中所占百分比的比例之争。衡量企业的业绩,也必须考虑市场占有率。在市场疲软时期,即使销售量有所下降,但只要市场占有率上升,业绩也会有所增长。拥有较高的市场占有率,一旦市场复苏,销售量就可以急剧上升。市场占有率之所以成为评估企业业绩的一个重要指标,主要基于以下两点。

(1)市场占有率是一个相对指标,它可反映外界因素(如景气变动、物价水平的波动、需求的变动、政府政策的改变等)对整个行业的销售结果的影响,避免以销售额绝对值作为评估标准而产生的错觉。

(2)以市场占有率作为评估标准,意味着企业业绩至少应与该行业共进退,既不与最好的行业相比,亦不与最坏的行业相比。

由上述两点可知,如果企业的市场占有率降低,企业在市场上的地位降低,企业未来可能会走下坡路,因为市场上出现了强有力的竞争者,而自己处于劣势地位。

必须注意的是,市场占有率降低,并不一定表示企业经营效益下降。如果市场上有新企业加入或旧企业退出,或两种情况同时发生,那么市场占有率必然会发生变化,而这种变化并非来自经营效益的变化。

市场占有率是反映企业竞争能力的重要指标。市场占有率反映了一种品牌的产品在市场上的地位如何,它是一种品牌在市场上的位置指标。根据这个位置,企业就可以确定自己的竞争战略。如果不清楚市场占有率,就好像一个人在大山之中,迷失了方向,不知自己身在何处,下一步应上山还是下山,往北还是往南。把自己的位置搞清楚是知己的功夫,弄清别人的位置是知彼的功夫。知己又知彼,便成功大半了。

(二)市场占有率计算

在 U&A 研究中,通常用品牌最常使用率作为品牌在当前的市场占有率的粗略模拟值,而用品牌以前最常使用率作为品牌在以前的市场占有率的粗略模拟值,并用它们来分析当下和以前各品牌在市场上的地位及其变化。公式如下

$$过去\,6\,个月内某品牌最常使用(购买)率 = \frac{过去\,6\,个月内最常用(购买)该品牌的人}{总样本数} \times 100\%$$

其中,分子为 B7 中选择该品牌的人数。

最常使用率可以反映品牌在市场上的相对地位,公式如下

$$某品牌以前最常使用率 = \frac{以前最常用该品牌的人数}{总样本数} \times 100\%$$

其中,分子为 B8 中选择该品牌的人数。

同样,以前最常使用率也反映各品牌以前在市场上的相对地位。严格地说,各品牌所指的以前,其时间位置未必相同,因此这里反映的相对地位是比较粗略的。

产品层次或细分层次竞争结构中,各个品牌的市场地位通常可以用相对市场份额指数来分析,相对市场份额指数(relative share of market index,即 RSOM 指数)是美国波士顿咨询公司提出的。在定义该指数时,将竞争结构中市场占有率处于第一名的品牌称为领导品牌,其他品牌称为跟随品牌,具体计算公式如下

$$领导品牌的\,RSOM\,指数 = \frac{领导品牌的市场占有率}{第二品牌的市场占有率}$$

$$跟随品牌的\,RSOM\,指数 = \frac{跟随品牌的市场占有率}{领导品牌的市场占有率}$$

计算竞争结构中各品牌的 RSOM 指数,就可以分析它们在市场中的相对地位。从数字上来说,哪一个品牌的 RSOM 指数大于 1,它就是冠军品牌,但波士顿咨询公司提出只有 RSOM 指数大于 1.5 的品牌,才算是真正的领导品牌。

下面我们举一个例子来说明。

某产品种类,其市场上主要竞争品牌有 A、B、C、D、E、F、G 共 7 个,它们以前和当下的市场占有率如表 7-2 所示。

表 7-2　某产品主要竞争品牌市场占有率及份额

品牌	以前的市场占有率/%	当前的市场占有率/%	以前的相对市场份额指数(以前的 RSOM)	当前的相对市场份额指数(当前的 RSOM)
A	20	20	0.91	0.83
B	22	24	1.10	1.20
C	6	14	0.27	0.58
D	4	2	0.18	0.08
E	2	4	0.09	0.16
F	10	2	0.45	0.08
G	8	4	0.36	0.17
其他	28	30	—	—

该例中各品牌的竞争结构为分散型结构,所有品牌的占有率均在 26% 以下。品牌 B 的地位虽然排在第一,且从以前到当前市场占有率上升了 2%,但它以前的 RSOM 和当前的 RSOM 分别仅为 1.1 和 1.2,因此它不是真正的领导品牌,其地位是不稳定的,随时有被超过的可能。品牌 A 处于挑战者的地位,虽然从以前到现在它的市场占有率保持不变,但今后有可能会被品牌 C 赶上。品牌 C 从以前追随者的角色,变成当前接近挑战者的地位,品牌 A 当前的市场占有率仅是品牌 C 的 1.4 倍,因而品牌 A 的地位是不稳固的。品牌 F 则从以前接近挑战者的地位变成十分弱的竞争地位。

比较以前和当下的市场占有率可以看出每个品牌占有率的变化情况,如本例中,领导品牌 B 的市场占有率有 2% 的增长;挑战品牌 A 的市场占有率不变;追随品牌 C 的市场占有率增长最快,增长了 8%;而追随品牌 F 的市场占有率下降最快,下降了 8%。但是如果我们要问,品牌 A 市场占有率不变,它的所有顾客是否都是原来的顾客呢?哪些是它的忠诚顾客呢?哪些顾客转移到别的品牌去了?哪些顾客是从别的品牌转来的呢?这些问题可用以前和现在最常用品牌的交叉表来回答。表 7-3 是本例中以前最常用品牌和现在最常用品牌的交叉表。

表 7-3 以前最常用和现在最常用的交叉表

以前最常用品牌	现在最常用品牌								合计
	A	B	C	D	E	F	G	其他	
A	10	6	3					1	20
B	6	13	1	1				1	22
C			6						6
D		2		1	1				4
E					2				2
F	2	2	4		1	1			10
G	2	1				1	4		8
其他								28	28
合计	20	24	14	2	4	2	4	30	100

说明:表中数字为本例中以前最常用和现在最常用品牌市场占有率百分比。

从表 7-3 我们可知,同一品牌交叉处为该品牌的忠诚顾客。根据其他各品牌相互关系可以列出主要品牌转入和转出百分比表,如表 7-4 所示。

表 7-4 主要品牌的转入和转出交叉表

品牌 A			品牌 B			品牌 C		
品牌	转入/%	转出/%	品牌	转入/%	转出/%	品牌	转入/%	转出/%
B	6	6	A	6	6	A	3	—
C	—	3	C	—	1	B	1	—
F	2	—	D	2	1	F	4	—
G	2	—	F	2				
其他	—	1	G	1	—			
			其他	—	1			
合计	10	10		11	9		8	0

从表 7-3 和表 7-4 可知,有 10% 的消费者是品牌 A 的忠诚顾客;有 10% 的消费者从其他品牌转到品牌 A,它们分别来自品牌 B、F、G;同时也有 10% 的消费者由品牌 A 转到

其他品牌,由于转入和转出品牌 A 的消费者所占的百分比相等,因而品牌 A 的市场占有率保持不变。同样,品牌 B 的忠诚顾客占 13%,从其他品牌转入品牌 B 的占 11%,而从品牌 B 转到其他品牌的占 9%,从而使品牌 B 的市场占有率上升了 2%。品牌 C 的忠诚顾客占 6%,由其他品牌转入品牌 C 的占 8%,而品牌 C 没有顾客转到其他品牌,因而造成品牌 C 的市场占有率上升了 8%,达到 14%。

四、消费购买行为

(一)问卷设计

以下是消费购买行为问卷设计样例。

C1. 请问您上次购买(产品名)是多久以前?(单选)

今天 ···1

昨天 ···2

1 个星期内 ······································3

1 个星期至 4 个星期 ····························4

1 个月至 3 个月 ································5

3 个月至 6 个月 ································6

6 个月以上 ······································7

没有买过 ··8

(注:答案选项要根据产品特点来设计。)

C1a. 请问您为什么没有购买过(产品名)呢?

_____

[检查 C1 题,C1b 只问过去 6 个月内没有购买过的人]

C1b. 请问您为什么在过去 6 个月内没有购买过(产品名)呢?

_____

C2. 请问您在过去 6 个月内最常购买哪个品牌的(产品名)呢?(单选)

C3. 假如您最常购买的_____品牌(读出 C2 的答案)(产品名)买不到了,您要寻找一个替代品牌,请问哪一个是最可能的替代品牌?(单选)

品牌名称	C2 最常购买	C3 替代品牌
A	1	1
B	2	2
C	3	3
D	4	4
E	5	5
不找替代		99

C4.请问您上一次购买的是什么类型的(*产品名*)呢?

类型

甲 ……………………………………………………………… 1

乙 ……………………………………………………………… 2

丙 ……………………………………………………………… 3

丁 ……………………………………………………………… 4

其他(请注明)＿＿＿＿＿＿＿＿＿＿＿＿＿

C5.请问您上一次购买的是哪种包装规格的(*产品名*)呢?

包装规格

甲 ……………………………………………………………… 1

乙 ……………………………………………………………… 2

丙 ……………………………………………………………… 3

丁 ……………………………………………………………… 4

其他(请注明)＿＿＿＿＿＿＿＿＿＿＿＿＿

C6.请问您平均多久购买一次(*产品名*)呢?(单选)

1 星期最少 1 次 ……………………………………………… 1

2 星期最少 1 次 ……………………………………………… 2

3 星期最少 1 次 ……………………………………………… 3

1 个月最少 1 次 ……………………………………………… 4

2 个月最少 1 次 ……………………………………………… 5

3 个月最少 1 次 ……………………………………………… 6

超过 3 个月 1 次 ……………………………………………… 7

(注:答案选项要根据产品的特点来设计)

C7.请问您上次是在什么场合下购买(*产品名*)的呢?

家里存货已用完 ……………………………………………… 1

需要转换品牌 ………………………………………………… 2

看到促销活动 ………………………………………………… 3

过节 …………………………………………………………… 4

送礼 …………………………………………………………… 5

其他(请注明)＿＿＿＿＿＿＿＿＿＿＿＿＿＿＿＿

C8.请问您经常到什么地方购买(*产品名*)呢?(单选)

地点

甲 ……………………………………………………………… 1

乙 ……………………………………………………………… 2

丙 ……………………………………………………………… 3

C9.请问您上次购买(*产品名*)时,和什么产品一起买的?

＿＿＿＿＿＿＿＿＿＿＿＿＿＿＿＿＿＿＿＿＿＿＿＿＿

(二)数据分析

U&A 研究提供了系统的消费者使用习惯和购买习惯资料,通过分析这些资料可以发现许多容易忽略的市场发展机会。

消费习惯的改变可能给企业的产品销售带来极大的机会,例如,若能把中国人喝粥的习惯变成喝麦片,那么麦片的销量一下子就会增长几百倍,甚至几千倍,比企业做任何促销都更有效。

U&A 研究中,通常会提出以下问题:您在使用这个产品时还会用什么其他的产品吗?您在购买这个产品时还会购买什么其他产品呢?通过对这些问题的调研,企业可以将消费者同时购买和使用的相关产品组合在一起形成配套包装,以此来吸引顾客购买,从而达到直接促销的目的;企业也可以考虑同时生产所搭配的产品,提供产品扩展的机会。

了解消费者购买和使用的产品的包装、一次购买和一次使用的产品的包装数量,可以为企业提供产品包装设计的信息,并通过有吸引力的包装来增加销售。

调查消费者在什么场合下会购买产品,例如,送礼或过节时购买产品,便可根据购买动机改变产品的设计,亦可将价格定得高一些。购买礼品的顾客在价格方面比起普通顾客没有那么计较,有时价格低廉的礼品反而不受欢迎。而男朋友送给女朋友的礼品和父母送给孩子的礼品,在价格方面也可以不同,前者不妨比后者贵些。

调查消费者通常在什么时间使用产品,企业便可以根据不同时间段的需求开发产品,以满足消费者不同时间使用的需要。

调查消费者通常在什么地点购买产品,企业就可以制定其铺货策略,并考虑是否需要在购买点投放广告。

第二节　市场需求的测量和预测

一、市场需求的测量

(一)市场规模

市场规模就是市场在未来一段时间内的需求。某一产品的市场总需求是指在一定的营销努力下,一定时期内在特定地区、特定营销环境中,特定顾客群体可能购买的该种产品的总量。某产品的市场总量是一个函数,受到许多因素的影响,如产品的特性、价格、相应的政策、人口、使用率、流失率、新增使用人口、营销费用等。

(二)需求

对于需求的概念,可以从以下八个方面考察。

1. 产品

首先需确定所要测量的产品类别及范围。

2. 总量

可用数量和金额的绝对值表述,也可以用相对数数值表述。

3. 购买

购买指订购量、装运量、收货量、付款数量或者消费数量。

4. 顾客群

要明确是总市场的顾客群、某一层次市场的顾客群还是目标市场或某一细分市场的顾客群。

5. 地理区域

根据非常明确的地理界线测量一定地理区域内的需求。

6. 时期

市场需求的测量具有时间性,由于未来环境和营销条件变化的不确定性,预测时期越长,测量的准确性就越差。

7. 营销环境

测量市场需求必须确切掌握宏观环境中人口、经济、政治、法律、技术、文化诸因素的变化及其对需求的营销影响。

8. 营销努力

市场需求也受可控因素的影响。通常会受产品改良、产品价格、促销和分销方式等的影响,一般表现出某种程度的弹性,不是一个固定的数值。因此,市场需求也称市场需求函数,如图 7-2 所示。

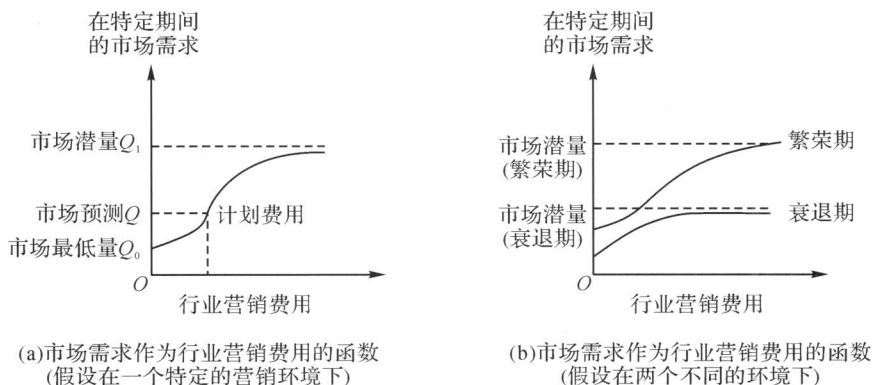

图 7-2　市场需求与行业营销费用的关系

图 7-2(a)表明,基本销售量或市场最低量在不支出营销费用时也会发生。随着行业营销费用的增加,刺激消费的力度加大,市场需求一般会随之增大,但报酬率由递增转入递减。当营销费用超过一定水平后,就不能进一步促进需求,市场需求所达到的极限值称

为市场潜量。由于市场环境变化深刻地影响着市场需求的规模、结构和时间等,也深刻地影响着市场潜量,图 7-2(b)说明了经济繁荣期的市场潜量比经济衰退期要高。

二、估计目前市场需求

市场需求是一个估计值。在市场研究中通常用连锁比率法,由一个基数乘以几个修正率组成,就是对与某产品的市场容量相关的几个因素进行连锁相乘,通过对几个相关因素的综合考虑,进行预测。

总市场容量是指一定时期内,在一定环境条件和一定行业营销努力水平下,一个行业中所有企业可能达到的最大销售量,市场总容量通常的估算公式如下

$$Q = nqp$$

其中,Q 为市场总容量;n 为既定条件下的购买人数,即目标市场人口数;q 为每一购买者的平均购买数量;p 为单位产品平均价格。

目标市场人口数 = 总的常住人口数 × 使用者比例

在上式中,总的常住人口数对整体的目标市场的估算起到非常大的影响作用。

假定某啤酒厂开发出一种新啤酒,市场容量的估计可以借助下列公式

新啤酒的年需求量 = 总人口 × 18 岁以上人口的比例 × 喝新啤酒的人口百分比 × 人均每月喝新啤酒的量 × 12 个月

企业在测量市场潜量后,为选择拟进入的最佳区域、合理分配营销资源,还应测量各地区的市场潜量,主要有两种方法:市场累加法和购买力指数法。前者多为工业品生产企业采用,后者多为消费品生产企业采用。

(一)问卷设计

估计目前市场需求的问卷设计样例如下。

B10.请问您现在使用什么类型的(**产品名**)呢?(单选)

类型	
甲	1
乙	2
丙	3
丁	4
其他(请注明)_____	

B11.请问您现在使用哪种包装规格的(**产品名**)呢?(单选)

规格	
甲	1
乙	2
丙	3
丁	4
其他(请注明)_____	

B12.请问您上次使用这种包装大小的产品用了多少天?(　　　)天

B13.请问您平均多久使用(*产品名*)一次呢?(单选)

每天	1
每周5～6次	2
每周3～4次	3
每周1～2次	4
每两周1次	5
每个月1次	6
每3个月1次	7
每过3个月1次	8
不知道	98

(注:答案选项要根据产品的一般消费时长来考虑。)

(二)数据分析

1. 数据收集

任何一个企业的市场机会依赖于市场规模的大小及其他竞争企业对这种市场需求的供应程度。在分析市场机会时,最重要的工作是评估整个市场的需求规模、不同细分市场的需求规模,以及它们在某一时期内的趋势。此外,还需收集市场内同行竞争者对需求的供应程度,如企业数量、企业的产量和销售额等,这些资料可以描述该行业的成长状况。将所得的结果与需求程度作对比可发现供需之间的差距,从而可以估计企业市场机会的大小。

U&A研究可以粗略地估计市场规模及其变化趋势,也可以发现主要的直接竞争者,以及他们在市场中的地位,如品牌知名度、品牌渗透率、市场占有率、消费者构成、产品定位等。至于这些竞争者的财力,他们对市场需求的供应程度及供应范围,则需从二手资料中去搜索。

2. 估计市场规模的步骤

对于每天使用量不是很多的日用消费品,估计市场规模的步骤如下。

(1)估计每一种包装规格的市场规模,下面三项资料对计算市场规模很有用。

①该包装规格使用者所占的比例。

②该包装规格的每一件产品能用多少天。

③上次购买该包装规格的产品的平均价格。

(2)市场规模的计算

某一种包装规格的产品的市场规模的计算公式为

某一种包装规格的年数量市场规模＝目标市场人口数×该包装规格使用者的比例×(365天/每一件包装规格产品所用的天数)

某一种包装规格的年金额市场规模＝该包装规格的年数量市场规模×上次购买该包装规格的平均价格

(3)估计全部产品的市场规模

估计全部产品的市场规模的计算公式为

年总金额市场规模＝所有包装规格的年金额市场规模之和

上述总金额市场规模也表示所有品牌销售金额之和,所以从这个数字可以估计每一个新品牌或现有品牌的销售机会。

三、市场需求预测

科学的营销决策不仅要以市场营销调研为出发点,而且要以市场需求预测为依据。市场需求预测是在营销调研的基础上,运用科学的理论和方法,对未来一定时期的市场需求量及影响需求的诸多因素进行分析研究,寻求市场需求发展变化的规律,为营销管理人员提供未来市场需求的预测信息,并将其作为营销决策的依据。

第三节　选择目标市场

企业通过分析市场机会之后,认识到了某一市场值得重视,但关键是如何才能打进这一市场。实际上任何企业不管规模多大,都不可能满足市场的所有需求,所以,企业营销部门首先应将市场细分,亦即将市场划分为若干部分,使得每部分的需求情况、购买反应或其他特征较为相似,而各部分之间则差异较大;然后从中选出一个或几个最为有利的细分市场作为自己进入的市场,这就是目标市场的选择。

而这种企业认为可以进入的细分市场,就是目标市场。因此,目标市场就是企业准备满足其需求的那些顾客。目标市场选择是一种战略性的决策,必须慎重,错误的战略是无法用优良的战术来弥补的。

选择目标市场要经过两个步骤,第一步是市场细分,第二步是市场定位。

一、细分市场的概念

市场营销的核心就是消费者的需求,但是,市场上只要存在两个以上的消费者,他们的需求就会不同。而任何品牌都不可能单凭自己的产品满足所有消费者的需求:一方面,购买者实在太多、太分散,而且他们的需要也千差万别;另一方面,企业在满足不同市场的能力方面也有巨大差异。

因此,市场细分就是根据消费者需求的不同,把需求基本相同的消费者归纳为一类,形成总体市场中的若干"子市场"或细分市场。不同细分市场之间的需求差别比较明显,而在每个细分市场内部,需求差别就比较细微,基本倾向一致。

20世纪50年代中期,美国市场营销学家温德尔·史密斯最先提出了"细分"的概念。这一概念提出后受到越来越多的营销人员和市场人员的重视。

对大部分产品或服务而言,都存在一个目标市场,与其他普通市场相比,这个市场更具收益潜力。市场细分研究的目的就是为客户找到并描述自己的目标市场,确定针对目标市场的最佳营销策略,使营销更加容易。对于同一组消费者的需求将会更加容易定义,尤其是他们具有许多共同特征时(例如,寻求相同的利益,具有相同的年龄、性别等)。

　　细分市场需要使用一系列的标准,具有代表性的市场细分变量有:地理因素、人口统计因素、心理因素、行为因素等。

(一)地理因素

　　按照消费者所在的地理位置来细分市场是一种传统的市场细分方法。但在市场营销学中把地理因素作为细分市场的标准是从消费者需求的角度出发的,因为处于同一地理位置的消费者,受当地地理环境、气候条件、社会风俗、传统习惯的影响,消费者需求有一定的相似性。但是仅用地理因素来细分市场太笼统,因为即使在同一城市中,各类消费者的需求差别仍然很大,其购买行为也不一定相同。因此,在运用地理标准细分市场时,还必须同时考虑其他因素以进一步细分市场。

(二)人口统计因素

　　这类因素很多,其中性别、年龄、收入、教育程度、职业、家庭规模是最常用的市场细分因素。人口统计因素是区分消费者群体最常用的细分因素,这是因为消费者的欲望、偏好和使用率经常与人口统计因素有密切联系。其次,人口统计因素较其他因素更容易衡量,且有丰富的第二手资料可查寻。

　　性别是最常用的细分因素,消费者的性别不同,对商品的需求及购买行为一般都有明显的差异。

　　不同年龄对商品的需求不同,按年龄分市场可分为婴儿市场、儿童市场、青少年市场、成人市场、老年人市场等。

　　市场消费需求由消费者的购买力所决定,由于收入能直接影响消费者的购买力、生活方式,故它能反映消费者对产品的需求。房屋的类别、家具、汽车、衣服、食物和体育用品等常用收入来细分,在经济发展水平较低的地区,用收入来划分高、中、低档市场大体上是合理的。

　　教育程度和职业与消费者的收入、社交、居住环境及消费习惯有密切关系,教育程度和职业的不同对商品的式样、设计、包装的要求也不一样。

　　家庭是社会的细胞,是商品采购的单位。一个国家或地区家庭数(户数)的多少及家庭平均人口的多少对市场影响很大。家庭人口的多少对许多家庭用品的消费形态有直接影响,如大家庭要用大锅,小家庭用小锅;又如家庭平均人口减少,则家庭单位增加,导致房屋市场扩大,家用电器需求增加等。

(三)心理因素

　　心理状态直接影响着消费者的购买趋向,特别是在比较富裕的社会中,顾客购买商品已不限于满足基本的生活需要,心理因素影响购买行为的力量更为突出。

　　心理细分是建立在价值观念和生活方式基础之上的。许多产品和服务都是通过心理细分来进行定位的。例如,有些健身设备就是专为那些注重身体健康,要保持体形的人们设计的。

(四)行为因素

行为因素是与产品直接相关的市场细分因素,它是根据购买者对真实产品特性的认知、态度、使用与反应等行为将市场细分为不同的群体。行为因素包括购买时机、追求的利益、使用量和使用状态。

1.购买时机

我们可以用购买者购买产品的时机作为市场细分的基础。许多企业如化妆品、服装、糖果、保健品企业等都会在全国性的节日(如国庆节、元旦节、中秋节、母亲节、儿童节)来临前就以过佳节、送礼品的名头而大做广告,借机推销以增进其销售量。

2.追求的利益

以顾客所追求的利益来细分市场,是指根据购买者从特定产品中可能得到的利益来划分消费者。例如,Haley 曾做过一项牙膏市场研究,发现牙膏顾客所追求的利益有四项:低价格、防蛀牙、洁白牙齿、味佳。他还进一步分析了追求不同利益的消费者群体的特征,发现看重低价格的人具有独立性;看重防蛀牙的人是忧虑者,大多来自大家庭;看重洁白牙齿的人重视社会交际,大多属抽烟者或单身汉;讲求味佳的人重视享受。通过这些发现,生产牙膏的企业就可以选择所欲强调的利益,生产出具有该项利益的产品,或者生产不同牌子的牙膏,各自突出某项利益,并借助广告将信息传播给寻求此利益的顾客群体。

3.使用量

使用量是一个较容易使用的市场细分标准。市场细分可根据消费者对产品的使用量来划分成几种:少量使用者、中度使用者和大量使用者。大量使用者可能仅占市场人口的一小部分,但其所消费的产品数量却占相当大的比例,因此这部分的使用者就成了公司企业的主要目标市场。找出每类使用者的人口统计特征、个性和接触媒体的习惯,可以帮助市场营销人员拟定价格和媒体信息等策略。

4.使用状态

一个市场可根据购买者使用状态将其分为从未使用者、曾经使用者、潜在使用者、初次使用者和固定使用者等细分市场。市场占有率高的公司对潜在使用者的开发特别有兴趣;相反地,小公司仅能尽力吸引固定使用者购买该品牌。潜在使用者和固定使用者所需要的沟通方式与市场营销方式均有所不同。

对潜在使用者来说,他们在目前不使用产品,可能是机能性、文化性及经济性等原因阻挠他们使用。例如香烟的潜在使用者,是目前不抽烟的成年人;汽车的潜在使用者,是有经济能力而目前未购买者。再者,人们也可以因为对产品本身的无知、呆滞或心理上抵抗等,而处于潜在使用者的状态。

一个有意转变潜在使用者成为真正使用者的企业,必须小心区别潜在购买者不使用产品的可能原因。若是潜在客户对产品无知,则必须加强信息传播,提高知名度;若是潜在客户对产品性能不了解,则须求助于有效的广告;为了解决心理抵抗的问题,可设计具有美妙韵律的广告,以克服潜在使用者的抵抗力。

二、细分市场的方法

(一)两种细分方法

通常市场研究中有两种将总体市场划分为细分市场的方法:事前细分法和事后细分法。

1. 事前细分法

事前细分法是营销人员在研究之前利用某些细分因素人为地将总体市场划分为细分市场,最常用的细分因素有以下两类。

(1)人口统计因素

人口统计因素指人口的性别、年龄、收入等。例如按年龄将总体市场划分为年轻人市场、中年人市场、老年人市场。按收入将总体市场划分为高收入者市场、中等收入者市场、低收入者市场。

(2)行为因素

例如按产品使用量将市场划分为非使用者、少量使用者、中度使用者、大量使用者。又如按使用的品牌将使用者划分为使用 A 品牌、使用 B 品牌、使用其他品牌。

2. 事后细分法

事后细分法就是营销人员利用有关消费者对产品的态度,运用多元统计分析中的因子分析和聚类分析,将总体市场划分为细分市场。因子分析是一种简化数据的方法,用于在众多的原始变量中寻找具有本质意义的少量因子,用相对少量的几个因子解释许多相互关联的变量之间的关系,并用一定的结构或模型表达或解释大量可观察的变量。因子分析是一种简化数据的降维技术,能够识别数据中潜在的不能观察的结构和维度,还可以识别变量中的重要变量。

事前细分法是由营销人员直接选用细分因素,人为地将总体市场划分为细分市场,但这些细分市场之间是否真正有区别还需经过后面介绍的剖面分析才能知道。而事后细分法所划分的细分市场之间的差异在划分时就已经知道了。

以上两种方法是市场细分中常用的方法,都很有价值,但是什么情况下用哪一种方法好,就要根据营销人员对市场的了解程度和经验而定。一般来说,一个对市场有经验的公司可以根据以前的研究结果,为现在的市场选择事前的细分标准,将总体市场细分。但是对于全新的产品第一次进入市场时,常用事后细分法,先做 U&A 研究,再细分市场。

(二)两种方法的区别

实践证明前面所介绍的两种市场细分的方法均存在着明显的缺点。事前细分法虽然简单易行,但对于企业根据消费者的利益追求进行产品差异化实际指导意义不大。而事后分析法是根据消费态度细分市场,虽然是基于消费者追求利益的不同把他们分成若干同质群体,但由于分类过程中未考虑消费者的人口统计特征及消费行为,因而分类结果往往存在细分市场间行为与背景差异不明显、可识别性差的问题,因而较难提供可操作性的建议。

根据上述缺点,典型相关市场细分法能有效解决这一问题。这种方法把消费行为、消费态度、人口统计特征等因素作为输入变量,通过多元统计分析中的典型相关分析找出这些因素的"联结键",并利用这些"联结键"对消费者进行分群。表 7-5 是利用这种方法进行市场细分的一个例子。

表 7-5　人口细分

类　　别	类别 A	类别 B	类别 C	类别 D	类别 E
人口比例(%)	17	26	10	21	11
消费量指数	193	54	83	60	138
人口特征	√ 教育程度偏低 √ 年龄较小	√ 年龄大 √ 教育程度高	√ 无明显特征	√ 年龄大 √ 女性为主	√ 高收入
消费态度	√ 和前几年相比,我买的糖果更多了 √ 我总是买同一个品牌的糖果 √ 糖果价格便宜	√ 我总是买那些能够对身体有某些特别好处的食品和饮料	√ 市场上的糖果品牌选择太少	√ 购买糖果时,我非常注意不同品牌糖果的价格 √ 糖果适合用来招待客人	√ 我总是尝试不同品牌的糖果 √ 我喜欢尝试各种新的食品和饮料 √ 和几年前相比,我赚钱更多了
人均消费金额	52.1	24.5	38.8	27.6	49.2
××品牌渗透率(%)	91	46	65	58	56
平均购买频率	6.5	2.2	2.9	2.9	3.5
平均每次购买金额	4.2	3.6	2.2	1.4	6.8
品牌决策能力(%)	92	81	49	58	72

(三)市场细分的步骤

市场细分常常使用聚类分析、因子分析等方法,目的是使同一细分市场内个体之间的固有差异减少到最小,使不同细分市场之间的差异增加到最大。对于市场决策者而言,进行市场细分的目的是针对每个购买者群体采取独特的产品或市场营销组合战略以求获得最佳收益。

市场细分的基本观念是,通过统计方法,在基础变量(如消费者的性别、年龄等)和行为变量(如对产品的购买率)之间建立某种联系。因此,对基础变量的选择、建立变量间联系的方法成为细分研究成败的关键。

1. 了解基本情况

作为一项费用不菲的市场研究项目,在开始前研究者需要和客户讨论如下问题,以更好地进行项目设计。

消费者对产品或服务介入的程度有多深？消费者对这种产品、服务或该行业了解有多深？他们愿意和能够讨论到何种程度？这是一种新产品还是现有产品？市场细分研究的目的是什么？增加现有顾客对产品的忠诚度，是吸引新的顾客，还是将客户从竞争对手那边吸引过来？市场细分研究是为短期规划服务还是为长期战略服务？公司管理者和销售者对现有市场结构的看法如何？

2. 确定基础变量

这是市场细分过程中最重要的一步。对大中国市场的研究经验显示，对中国消费者进行细分时，一些不同于欧美市场的变量尤其值得关注，如地理因素中的"经济发达程度"，人口因素中的"单位性质"等。这些变量对中国消费者的行为和预期有很大影响。同时，对不同产品进行市场细分时，必须根据其特点，结合以往市场研究经验，重新构造细分变量指标。通常情况下，选择大约 20 个基础变量和行为变量。表 7-6 为以卷烟市场为例选择的市场细分指标。

表 7-6　卷烟市场细分指标

一级变量	二级变量	划分标准
地理因素	区域 地域	农村　乡镇　城市 南方、北方
人口因素	年龄 性别 家庭收入 职业 教育程度	16～19,20～34,35～49,50～64,65 岁及以上 男、女 1500 元以下;1501～2500 元;2501～4000 元;4001～6000 元;6001 元及以上 专业技术人员、管理人员、普通职员、学生…… 小学及以下、初中、高中、中专、大专、大学及以上
心理因素	生活方式 个性	简朴型、时尚型、奢华型……… 被动的、爱交际的、喜欢新奇的………
行为因素	消费量 追求的利益 品牌忠诚度 购买目的	每天 1～10 支、每天 11～20 支、每天 1～2 包、每天 2 包以上 品质、口感、经济、品牌、有面子 无、一般、较强、非常强 自己使用、送礼、社交……

3. 收集数据

市场细分研究对样本量有较高要求，多城市研究的成功样本数应在 1000 以上。一般情况下，细分市场研究需要调查结论能推断消费者总体，因此，多采用随机性较好的入户面访。如果目标市场为特定产品的购买者，也可采用定点拦截访问。由于细分市场调查问卷一般较长，访问时间多在 30～50 分钟，且涉及较多受访者个人信息，因此，进行电话访问的难度较大。

4. 分析数据

根据研究经验，首先使用因子分析检验数据，剔除相关性很大的变量。然后采用聚类分析、因子分析等工具。

5.分析其他数据,构建细分市场

一旦确定了能够代表真实的市场的细分方案,下一步就要获得关于细分的额外信息,对其进一步洞察。比较和对照细分变量,例如对于基于需求划分的细分市场,这些细分市场的人口特征是什么样的? 他们是如何看待调查问卷上所列出的其他属性的?

通常这一步可以帮助确定细分市场,但有时,在这一步会发现结果恰恰相反。这时,需要重新确定细分方案。

6.细分市场命名

名字应该有意义、准确、难忘,与细分市场中的人群相匹配。例如,在对文化娱乐市场的一项研究中,划分了六个细分市场:消极的以家庭生活为中心者,积极的体育运动爱好者,固执己见的自我满足者,文化活动者,积极的以家庭为中心者,社会活动者。研究人员发现,文化活动者是订购戏剧和交响乐演出门票的最佳目标。

三、运用剖面分析评估细分市场

所谓剖面分析(profiling analysis)就是选择某些剖面变量,与已划分好的细分市场进行交叉表分析,以发现细分市场在哪些剖面变量上有差异。常用的剖面变量有下面几类。

(1)人口统计变量

包括 U&A 研究问卷中所有背景资料的问题。

①年龄:小于等于 25 岁,25～39 岁,40～49 岁,50 岁及以上。

②性别:男、女。

③收入:高、中、低。

④家庭人数:1 人、2 人、3 人、4 人及以上。

(2)U&A 变量

包括 U&A 研究问卷中所有关于产品使用和购买习惯中的问题。

①是否使用产品:用、不用。

②使用的包装规格:75 毫升瓶装、125 毫升瓶装、200～300 毫升瓶装。

③使用的品牌:A、B、C 及其他,或本国品牌、外国或合资品牌。

④购买场所:超市、糖烟酒商店、杂货店、邻近的便利店。

(3)媒体习惯变量

包括 U&A 研究问卷中所有关于媒体使用习惯中的问题。

①读报时间:每天、每周 2～6 次、每周 1 次。

②通常看电视时间:上午或中午、下午、晚上。

③听收音机的频道:FM 频道、AM 频道。

④通常收看的电视节目:生活类节目、新闻节目。

⑤看杂志的种类:本地、外地。

⑥看电影的类别:中国、外国。

下面我们举一个例子来说明如何进行剖面分析。在沐浴露 U&A 研究中,我们按家庭收入将总体市场划分为高、中、低三个细分市场,假设对 500 位被访者进行调查,有关剖面变量在每一细分市场中的列百分比如表 7-7 所示。表中第(1)、(6)~(11)项的列百分比以全部被访者分别在 3 个细分市场的人数为基数;第(2)~(4)项以三个细分市场中过去 6 个月使用过该产品的人数为基数。第(5)项以 3 个细分市场中过去 6 个月购买过产品的人数为基数。做剖面分析首先是根据每一个剖面变量,比较 3 个细分市场上相应的列百分比,以找出细分市场在哪些剖面变量上有差异。比较列百分比,除直观观察外,通常要进行统计检验或用后面介绍的剖面指数来说明。

表 7-7 剖面分析

剖面变量		收入类别		
		高/%	中/%	低/%
(1)使用者		99	83	68
(2)现在使用的包装规格	400 毫升及以下	12	20	38
	400~599 毫升	42	40	35
	600 毫升及以上	46	40	27
(3)最常使用的品牌	A	86	82	18
	B	08	13	06
	C	02	01	71
(4)家庭中使用的人数	1 人	25	25	48
	2 人	28	31	25
	3 人或以上	47	44	27
(5)购买地点	超市	81	77	72
	百货商店	12	14	17
	便利店	07	09	11
(6)购买时考虑的因素(答 8~10 分)	有效清洁皮肤	79	82	80
	保护皮肤	72	75	73
	价格合理	53	74	77
(7)读报时间	每天	67	61	39
	每周 2~6 次	67	61	39
	每周 1 次	06	07	21
(8)通常看电视时间	上午或中午	17	15	10
	下午	46	31	18
	晚上	37	54	72
(9)年龄	18~24	26	24	25
	25~34	44	28	21
	35~49	22	28	25
	50~65	08	20	29

剖面变量		收入类别		
		高/%	中/%	低/%
(10)性别	男	75	52	23
	女	25	48	77
(11)教育水平	大学毕业或以上	18	08	05
	大专	35	31	05
	高中	31	33	55
	初中及以下	16	26	35

从表 7-7 可知,高、中、低收入 3 个细分市场在许多剖面变量上均有显著差异。高、中收入者使用沐浴露的比例显著高于低收入者;高、中收入者家庭中有 3 人或以上使用沐浴露的比例显著高于低收入者;高、中收入者使用大包装产品的比例显著高于低收入者;高、中收入者倾向于使用品牌 A,而低收入者则倾向于使用品牌 C;高收入者考虑价格因素的比例显著低于中、低收入者;高、中收入者每天看报的比例也显著高于低收入者;低收入者在晚上看电视的比例显著高于高收入者。从人口统计特征来分析,高收入者是男性、年龄在 25~34 岁、文化程度较高者的比例较大;而低收入者为女性、年龄在 50~65 岁、文化程度较低者的比例较高。

细分市场在越多的剖面变量上有差异,则此种细分越有效。这些有差异的剖面变量可以用来评估细分市场的经营价值,也可以作为制定营销组合策略的依据。

上例所给出的细分市场显然是可以衡量的。下面权衡一下这些细分市场是否值得企业发展营销计划。高收入细分市场有 99% 的人使用沐浴露,在家庭中有两人及以上使用产品的比例占 75%,且更多地使用大包装规格产品,他们不太注重价格。因此,如果推出的产品是高档的,把高收入者细分市场作为目标市场将是第一选择。

此外,高收入细分市场有较多的年轻男性,文化程度较高,他们过去多数倾向于使用品牌 A,他们天天看报,每天看电视多数在下午和晚上,这些信息为企业发展产品和制定促销策略提供了科学的依据。

如果经过剖面分析找不到细分市场之间的差异,或者这种差异不值得企业去发展营销计划,则要用其他细分因素重新将整体市场进行细分,然后再做剖面分析。

前面的例子中,我们仅用少数几个剖面变量来举例,在实际 U&A 研究中,几乎问卷中的所有问题均可以被用来做剖面变量进行剖面分析。

如果采用事后细分法进行市场细分,虽然细分市场之间的差异已经知道,但也需要用剖面分析来判断细分市场的经营价值,并为制定营销组合策略提供科学的依据,其分析方法完全和事前细分法的剖面分析相同。

剖面分析仅能初选出目标市场,对此初选方案进一步评价,需要用到第二节介绍的方法,估计该目标市场的市场规模,以及运用此章中介绍的指标去分析竞争态势。

思考题

1. 细分市场研究有哪两种方法？请详细介绍。
2. 如何估计市场规模？
3. 什么是市场占有率，如何估计市场占有率？

实践题

各小组根据本章学习的内容，自行选择一个产品的品牌，设计一份完整的问卷，目的是为了了解该品牌的渗透率、市场占有率、市场容量及该品牌的细分市场。

第八章

品牌研究

教学目的 🔍

20 世纪 80 年代后期，品牌营销与管理成了热门话题。企业越来越意识到拥有被消费者认可的品牌，对企业来说极具价值。本章主要介绍品牌认知度的研究模型，品牌忠诚度、品牌形象和品牌价值的研究方法。

第一节　品牌认知度研究

一、品牌的历史

品牌的历史可以追溯到古希腊和罗马时代。当时，人们将通往店铺的标识或路线刻在石头上，有时甚至将店铺出售的商品的标志贴在一个个银块上。这些标志最多不过是所售商品的图片。由于当时人们大多不识字，这些图片也就成了店铺与消费者沟通的唯一有效的方式。

根据词源学，"品牌"一词来源于古挪威语，意思是为牛做上标识，以便分清财产的归属。后来，也许是北欧海盗将这一说法传到了英国，最终融入英语中。

19 世纪下半期，铁路的建设和海上航线的开通为品牌发展提供了动力。基础设施的快速发展，使商品可以被廉价快捷地运到远方，令制造商的影响力通过产品的远销而大为增加。消费者的选择增多了，可以买本地货，也可以买通过铁路运输来或舶来的产品。商品供应的增加使品牌成为必需，这样可以对同类产品加以区别。

到了 20 世纪，制造商越来越成为销售的主导，他们可以自主决定生产什么产品。杂货铺也是促使制造商品牌出现的一个突出原因。杂货铺出售的商品不能保证质量，规格也不统一，价格也比较贵。正因如此，人们对事先包装好的商品的需求大大增加，这样的商品可以保证价格和质量的相对稳定。人们对品牌的早期偏好就在于其稳定的质量和价格。另一个促使制造商品牌出现的原因来自制造商本身的演变。工业革命期间，制造商强调生产过程；而工业革命以后，他们开始注重产品的销售。专利成了深受制造商欢迎的有用"武器"。专利使制造商可以对某些工艺或成分行使专利权，从而为制造商带来可观的利润。带有制造商品牌的商品作为独特的现象出现在市场上。

　　1980 年以后,有关品牌的一个重要的发展是,管理者开始意识到,品牌一旦形成,就可以代表企业的一部分价值。起初,这种观念只在金融分析家中流传,他们认为良好的品牌是企业未来收入的保证。20 世纪 80 年代中后期,品牌价值不应该被低估的观点获得了营销界的关注。在营销界看来,即使成功的品牌不能算做企业最有价值的财富,也可以算做最有价值的财富之一。

　　对于品牌的研究和关注一直是市场营销领域的重点,人们对品牌的认识已经从"产品的附加物"层面转向"概念反映"的层面。"品牌是概念"的观点意味着营销的重点从交易转向关系管理,品牌可以被看成连接品牌拥有者和品牌用户之间的纽带。

二、品牌和广告认知概述

　　品牌是给拥有者带来溢价、产生增值的一种无形的资产,它的载体是用于和其他竞争者的产品或劳务相区分的名称、术语、象征、记号或者设计及其组合。品牌是制造商或经销商加在商品上的标志。它由名称、名词、符号、象征、设计或它们的组合构成。一般包括两个部分:品牌名称和品牌标志。

　　本研究主要是针对竞争品牌的市场表现,包括品牌认知、广告认知、品牌渗透率、品牌最常使用率、品牌忠诚度、品牌引力和产品引力、品牌形象、品牌的优势和弱点等。

　　简单地讲,品牌是指消费者对产品及产品系列的认知程度。

(一)品牌知名度的问卷设计

　　以下为品牌知名度的问卷设计样例。

　　A1.请问您听说过哪些品牌的(产品名)？[追问]还有呢？（复选）

　　[将第一提及的品牌记录在第一提及栏,将其他提及的品牌记录在其他提及栏中]

　　[出示卡片]

　　A2.除了您刚才提及的品牌外,您还听说过卡片上哪些品牌的(产品名)呢？[追问]还有呢？（复选）

　　A3.请问您过去 3 个月中听说过哪些(产品名)品牌的广告呢？[追问]还有呢？（复选）

　　[将第一提及的品牌记录在第一提及栏,将其他提及的品牌记录在其他提及栏中]

　　A4.除了您刚才提及的广告品牌外,您还听说过卡片上哪些品牌的广告呢？[追问]还有呢（见表 8-1）？（复选）

表 8-1　品牌知名度与广告认知

品牌名称	品牌知名度			广告认知		
	第一提及	其他提及	提示后	第一提及	其他提及	提示后
	(A1)	(A1)	(A2)	(A3)	(A3)	(A4)
A	1	1	1	1	1	1
B	2	2	2	2	2	2

品牌名称	品牌知名度			广告认知		
	第一提及	其他提及	提示后	第一提及	其他提及	提示后
	(A1)	(A1)	(A2)	(A3)	(A3)	(A4)
C	3	3	3	3	3	3
D	4	4	4	4	4	4
E	5	5	5	5	5	5

A5. 请问您是从哪些渠道知道(品牌名)(填入要研究的品牌)的呢?(复选)

渠道

电视 …………………………………………… 1

电台 …………………………………………… 2

报纸 …………………………………………… 3

杂志 …………………………………………… 4

亲戚/朋友介绍 ……………………………… 5

在商店/产品展销会看到 …………………… 6

汽车广告/街边广告 ………………………… 7

霓虹灯 ………………………………………… 8

街招 …………………………………………… 9

电脑网络 ……………………………………… 10

移动网络 ……………………………………… 11

社交平台 ……………………………………… 12

地铁 …………………………………………… 13

其他(请注明)＿＿＿＿＿＿＿＿＿＿＿＿

(二)品牌认知度与广告知名度分析

某一品牌产品在某地区的品牌知名度是指该地区的消费者中知道该品牌的人数占该地区总人数的百分比,即

$$品牌知名度=\frac{该地区知道该品牌的人数}{该地区的总人口数}\times100\%$$

因此,品牌知名度反映一种品牌被消费者知晓的程度。从消费者购买决策的过程中我们知道,对于大多数的消费者来说,购买产品都会经过知名、理解、确信、行动等阶段,因此知名是购买的第一步。

国外有些研究人员通过大量统计数据得出了品牌知名度与使用率的关系曲线,图8-1就是非耐用消费品、非昂贵品的品牌知名度与使用率的关系曲线。

其中,Y是品牌使用率,X是品牌知名度,E是自然对数的底数。从图8-1可知,知名度需要到达某一点,使用率才会迅速上升。

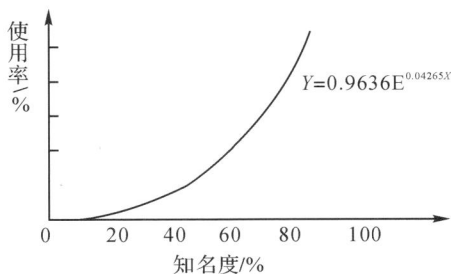

图 8-1 广告知名度与使用率的关系

广告知名度是指某地区的消费者中,知道该品牌广告的人数占总人口数的百分比,即

$$广告知名度 = \frac{知道该品牌广告的人数}{总人口数} \times 100\%$$

广告知名度是衡量广告效果的指标之一,某一广告如果有效的话,那么通过广告,消费者应该记住产品的品牌名称。

三、品牌广告认知度分类

品牌知名度和广告知名度通常可以分为第一提及知名度、提示前知名度、提示后知名度三类,具体计算公式为

$$第一提及知名度 = \frac{A1 \, 中首先回答该品牌的人数}{调查总人数} \times 100\%$$

$$提示前知名度 = \frac{A1 \, 中回答该品牌的人数}{调查总人数} \times 100\%$$

$$提示后知名度 = \frac{(A1 - A2) \, 中回答该品牌的人数}{调查总人数} \times 100\%$$

前面三种品牌知名度反映出消费者对品牌的注意程度是不同的。消费者第一提及的品牌名称,或者是他已拥有的品牌,或者是他已有意识想购买的品牌,又或者是他长期接受广告影响的结果。在某类产品中第一提及知名度最高的品牌,在消费者心目中甚至是该类产品的象征,因此,常把品牌的第一提及知名度作为品牌在消费者心目中份额的度量。

严格地说,提示前知名度才是真正的知名度,提示后知名度仅是认知度。但在实际上,还是提示后知名度使用较多,因为它可以发现有希望的竞争品牌。当一个新的品牌进入市场时,其提示前知名度往往很小,在调查中(特别是在小样本中)容易被忽略,但它的提示后知名度就不太可能被忽略。

(一)Craveyard 模型

从前面分析中可知,提示前品牌知名度反映了消费者对品牌的回忆状况,而提示后品牌知名度仅反映消费者的认知程度。对于消费者购买决策的影响来说,提示前知名度将起到更大的影响。

1. Craveyard 模型概述

对于两种知名度之间的内在关系,有下述 Craveyard 模型。它是一个两维图,以提示

后知名度为 X 轴,提示前知名度为 Y 轴。根据每一品牌的提示前、提示后的知名度在这个两维图上描点,每点代表一个品牌。对所有品牌的提示前、提示后的知名度进行回归分析,做出回归直线(或曲线),如图 8-2 所示。

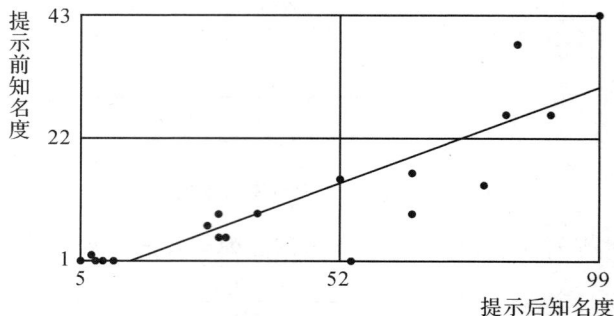

图 8-2　Craveyard 模型

2. Craveyard 模型分类

这条回归直线(曲线)将品牌分为以下四种类型。

(1)正常(normal)品牌:位于回归直线(曲线)周围,提示前、提示后知名度的关系与市场上的平均水平比较一致。

(2)衰退(craveyard)品牌:位于回归直线右下方的品牌,其提示前知名度相对于提示后知名度太低,显现出该品牌被消费者淡忘的趋势。

(3)利基(niche)品牌:位于回归直线左上方的品牌,其提示前知名度相对于提示后知名度较高,这类品牌的认知率虽然相对不高,但回忆率较高,消费者对其忠诚度也较高。

(4)强势(powerful)品牌:位于回归直线右上方的品牌,其提示前、后知名度均很高,消费者对其忠诚度甚高,这些品牌大多是市场上的强势品牌。

(二)认知渠道

除了知名度外,有时我们还需要了解消费者是通过什么渠道知道这些品牌的。消费者的认知渠道通常有:①媒体(电视、报纸、杂志、广播等),②购物点(商店等),③产品本身(包装等),④口碑,⑤公关活动。

通过问题 A5 我们可以分析消费者的认知渠道:①从问题 A5 中每一个品牌各答案的百分比,可以看出消费者认知每个品牌的主要渠道。②对问题 A5 中每一个品牌的各答案与基本人口资料做交叉表,可以得出每个品牌不同认知渠道的消费者有什么特征,还可以看出哪些是某品牌目标消费群认知产品的重要渠道。

U&A 研究通常提供下列反映品牌在市场中的地位的指数:①品牌知名度,②广告知名度,③品牌渗透率,④品牌最常使用率,⑤品牌忠诚度和转移率,⑥品牌引力和产品引力。

第二节　品牌忠诚度研究

一、品牌忠诚度研究分析

衡量一个消费者对某个品牌是否忠诚是十分复杂的，在 U&A 研究中，你可以从最常用品牌保持率、品牌决定方式、品牌固恋水平和品牌忠诚/保持指数等方面去衡量品牌忠诚的程度。

（一）购买方式的忠诚度研究问卷

购买方式的忠诚度研究问卷样例如下所示。

［出示卡片］

C10.您购买（<u>产品名</u>）时，是属于卡片上的哪一种情况呢？（单选）

我通常在进入商店之前已决定买哪个品牌，最后也买这个品牌 ················· 1

我通常在进入商店之前，已决定买哪个品牌，但最后改变了 ·················· 2

预先没有决定品牌，最后到商店才决定 ································· 3

C11.上次您去的商店中有没有找到您预先决定买的品牌？

有　　　　　　　　　1

没有　　　　　　　　2

C12.假如您经常去购买的商店里没有您最常使用的（<u>产品名</u>）品牌，请问您通常会怎样办呢？（单选）

暂不买，等到有这个品牌时再买 ································· 1

去别的商店买这个品牌 ··································· 2

买同一品牌的其他产品 ··································· 3

买其他品牌的类似品种 ··································· 4

买其他品牌，不管品种 ··································· 5

（二）购买品牌的决策方式

品牌忠诚度也可以通过最常使用该品牌的消费者去商店购买产品时，已预先决定好品牌且最后也购买了这个品牌的比例来反映（问卷中的 C10 题），即

$$\frac{最常用该品牌且去商店时已预先决定购买最后也购买了该品牌的人数}{最常用某品牌的人数} \times 100\% = \frac{B7 中选该品牌且 C10 中答 1 的人数}{B7 中选某品牌的人数} \times 100\%$$

这个比率越高，说明消费者对该品牌的忠诚度越高，但使用时要注意分母的人数不能太少，否则该比率在统计上没有代表性。

(三)品牌固恋水平和品牌谱

某品牌的品牌固恋水平是指：最常使用该品牌的人中，去商店购买产品时，商店中没有该品牌，但仍然坚持要购买该品牌而不愿意购买其他品牌的人占该品牌最常使用者的比例（问卷中的 C11,C12 题），即

$$某品牌的品牌固恋水平=\frac{最常用该品牌且去商店没有该品牌时仍坚持购买该品牌的人数}{最常用某品牌的人数}\times100\%$$

所谓品牌谱是指将各主要品牌的品牌固恋水平的数值列成的表格，从品牌谱中我们可以知道消费者对哪些品牌比较忠诚。

二、通过使用率计算品牌忠诚度

(一)品牌的采用指数

为了反映消费者对品牌的认同程度，可以计算品牌的采用指数（adoption index），公式为

$$某品牌的采用指数=\frac{过去3个月该品牌的使用率}{过去6个月该品牌的使用率}\times100\%$$

对于新品牌，采用指数的分母也可以改为曾经使用率。若某品牌的采用指数很低，说明消费者使用过后很少再用它，因此对它的认同程度很低。但产品的采用指数接近于1，则不能认为消费者对它的认同程度很高。举例如下。

某产品在某城市的主要竞争品牌为 A、B、C、D、E、F，前三者是本地品牌，后三者是合资品牌。对每一品牌统计上述 3 个使用率和采用指数，其结果如表 8-2 所示。

表 8-2　品牌的使用率和采用指数

分类	品牌	曾经使用率(%)	过去6个月使用率/%	过去3个月使用率/%	品牌采用指数/%	新品牌采用指数/%
本地	A	94	90	84	89	93
	B	92	79	63	68	80
	C	88	69	51	60	74
合资	D	56	50	39	70	78
	E	38	32	21	55	66
	F	35	25	13	37	52

从表 8-2 可见，3 个本地老品牌的曾经使用率均很高，但品牌 A3 个使用率数据比较接近，说明其渗透深度高，消费者对它比较认同，而品牌 B 和品牌 C 的品牌采用指数都不太高，消费者对其认同程度仍不理想。而 3 个新进入市场的合资品牌中，品牌 D 的曾经使用率已达到 56%，且其采用指数已超过本地品牌 C，消费者对其已有一定的认同度，而品牌 E 和 F，消费者对其认同程度仍较差。

（二）最常用品牌的保持率和转移率

最常用品牌的保持率和转移率为

$$最常用 A 品牌的保持率 = \frac{现在和以前均最常用 A 的人数}{以前最常用 A 的人数} \times 100\%$$

$$= \frac{B7 \text{ 和 } B8 \text{ 中均选 A 的人数}}{B8 \text{ 中选 A 的人数}} \times 100\%$$

$$最常用品牌由 A 转移到 B 的比率 = \frac{以前最常用 A 且现在最常用 B 的人数}{以前最常用 A 的人数} \times 100\%$$

$$= \frac{B7 \text{ 中选 B 且 } B8 \text{ 中选 A 的人数}}{B8 \text{ 中选 A 的人数}} \times 100\%$$

我们仍用第七章中的例子来加以说明。用表 7-3 中每一行的百分比数字分别除以每一行合计的百分比数字，可以得到各品牌的保持率和转移率，如表 8-3 所示。

表 8-3　以前最常使用和现在最常使用的交叉表

以前最常用品牌	现在常用品牌								
	A	B	C	D	E	F	G	其他	合计
A	50	30	15					5	100
B	27.3	59.2	4.5	4.5				4.5	100
C			100						100
D		50		25		25			100
E					100				100
F	20	20	40		10	10			100
G	25	12.5			12.5		50		100

从表 8-3 中可见，品牌 A 以前的顾客，50％将保持购买品牌 A，30％将转到品牌 B；而品牌 B 以前的顾客，59.2％将保持购买品牌 B，27.3％将转到品牌 A；品牌 F 以前的顾客，20％转到品牌 A，20％转到品牌 B；品牌 G 以前的顾客，25％转到品牌 A，12.5％转到品牌 B。这些数据说明品牌 A 和品牌 B 之间的竞争是非常激烈的，他们非但彼此争夺对方的顾客，而且同时争夺 F 和 G 的顾客。品牌 C 以前的顾客全部保持购买它，而且它还争夺了不少品牌 A、B、F 的顾客。品牌 A 以前的顾客中 15％转移到品牌 C，品牌 C 将成为品牌 A 的有力竞争对手。必须注意，在 U&A 研究中，如果要用保持率和转移率来说明问题，其总样本数至少要1000 人，即便如此，对占有率很小的品牌来说，仍不能用这些比率来说明问题。

三、品牌引力和产品引力研究

（一）品牌引力

一个品牌是否有吸引力，可以通过知名度和使用率比较得出。

品牌吸引力也可以用试用指数、转换指数来分析，公式为

$$某品牌的试用指数 = \frac{曾经使用过该品牌的人数}{知道该品牌的人数} \times 100\%$$

$$= \frac{该品牌的曾经使用率}{该品牌的提示后知名度} \times 100\%$$

品牌试用指数反映品牌吸引消费者尝试的能力,因此也称品牌引力。一个知名度很高的品牌,如果很少人使用,只能说明其广告媒体组合效果好,但品牌吸引力差,因而不能转换为现实的购买和使用。品牌引力低反映营销组合因素中,促销和产品定价存在问题,因而无法吸引消费者试用。品牌试用指数常用在新品牌的调研上,老品牌一般使用曾经使用率。用曾经使用过某品牌的人数来反映品牌的吸引力意义不大,倒不如将时间限定在最近某段时间,例如过去 6 个月内,用这段时间内使用过该品牌的人数来反映品牌的吸引力,其效果更好。

$$某品牌的转换指数 = \frac{过去 6 个月使用过该品牌的人数}{知道该品牌的人数} \times 100\%$$

$$= \frac{过去 6 个月使用过该品牌的人数}{该品牌的提示后知名度} \times 100\%$$

(二)产品引力

忠诚/保持指数反映消费者对品牌的忠诚程度。消费者之所以对该品牌忠诚,主要是因为他们使用过产品后,产品特性特别是产品质量能够吸引他们,使他们继续使用产品,因此忠诚/保持指数反映消费者使用产品后的满意程度,也反映产品吸引消费者的能力。所以,有时也称它为品牌的产品引力。对于新产品忠诚/保持指数的分母可以改为曾经使用过某品牌的人数。计算公式为

$$某品牌忠诚/保持指数 = \frac{最常使用该品牌的人数}{过去 6 个月内使用过某品牌的人数} \times 100\%$$

$$= \frac{该品牌的最常使用率}{过去 6 个月内某品牌的使用率} \times 100\%$$

在 U&A 研究中常将所有品牌的品牌引力和产品引力放在二维坐标系中(见图 8-3)进行分析。离原点较远且在对角线附近的品牌,其品牌引力和产品引力较高且比较均匀,品牌效果较好。

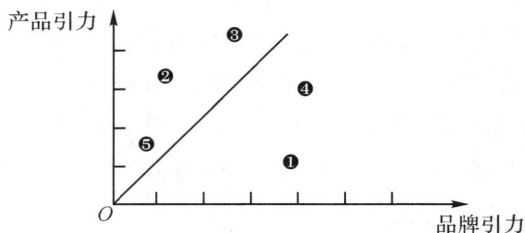

图 8-3　产品引力和品牌引力

图 8-3 中品牌 1 的品牌引力很高,但产品引力却很低,这说明虽然品牌 A 吸引了不少消费者试用,但回头客极少,其销量肯定不高。而品牌 2 产品引力很高,但品牌引力却很低,这说明品牌 2 的使用者忠诚度很高,但由于使用者很少,因此其销量也肯定不高。

(三)品牌最常使用率与品牌引力、产品引力的关系

品牌最常使用率可以反映各品牌在市场上的相对位置,它可以粗略估计市场占有率。利用品牌引力和产品引力可以解释什么原因使该品牌获得其市场地位。品牌最常使用率和品牌引力、产品引力有下述关系

$$某品牌最常使用率(市场占有率)=提示后知名度×品牌引力×产品引力$$

这是因为

$$\frac{最常使用某品牌的人数}{总样本数}=\frac{知道该品牌的人数}{总样本数}×\frac{过去6个月内使用过该品牌的人数}{知道该品牌的人数}×$$

$$\frac{最常使用该品牌的人数}{过去6个月内使用过该品牌的人数}$$

由某品牌最常使用率(市场占有率)的公式可知,某品牌的市场占有率的大小与提示后知名度、品牌引力、产品引力的数值有关,后三者的数值越大,则市场占有率越大;反之,若这三个数值越小,则市场占有率越小。

提示后知名度反映广告媒体组合计划的效果,提示后知名度低反映广告媒体投放不合适。

品牌引力反映促销和定价问题,品牌引力低说明面向消费者的促销工作或产品定价有问题。

产品引力反映消费者使用产品后的满意度,同时也反映产品质量。

某品牌最常使用率(市场占有率)的公式,我们就可以从促销、定价、产品质量三方面去分析市场占有率。

下面我们举一个例子来说明如何用前面所介绍的指标去分析品牌存在的问题。

假设某产品类别在市场上有四个主要品牌 A、B、C、D,其各项指标的数值如表 8-4 所示。

表 8-4　各品牌的表现指标

品牌	知名度			市场占有率（最常使用率）/%	过去6个月内使用率/%	品牌引力/%	产品引力/%
	第一提及/%	提示前/%	提示后/%				
A	4	4	26	6	15	94	40
B	38	76	100	42	62	62	68
C	46	56	84	37	43	51	86
D	12	18	36	15	16	44	94

说明:知名度、市场占有率、过去 6 个月内使用率的基数为总样本数。

从表 8-4 中可知,品牌 B 的市场占有率为 42%,排第一位,且刚好达到市场占有率的安定目标值 41.7%,因此不能算真正的领导品牌,随时有可能被挑战者赶上。品牌 B 的产品引力仅为 68%,比品牌 C 低 18%,这说明品牌 B 的产品质量较品牌 C 低。此外品牌 B 的第一提及知名度仅为 38%,排在品牌 C 后面。

品牌 C 的占有率为 37%，位于挑战者的地位，虽然品牌 C 的市场占有率落后于品牌 B，但其在消费者心目中的市场份额却位于市场领导者的地位。根据心理学的理论，态度的变化会引起行为的变化，品牌 C 在消费者心目中超过品牌 B，如果品牌 B 不做任何工作，今后品牌 C 的市场占有率很可能会超过 B。此外品牌 C 的产品引力相对较高，说明消费者使用后对它的满意程度较高。但品牌 C 也有其问题，其品牌引力和知名度均比品牌 B 低，如果它能加强促销或改进定价策略，提高其品牌引力到和品牌 B 一样，它的市场占有率就会有很大的增长，并超过品牌 B（因为此时品牌 C 的占有率 $= 84\% \times 62\% \times 86\% \approx 45\%$）。

品牌 A 的品牌引力和有效率很高，可能是因为其价格定得较低，但其知名度和产品引力很低，这说明它的广告促销、媒体组合效率较差，最根本的问题还在于其产品质量不高，因而回头客甚少。这些原因造成它市场占有率仅为 6%。

品牌 D 和品牌 A 刚好相反，其品牌引力很低，反映它在促销上有很大问题，以致影响到它在市场上的地位，市场占有率仅为 15%。然而它的产品引力却很高，反映消费者使用后对它的满意程度较高。如果它能加强促销或改进定价策略，提高其品牌引力，其市场占有率就会有较大的增长。

第三节 品牌形象和品牌价值分析

一、建立品牌形象的意义

人对人的判断常受到形象的左右。常言道第一印象是重要的，虽然形象不能决定人的能力、价值，却具有很重要的意义。在相亲时，因为印象不好而告吹的情况很常见。在求职时，因为印象模糊而求职失败也时有发生。这种现象也发生在产品上。所谓品牌形象就是消费者对特定品牌所具有的印象，成功的产品必须建立品牌形象。

在激烈的竞争环境下，许多企业都把注意力集中在产品研发上，不断改良旧产品、开发新产品，以便制造出具有"独特卖点"的产品。然后根据这个独特的卖点着手构思广告，加以推敲，细心雕琢，说得动听，并通过媒介向消费者宣传。这种方法在一段时期内非常有效，但今天科技如此发达，任何热销的产品都可以在最短的时间内被模仿、修改和生产。比如企业 A 推出了一款独特的产品，一炮而红，销路甚佳。下个月企业 B 立刻跟风照抄，而且因为节省了产品研发费，价格可以更便宜。不久，企业 C 又可以集合两种产品的优点，再出一款类似的产品。

因此，产品越来越多，特性却越来越少，而消费者也难以分辨产品性能。在这种情况下，再为产品寻找独特卖点已不是易事。

所以要突出产品特性，必须另辟蹊径。根据国外动机调查研究发现，决定品牌在消费者中的地位的，不是产品性能的差异，而是品牌整体的形象。因此，品牌除了宣扬产品的特性外，还建立了一种独特的形象，购买了这个品牌的产品，消费者不但可以享受到产品提供的实际功能，还能感受到一份优越感，而这份优越感，就是产品形象的感染。

二、品牌形象的测定

"形象"一词在字典里面的含义为：某事或某人给人留下的"影像"，或从更狭义的角度讲，是指"公众对某事或某人形成的刻板的看法"。我们对品牌形象的定义为：品牌形象是消费者群体共同拥有的对某一品牌的主观、心理影像。消费者接触营销传播的受影响程度和他们对品牌商品的消费感受，决定消费者对品牌形象在视觉上和理性上的印象。

信息可以通过感觉记忆和短时记忆存储到长时记忆中。信息也可以从长时记忆中取出。对于品牌形象来说，品牌形象的知识因子构成网络，其中心为品牌名称，各种知识因子（或联想）围绕着品牌名称。两个因子的联系强度决定每一个知识因子同品牌的联系强度。因此，我们可以通过消费者对品牌名称的联想来测量消费者对于品牌形象的认知。

在 U&A 研究中，我们可以通过第一节问卷举例中的问题来测定市场上各主要品牌的品牌形象。我们用方便面的 U&A 研究来举例。

D5. 我将会读出一些用来形容方便面的句子，请问卡片中哪些方便面品牌适合这些句子，你可以选择一种或一种以上的牌子，或者一个牌子也不选，即使您没有试过这种牌子也可以回答这个问题，请在相应品牌下面打"√"。还有没有其他牌子呢？如果有请填写在空格处。

	品牌 A	品牌 B	品牌 C	品牌 D	其他品牌
(1)牌子可靠	1	1	1	1	_____
(2)牌子高档	2	2	2	2	_____
(3)卫生	3	3	3	3	_____
(4)质量好	4	4	4	4	_____
(5)口感好	5	5	5	5	_____
(6)味道地道	6	6	6	6	_____
(7)不断推出新产品	7	7	7	7	_____
(8)方便购买	8	8	8	8	_____
(9)制造方便面的经验丰富	9	9	9	9	_____
(10)便宜	10	10	10	10	_____
(11)适合自己	11	11	11	11	_____
(12)物有所值	12	12	12	12	_____
(13)包装美观	13	13	13	13	_____
(14)历史悠久	14	14	14	14	_____
(15)适合任何时候食用	15	15	15	15	_____

本例访问样本容量为 300 人，各指标频数如表 8-5 所示。

表 8-5　各指标的频数

形象指标	品牌 A/%	品牌 B/%	品牌 C/%	品牌 D/%
(1)牌子可靠	59	81	22	34
(2)牌子高档	14	84	13	56

形象指标	品牌 A/%	品牌 B/%	品牌 C/%	品牌 D/%
(3)卫生	70	77	42	23
(4)质量好	39	78	17	12
(5)口感好	28	75	12	45
(6)味道地道	19	73	13	6
(7)不断推出新产品	18	78	18	47
(8)方便购买	88	69	39	19
(9)制造方便面的经验丰富	30	55	13	31
(10)便宜	92	11	5	24
(11)适合自己	41	57	10	16
(12)物有所值	56	51	10	35
(13)包装美观	19	77	18	51
(14)历史悠久	68	32	6	56
(15)适合任何时候食用	62	42	16	72

在 D5 所举的例子中,分析品牌形象可以有以下三种方法。

(一)百分比法

求每一品牌在每一句子上的人数百分比并描图,圈出每一品牌人数百分比最高的几个句子,这些句子就是该品牌的形象。以品牌 A 和品牌 B 的对比为例,如图 8-4 所示。

品牌 A 在消费者心目中的形象为便宜、方便购买、卫生、历史悠久;而品牌 B 在消费者心目中的形象为牌子高档、牌子可靠、质量好、味道地道、不断推出新产品、包装美观、卫生、口感好。

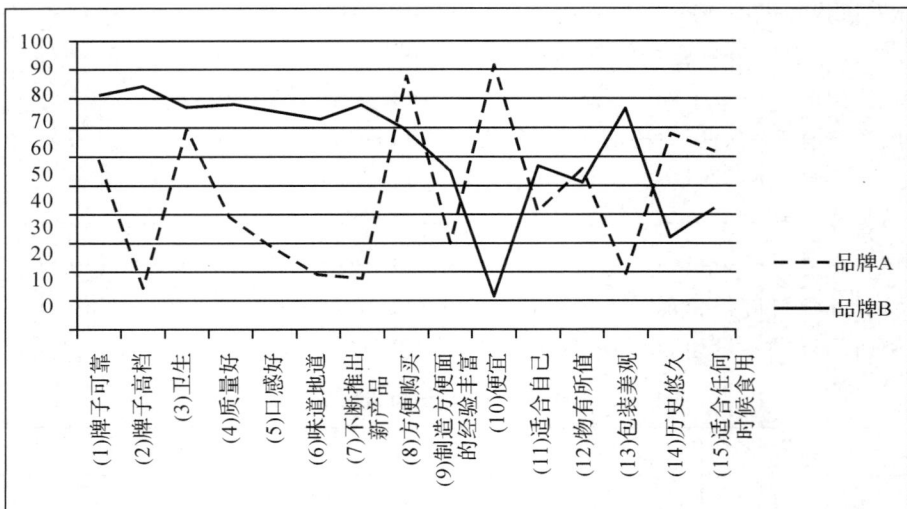

图 8-4　品牌 A 和品牌 B 在消费者心目中的形象

(二)百分比差法

在每个句子上,将选择品牌 A 拥有此形象的百分比减去选择品牌 B 拥有此形象的百分比,并将此差画图,正差放在右边(品牌 A 优于品牌 B),负差放在左边(品牌 A 差于品牌 B)。正差较大的句子就是品牌 A 的形象,反之负差较大的句子就是品牌 B 的形象。

品牌 A 比品牌 B 强的主要方面为:便宜、历史悠久、适合任何时候食用、方便购买、物有所值;而品牌 B 比品牌 A 强的主要方面为:牌子高档、不断推出新产品、包装美观、味道地道、口感好。如图 8-5 所示。

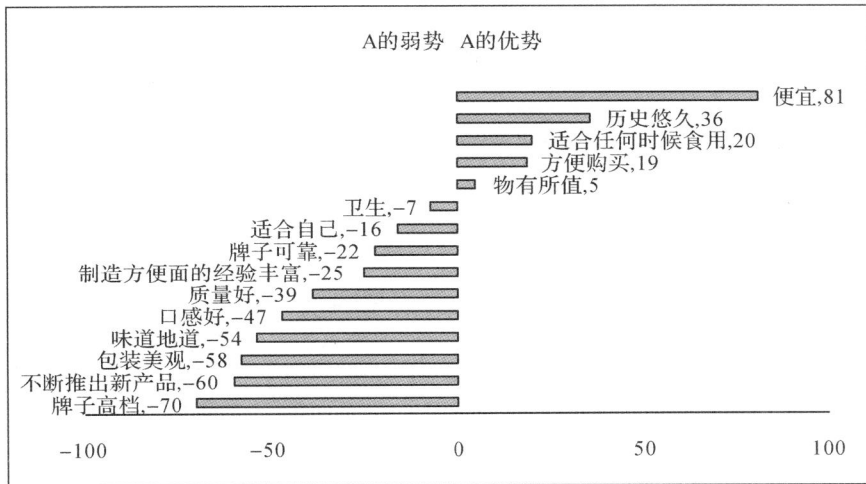

图 8-5　品牌 A 与品牌 B 的比较

(三)对应分析法

对应分析是分析交叉表的一种方法,它可以将交叉表中所包含的信息用图形形象地表示出来。应用时必须注意,由对应分析所得到的分析结果,一定可以从交叉表中得到验证,如果你无法用表中的数据加以说明,那你得到的结论可能有问题,应该再加以仔细检查(对应分析的方法可以参考第五章的内容)。

将每个句子称为一个行变量,而每个牌子则称为一个列变量,对应分析将行变量组和列变量组同时投射到同一个低维坐标系中,其维数等于"行变量数－1"和"列变量数－1"中的较小者。这种降维投射不会损失原来交叉表中所包含的信息。如果降维坐标系的维数等于 2,此时行、列变量就可以在平面上形象地讨论。如果降维坐标的维数大于 2,为了形象地分析变量,我们仍在平面上来分析行、列变量,但此时原来交叉表中的信息就会有所损失,平面上所得到的结论将有误差。本例中降维空间的维数恰好等于 2,因此交叉表中的信息将不会损失。

在图 8-6 中,靠近某品牌的特性若与品牌处于同一象限,则可以认为这些特征与该品牌关系密切,可以作为该品牌的形象特征。

如果靠近某品牌的特征与品牌处于不同的象限,此时就要看品牌和特性分别在横轴和纵轴上的投影方向。若品牌和特性在横轴上的投影方向相反,且距离的绝对值适中,则不能认为该品牌与此特性关系密切。

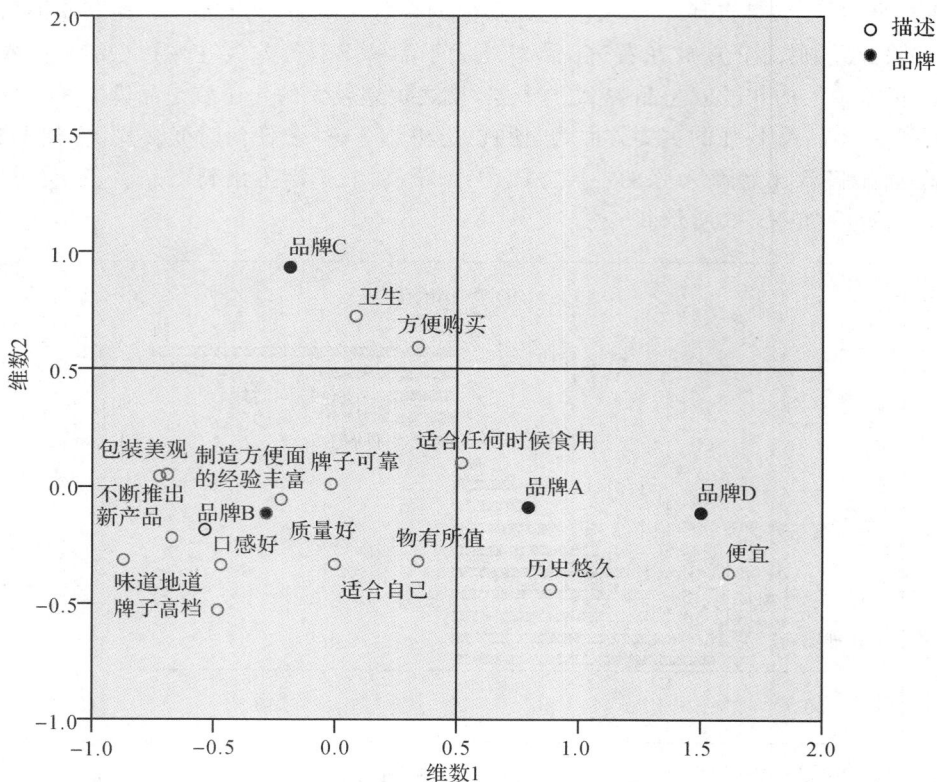

图 8-6　品牌与特性对应分析

若品牌和特性在横轴上的投影方向相同,且距离的绝对值很小;而两者在纵轴上的投影方向相反,距离的绝对值适中,此时仍可认为该品牌与此特性有一定的关系。

本例中,品牌 A 在消费者中的形象为历史悠久,适合任何时候食用,便宜。品牌 B 在消费者中的形象为口感好、味道地道、质量好、牌子高档、制造方便面的经验丰富、牌子可靠、不断推出新产品、包装美观、物有所值、适合自己。品牌 C 在消费者心目中的形象主要是卫生和方便购买。品牌 D 在消费者心中的形象主要是便宜。

对比三种分析的结果,可知三种分析所得出的结论基本上是一致的。

三、缺陷分析

在前面的例子中,我们知道品牌 B 虽然其市场占有率处于第一位,但其产品引力却不高,这说明消费者使用它之后满意程度不高,究竟消费者对品牌 B 的产品特性和质量有哪些不满意的地方呢?利用缺陷分析可以帮助品牌 B 找出其产品上的问题,也可以发现其竞争对手品牌 C 在产品特性方面的长处。下面我们来介绍缺陷分析的步骤和原理。

(1)我们列出购买产品时所考虑的各种因素(参考品牌定位研究中的 D3 问卷设计),

按照消费者评定的重要程度的分数求出其平均数,然后按照平均数的大小由高到低,将所有因素按重要程度排顺序,排在越前的因素其重要程度越高。

(2)我们统计出所有品牌在每一因素上的表现的平均评分,如表8-6所示。

表 8-6 各品牌购买时考虑的因素

购买时考虑的因素 (按重要程度由高到低排列)	评分			
	A	B	C	D
最重要因素	9	9.4	8	8.8
次重要因素	6.6	7.4	9.6	7.0
第三重要因素	4.4	5.4	5.4	5.0
第四重要因素	5.6	5.8	6.0	6.0

(3)对表8-6的每一列进行分析。找出每一列(即对每一品牌)平均评分最高的因素,称此因素为该品牌的知觉优势;并找出每一列平均评分最低的因素,称此因素为该品牌的知觉弱点。从表8-6可知,第三重要因素是所有品牌的知觉弱点,品牌A、B、D的知觉优势为最重要因素,而品牌C的知觉优势为次重要因素。

(4)对表中每一行进行分析,即对每一因素比较各品牌的差异和相似性,从中发现品牌在质量上的缺陷,以及在提供产品利益(消费者购买时考虑的因素)上的区别性。从表8-6可见,在第三、四重要因素上,所有品牌都表现不佳,这是所有品牌在产品提供利益上的缺陷。品牌C在次重要因素上的评分最高,而品牌A、B、D均在最重要因素上评分最高。这说明品牌C的区别定位在次重要因素上,而品牌B的定位区别性不显著,品牌A和D的知觉优势也和品牌B相同。

综合前面的所有分析,品牌C的市场占有率排在第二,在消费者心目中的份额排第一,产品引力最高,其产品定位区别性明确,产品质量高,如果它能改进其渠道的铺货问题并加强促销,估计最终可以获得市场领导地位。品牌B的市场占有率虽然排第一,与品牌C比较其相对份额指数仅为1.14,但其产品引力比品牌C低18%,在消费者心目中的份额也低于品牌C,加上其定位区别性不显著,品牌B如果要保持其现有的竞争地位,必须在产品定位上注重差异化,并在产品质量上狠下功夫。

表8-6中,消费者购买时考虑的因素只有四个,但实际问卷中,所列出的消费者购买时考虑的因素至少有十几个,对这样多的因素列表进行缺陷分析是比较麻烦的,而且很难做出中肯的结果。

通常问题中所列出的各种购买时考虑因素之间,许多是有相关关系的。为了方便进行缺陷分析,我们可以先将所有因素进行多元统计分析中的因子分析(参见第五章),将这些因素进行分类,每一类中的因素具有相同的本质,在因子分析中将这个相同的本质叫做一个因子,这样就可以将众多的因素减少为几个因子,然后根据消费者在每一因素上对各品牌的评分计算出各品牌在每一因子上的评分的平均数(平均因子得分),并列成表格,再进行缺陷分析。

四、品牌的优劣势分析图

缺陷分析中对每一品牌找出其知觉优势和弱点,然后分析各品牌之间的差异和相似性,可以针对多个品牌进行分析和比较。但是,在缺陷分析中对每个品牌的分析显得不够详细。而品牌的优劣势分析图可以根据各种因素的重要程度及该品牌在每个因素上的表现,具体指出品牌的优势在哪里,不足在哪里,应该优先解决的问题是什么,可以减少资源投入的方面是哪些,为产品的今后发展寻找一条适合的道路。

品牌优劣势分析图是对一个品牌将各因素的重要性和品牌表现放在同一平面坐标图上进行分析的一种图形分析工具。通常以重要性为横坐标,以品牌表现为纵坐标,如图 8-7 所示。

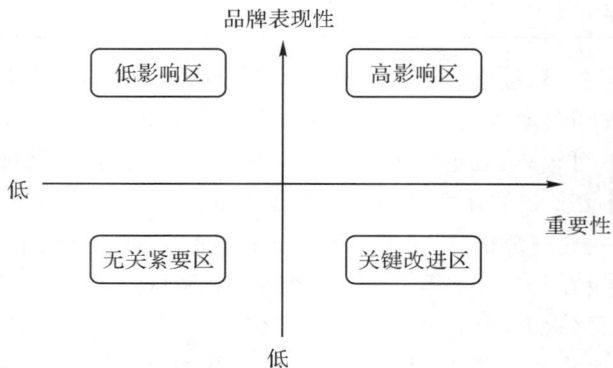

图 8-7　品牌优劣势分析

第一象限中的因素很重要且品牌表现好,应该保持优势,该象限常被称为高影响区。

第二象限中的因素不重要,但品牌表现好,可节约成本或提高其重要性,该象限常被称为低影响区。

第三象限中的因素不重要且品牌表现差,可以忽视,该象限常被称为无关紧要区。

第四象限中的因素很重要,但品牌表现差,必须改正,该象限常被称为关键改进区。

五、品牌价值

品牌和产品应该被区分的观念已经被广泛接受。企业的品牌价值在很大程度上取决于消费者赋予品牌的价值,即所谓的品牌附加值。消费者更愿意购买品牌附加值高而不是品牌附加值低的商品。

附加值高的品牌带给企业的另一个优势为,消费者愿意花更多的钱购买这样的品牌商品,因此,附加值高的品牌比附加值低的品牌能为企业创造更多的价值。这一价值不仅体现了企业的盈利能力,更体现了企业的战略和管理优势。

我们把品牌给企业带来的价值简称为"品牌权益"。品牌权益是指品牌对于组织的价值的大小,这一价值体现在企业的经济、战略和管理优势当中。

（一）品牌权益的四个构成要素

决定品牌权益水平高低的四个要素为：品牌市场份额的规模、市场份额的稳定性、品牌带给企业的利润空间，以及品牌的所有权权利。

1. 品牌市场份额的规模

品牌市场份额的规模，作为品牌权益的构成要素之一，取决于消费者认为品牌具有的附加值的多少。正如前面所说，消费者更愿意购买品牌附加值大，而不是品牌附加值小的品牌商品。因此，总的来说，附加值高的品牌，其市场份额要比附加值低的品牌更高。市场份额也是品牌权益的要素之一，市场份额大的品牌比市场份额小的品牌对于组织来说价值更高。

2. 市场份额的稳定性

品牌权益的另一个要素为市场份额的稳定性。某品牌具有稳定的市场份额，即指消费者会不断地重复购买该品牌。从消费者的角度来说，品牌的市场份额稳定，代表消费者对该品牌有品牌忠诚度。拥有稳定市场份额的品牌，会给企业带来经济和战略两方面的优势。经济优势体现在品牌为企业未来收入提供的保证，也会节省营销传播方面的费用。战略优势体现在品牌具有威慑潜在竞争对手的能力，并迫使零售商选择这一品牌，以防止消费者流失到其他商家。因此我们可以得出结论，市场份额稳定的品牌比市场份额不稳定的品牌，对于企业来说更有价值。

市场份额的规模，部分取决于品牌带给消费者的附加值有多少。依此逻辑，附加值高的品牌会比附加值低的品牌赢得更多消费者的青睐。因此，高附加值不仅使品牌占有更大的市场份额，还会令市场份额趋于稳定。可以说，市场份额的规模与市场稳定性是成正比关系的，即市场份额大意味着市场份额较为稳定。各种研究结果都证明了这一结论，并再次表明，消费者更愿意重复购买市场份额高的品牌，而不是市场份额低的品牌。市场份额低的品牌获得的重复购买率也低的现象被称为"双危现象"。市场份额规模与市场份额稳定性相关的事实，则体现在消费者对消费品、商家甚至媒体的选择当中。

3. 品牌带给企业的市场空间

品牌权益的第三个要素为品牌带给企业的利润空间。这里的利润是指企业将品牌商品销售给零售商的价格（即生产商的最终出厂价）与品牌商品成本价格之间的差额。最终出厂价可以随市场需求的增加而增高。另一方面，品牌商品的成本会随着生产规模的扩大而下降。利润空间大的品牌商品当然要比利润空间小的品牌商品对于企业来说价值更高。作为品牌权益的要素之一，品牌商品的利润空间在极大程度上同样依赖品牌带给消费者的附加值的多少。

4. 品牌的所有权权利

品牌权益的最后一个要素为品牌的所有权权利。这一要素与专利、品牌的法律保护、零售商对品牌的接纳度有关。与前面三个要素不同的是，品牌的所有权权利很少或根本不受品牌附加值的影响。品牌附加值可能只影响零售商对品牌的接纳度。

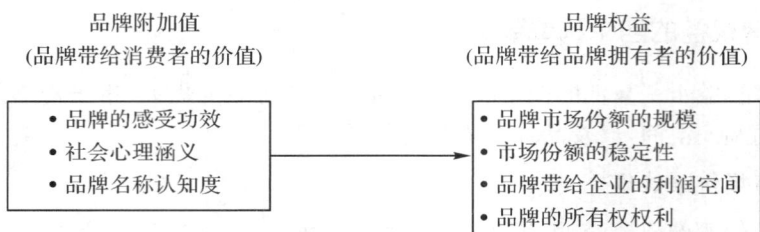

品牌附加值　　　　　　　　　　　品牌权益
（品牌带给消费者的价值）　　　　　（品牌带给品牌拥有者的价值）

- 品牌的感受功效
- 社会心理涵义
- 品牌名称认知度

- 品牌市场份额的规模
- 市场份额的稳定性
- 品牌带给企业的利润空间
- 品牌的所有权权利

图 8-8　品牌附加值与品牌权益的关系

图 8-8 说明了品牌附加值与品牌权益之间的关系。品牌对于企业来说具有某种价值，这种价值在很大程度上取决于品牌附加值的大小。具体来说，品牌权益体现为品牌带给企业的经济、战略和管理优势。

（二）品牌的财务价值评估

1. 基于消费者感受的评估方法

对品牌的财务价值进行评估的中心问题在于，品牌对于企业的价值（即品牌权益）如何用财务数字来表示。现实中有两类方法被用来确定品牌的财务价值：基于消费者感受的评估方法以及基于簿记原则的评估方法，本节将介绍基于消费者感受的评估方法。

依据消费者感受对品牌价值进行评估的方法大体有三种：中立法、品牌/价格权衡法及金额度量法。

（1）中立法

中立法依据的是消费者的选择测试。

测试中，消费者被多次要求在两种品牌商品中选择其一，而只有一种品牌商品的价格在不断变动。每次消费者都要选出自己更喜受的那个品牌商品。这一方法的目的在于确定在哪一个价格比率上消费者的选择处于中立，即消费者对两种品牌商品的任何一个都无偏好。例如，品牌商品甲的价格为 2.50 元，而品牌商品乙的价格为 2.00 元，当这种情况发生时，品牌商品甲相对于品牌商品乙的附加值即为：$(2.50 \div 2.00 - 1) \times 100\% = 25\%$。通过同其他品牌一起重复此程序，企业可以确定某品牌商品同其他品牌相比的价格高度。确定后的价格高度，代表了企业品牌战略的成果。

（2）品牌价格权衡法

基于消费者感受的评估方法为品牌/价格权衡法（BPTO）。

在这一方法中，消费者必须对有关品牌商品的描述做出评价。这些描述包含事前设定的一些属性（至少应有品牌名称和价格）的信息。每个属性都有不同的等级水平。例如，在研究测试中，品牌名称可以包含三个不同的名称，并分成三个不同的等级。价格则可以被分为五个等级。对品牌商品的描述，每次都包含相同的属性，但属性的等级水平发生了变化。消费者根据自己的偏好，对每个描述进行排序。此法将某一属性的价值与其他属性对比着看，从而确定消费者对某一属性（如品牌名称）的偏好，以及消费者如何权衡这一属性同其他属性（如价格）之间的关系。这样一来，企业可以确定消费者愿意为品牌商品付出多高的价钱。

（3）金额度量法

基于消费者感受的评估方法为金额度量法。

这一评估方法基于的是"大小衡鉴"（magnitude estimation）技术。在这一方法中，消费者需要确定产品拥有品牌名称和无品牌名称时他各愿意付出什么样的价钱，得出的价格差异可以被用来表示品牌商品可以高出的价钱。例如，邀请 48 位妇女，请她们说出每种口红无品牌名称和有品牌名称时她们各愿意支付的价格。通过计算两个价格的平均差异，我们可以得出消费者愿意为品牌支付的价格，如表 8-7 所示。我们应该说明的是，表 8-7 中的数字并不代表消费者的普遍情况，并且每一品牌的结果只有同其他品牌对比时才有意义。

表 8-7　利用金额度量法对六种口红品牌所做的调研结果

口红品牌	平均值		平均价差/美元
	有品牌名称/美元	有无牌名称/美元	
蜜丝佛陀（Maxfactor）	9.95	9.71	0.24
露华浓（Revlor）	11.03	9.31	1.72
吉尔·桑达（Jill Sander）	10.56	8.07	2.49
兰蔻（Lancome）	12.28	9.69	2.59
雅诗兰黛（Estee Lauder）	11.12	8.39	2.73

2. 基于消费者感受的评估方法的局限性

依据消费者感受对品牌的财务价值做出评估的三种方法，清楚地表明消费者愿意为品牌附加值付费。然而，在使用这些方法之前，我们应该认识到这些方法的局限性。

不同消费者对品牌间差异的认知，以及他们愿意为品牌付出的价钱多少存在不同。这一点可用例子来说明。一项有关牛奶品牌的调查中，消费者分别对有品牌名称和无品牌名称的牛奶做出评价，消费者能够清楚地识别不同品牌牛奶之间的差异。此研究采用的是抽象数字（而不是金钱数额）的方法。然而，一旦让消费者决定他们愿意为不同品牌的牛奶支付多少价格，利用抽象数字方法得出的结果就不见了。当每种品牌的牛奶都被标出同一价格时，参加调查的消费者并不愿意为附加值高的牛奶品牌付出更高的价钱。

倘若企业希望采用以上三种方法确定诸如牛奶市场中的品牌附加值的差异，以上研究结果很可能不反映消费者对品牌差异的实际感受。这样的市场可能包括：有价格协议的市场，因有津贴而价格被人为压低的市场，因关税而价格偏高的市场（如香烟、酒和汽油），以及品牌经营处于发展阶段的市场——在这一市场中，消费者已经习惯了为不同的品牌支付同样的价钱。

在某一产品类别中，依据消费者感受对品牌所做的经济评估，与品牌的形象评估可能会有所不同。这是因为，消费者虽认为某品牌确实独特，但并不愿意花更多的钱购买这一品牌。譬如，这样的情况会发生在价格较高的品牌身上，如雅诗兰黛、鳄鱼、奔驰等品牌。

然而,我们应该懂得的是,总有一些消费者愿意为这些品牌多付钱。

总之,我们可以说,在使用基于消费者感受的评估方法的同时,最好兼用确定品牌形象或附加值的方法。

通过以上两种方法的对比,我们可以对品牌形象/附加值和消费者不愿多出钱的矛盾关系有更深刻的认识。倘若两种方法同时使用,企业会更加明确消费者可以接受的品牌商品的价格高度。

依据消费者感受对品牌的财务价值进行评估的一大缺点在于,这些方法只考虑了品牌权益的一个方面,即品牌商品的利润空间。然而,对品牌权益的衡量,最好能够兼顾品牌权益的其他三个要素,即品牌的市场份额规模,市场份额的稳定性,以及品牌的所有权权利。基于簿记原则的评估方法,在很大程度上可以弥补这些不足。

第四节　品牌定位研究

一、品牌定位概述

(一)品牌定位的定义

在确定目标市场后,企业就须考虑如何使自己的产品适合目标市场的需要,也就是说给自己的产品品牌定位。

所谓产品定位就是要在消费者心目中塑造自己产品的独特个性,使它与具有同种效用的竞争产品有所区别,从而使产品在产业总需要量中能引起选择性的需要。产品定位有时亦称竞争性定位。

通常进行产品定位时,首先要让目标市场消费者指出他们认为的最重要的产品特性,从中选出几个产品特性,然后按照消费者对同类产品其他品牌在这些特征上的知觉,在产品特性图上标出其位置。根据竞争品牌在图上的位置,来考虑本企业的产品应当定在什么位置上,以与竞争品牌相区别。

产品定位不一定仅从产品特性角度去考虑,有些产品各品牌在产品特性上大同小异,没有很大差异,此时企业可以利用广告为其产品创造出一些特点,使消费者对产品产生一种心理上的差异,而与竞争者品牌区分开来。此外,产品定位和目标市场选择一样,也是一种战略性的决策,两者是相辅相成的,必须联系起来考虑。

(二)品牌定位的方法

1. 产品特色定位

品牌特色是与竞争者进行差异化的重要策略,如果产品的一个特色表明了对目标市场有重要的利益,那么它就能成为市场定位的基础。例如,北京卡夫食品有限公司的"雪凝"牌酸奶抢占北京市场,就是用产品特色对其酸奶进行定位取得成功的。多年来,北京的酸奶市场一直被十几家老企业霸占着,"雪凝"酸奶针对老产品的"缝隙"——包装简陋,对自己的品牌进行了定位。"雪凝"的广告语"将容杯倒过来,酸奶不会出现倒流"的定位,没有哪家老牌酸奶企业敢于应战,机械化铝箔密封条保鲜包装让蜡纸加橡皮筋的老牌酸奶产品自愧不如。"雪凝"牌酸奶的价格高于老品牌一倍,反而深得消费者喜爱。

2. 产品利益定位

产品可以根据它所能提供的利益来进行定位,但必须注意当这一利益是由产品的某些特性产生时,强调的是对使用者的利益。

例如,宝洁公司的海飞丝洗发水所强调的产品利益是去头屑;飘柔洗发水所强调的是洗发、护发二合一,令头发飘逸柔顺;潘婷洗发水所强调的是含有维生素原B5,兼含护发素,令头发健康,加倍亮泽。

3. 使用时机定位

当公司试图说明它的品牌是最适合某种特殊场合使用时,便可以将特殊用途和使用时机结合起来定位。例如,健力宝饮料就是将自己定位为体育运动之后为人们补充体液和矿物质的最佳饮料。

4. 使用者类型定位

根据人口统计因素,生活方式或使用频率可以细分出不同的使用者类型。公司在定位时可以采用集中营销策略,专攻某一细分市场,吸引某些特殊使用者,实现自己的品牌定位。例如 Avia(爱威亚)运动鞋定位于"认真的运动员穿的鞋","大大泡泡糖"定位于儿童食用的泡泡糖等。

5. 与竞争品牌对比定位

如果市场上有畅销的"第一名牌",此时可以利用强势品牌在市场中的地位来建立自己的品牌形象。通常有以下两种做法。

一种做法是宣传自己的产品是根据名牌产品设计的,声称自己的产品与领先者的品牌一样好或更好。这一策略的经典例子是 Avis(安飞士)开展的"我们加倍努力"(We try harder!)广告运动。这一广告强调,Avis 是第二大汽车出租公司,然而,他们比最大的汽车出租公司 Hertz(赫兹)更关注消费者的满意度。其实,当时美国出租汽车行业中除了 Hertz 这一巨头之外,其他汽车出租公司都不成规模。Avis 由于这样定位,使其从美国汽车出租业中脱颖而出,成为真正的第二大汽车出租公司。

另一做法是寻求被竞争者忽略的"缝隙",突出宣传本产品在这一方面的特色。例如前面介绍的北京卡夫食品有限公司的"雪凝"牌酸奶成功的原因,就是找到了老牌产品在包装上的"缝隙",从而建立了自己产品的特色。

6. 产品类别游离定位

采用这一定位方法,要强调自己品牌"不是什么"。告诉消费者新产品"不是什么"比告诉消费者"是什么"更容易让他们理解和接受。如第一辆汽车被称为"不用马的马车"。消费者可以用原来形成的概念来理解新概念,在头脑中形成鲜明的印象,这样有助于新概念的形成。在品牌定位时若能较好地利用这一策略,将会获得成功。1968 年美国七喜公司将它的柠檬饮料定位为"非可乐",目的在于使七喜成为可口可乐和百事可乐的替代性选择。广告强调七喜是不含可卡因的饮料,对儿童健康与发育有好处,结果该公司第一年销售额增长了 15%。

7. 价格定位

价格是品牌的一个特征,用价格来定位可以认为是产品特色定位的一个特例。同时,在利用低价格定位时,强调相当低的价格也可以认为是产品的利益定位。高价定位策略可通过高价格与高质量联系起来,例如宝洁公司在广州市场推出海飞丝洗发水,就是采用"高价格高质量"为产品进行定位,以与当时广州市场上众多洗发水品牌明显地区分开来。

8. 综合定位

公司在给自己品牌定位时,有时不只采用上述的一种方法,而是综合地利用以上方法来定位。虽然综合定位可以满足消费者的多种需求,但利用综合法给产品定位时存在一个弊病,那就是如果使用不当,就会导致目标市场没有清晰的品牌印象,品牌定位失败。

二、问卷设计

品牌定位问卷设计举例如下。

[出示卡片]

D3. 下面我会出示一些人们在购买(产品名)时会考虑的各种因素,请告诉我下面每一因素在您购买(产品名)时的重要程度。您可以用 1~10 分来表示每一因素的重要程度,分数越高表示越重要,越低表示越不重要。

[出示卡片]

D4. 下面我想知道您对上面 D3 中所列出的曾经使用过的品牌的每一因素的评价。当我读出每一因素时,请您告诉我每一个品牌在这个因素上的表现,我们还是采用 10 分评分方法来表示您对每一个品牌的评价,分数越高表示评价越高(见表 8-8)。

表 8-8　品牌评价表

因素	D3	D4				
		A	B	C	D	E
	重要程度	评分	评分	评分	评分	评分
甲	(　　)	(　　)	(　　)	(　　)	(　　)	(　　)
乙	(　　)	(　　)	(　　)	(　　)	(　　)	(　　)
丙	(　　)	(　　)	(　　)	(　　)	(　　)	(　　)
丁	(　　)	(　　)	(　　)	(　　)	(　　)	(　　)
戊	(　　)	(　　)	(　　)	(　　)	(　　)	(　　)

D4 中用 10 分制对每个品牌进行评分,在品牌较多时,被访者回答起来是十分麻烦的,因而较难取得合作,即使勉强回答也较难取得准确的答案,为此可将 D4 的评分形式改变为选择形式。

三、产品定位的程序

（一）找出消费者认为重要的产品特性

在这一步骤中首先要将产品特性（attribute）分为产品利益（benefit）和产品特点（feature）。所谓产品利益是指产品可以为消费者提供的好处，它是从消费者角度来考虑的，而产品特点是从技术和实物角度说明产品可以提供某种产品利益的理由。现以洗发水为例来说明这两个概念。

利益1：保持头发健康

利益1的产品特点：含有维生素原B5的专业的洗发水配方，它能渗透每根头发的发梢，保持头发健康。

利益2：保持头发光泽

利益2的产品特点：当维生素原B5保留在健康的头发中，它能保持头发光泽。必须注意，我们不能用"头发护理的一种新选择"这类口号作为产品利益。因为它不是从消费者角度出发的利益，也说不出支持这个利益的任何根据，这个口号可能是品牌进入市场的一个好标题，但它不是一个产品利益点。

为了找出消费者认为重要的产品特性，营销人员首先要明确列出自己的品牌能提供给消费者哪些利益点，以及每一个利益点为哪些产品特点所支持。然后询问目标市场的消费者他们认为产品所提供的这些利益点其重要程度如何。

在U&A研究中，这个问题我们可以通过第一节问卷举例中的问题D3来完成。对消费者购买时考虑的每一个因素，统计被访者答8～10分的百分比，并按百分比由大到小将因素排序，这样就可以判断产品所提供的利益点哪些是重要的，哪些是不重要的。

另外一种了解产品所提供的利益点的重要程度的方法是如下的询问方法。

当你购买（产品名）时，你所考虑的最重要的三个因素是什么？其中哪一个因素最重要呢？哪一个是第二重要呢？哪一个是第三重要呢？

因素	前三因素	最重要	次重要	第三重要
A	1	1	1	1
B	2	2	2	2
C	3	3	3	3
D	4	4	4	4
E	5	5	5	5

对于上述问题要统计每一因素回答最重要、次重要、第三重要的百分比，并按最重要的百分比，由大到小将因素排序。

（二）比较消费者对本品牌和竞争品牌的满意程度

只有消费者对本品牌的满意度比对竞争品牌的满意度高的重要产品特性才是本品牌产品定位中所具有的特性。通常市场营销人员会犯一个错误，以为在重要的产品特性上消费者满意了就解决了产品定位问题。根据马斯洛需求层次理论，最重要的需求不一定成为购买动机,而那些尚未满足的需求才形成购买动机。因此购买本品牌的动机一定是消费者认为重要的,且现有的竞争品牌尚无法满足消费者的产品特性。因此在进行产品定位时,针对每个重要的产品特性,比较消费者对本品牌和竞争品牌的满意度是必不可少的。

在 U&A 研究中,这个步骤可以通过第一节问卷举例中的问题 D4 来完成。对消费者购买时考虑的每一个因素,统计各品牌被访者答 8~10 分的百分比。对于重要的因素,比较各品牌的上述百分比就可以知道消费者对本品牌的满意度是否高于竞争品牌。对于最重要的产品特性,比较的结果有以下三种可能。

第一种可能是你的品牌在最重要特性上强于竞争品牌,这说明你的品牌在这个特性上已具有差异性,产品定位已经成功。

第二种可能是你的品牌在最重要特性上和竞争品牌表现相同,这时就要比较第二重要产品特性的满意百分比。如果你的品牌强于竞争品牌,此时可以用这个产品特性作为你的品牌的定位。如果比较的结果仍然相同,此时就要比较第三重要特性,如果你的品牌在第三重要产品特性上强于竞争品牌,你就可以用它作为你的品牌的定位;如果比较的结果也相同,此时你就要通过创作小组来考虑如何将前三重要产品特性表达得更好、说服力更强、更能激励消费者购买。创作小组研究的结果可能提供品牌再定位的机会。

第三种可能是你的品牌在最重要产品特性上差于竞争品牌,你需要再比较一下在次重要、第三重要产品特性上的情况。如果仍差于竞争品牌,此时若产品能用其他更好的设计方案或材料再制造,则应该延期推出产品;如果没有办法再改进产品,那么最明智的做法就是放弃这个产品设计。

❓ 思考题

1. 品牌第一提及率、无提示的提及率及有提示下的提及率分别如何计算?
2. 简述 Craveyard 模型。
3. 品牌引力和产品引力如何计算? 分别代表什么意思?
4. 品牌形象研究有哪三种方法? 简述这三种方法。
5. 什么是品牌定位? 使用习惯研究中,从哪两个方面来研究品牌定位?

✏️ 实践题

自行确定一个产品,选择某个品牌及其竞争品牌,设计一份品牌研究问卷,需要了解该产品的各品牌认知度、使用率、转移率及品牌的定位。

第九章

新产品开发研究

教学目的

　　传统观念下经营的企业,新产品的构想及原始设计,大都靠老板直觉的构想,在新产品上市前,一般并没有系统的研究与市场试验程序。因此新产品的失败率甚高,一般达80％。本章我们介绍如何通过市场调查从消费者处获得新产品构想,以及进行产品概念测试和产品测试的具体方法。

第一节　新产品构想的方法

一、新产品的概念

(一)新产品的含义

　　从市场营销观点来看,新产品不一定都是新发明的产品,它与科学技术发展而制造的新产品是有所不同的。市场营销学认为,凡是产品整体观念中任何一个部分的创新、改良都属于新产品的范围,所以新产品的"新",具有相对的意义。如果我们从市场与企业两个不同角度来分析新产品,就可以看到这种"新"的不同含义。例如,在国际市场上有的产品早已出现,但在国内市场上还没有出现,那么这种产品对国内市场的消费者来说,就是新产品。从企业的角度看,过去从来没有生产过的产品,现在生产了,也是企业的新产品。

(二)新产品的开发过程

　　现代市场管理理念下为了降低新产品的失败率,将新产品开发划分为六个阶段来进行管理,即构想阶段、概念阶段、商业分析阶段、产品开发阶段、市场试销阶段和产品上市阶段,在各个阶段都需要市场研究技术的参与,才能从消费者的角度了解需求。

　　1.构想阶段

　　构想就是企业希望提供给市场的一种能够满足某种新需求的可能产品的设想。满足消费者需求是新产品构想的出发点,每一样新产品的出现均始于构想,但大部分构想都不能变成产品,所以我们必须敢于大量的构想,以便发现一些真正好的构想。

构想的评估和选择的目的在于剔除那些与企业目标或资源不相配合的新产品构想。判断构想是否符合企业目标,有四个依据:利润、销售的稳定性、销售成长和企业形象。判断构想是否符合企业资源的三个依据是资金、技术和设施。

2. 概念阶段

新产品构想经过甄选之后,尚须进一步发展为产品概念。因为产品构想是从企业立场出发的,但产品的成败最终取决于消费者的认可,要使产品被消费者接受,首先要将产品的构想(企业认可的产品)转化到产品的概念上(消费者认可的产品)。例如一种感冒药,对企业来说它包括化学成分、内包装材料等产品成分和原料,也包括制造(生产方面的条件)、管理(市场、人事方面的需要)及成本(财务管理)等生产流程。但这些构想及条件不会是消费者接受产品的因素。一种感冒药被消费者认可的因素有治疗效果、价格、对症人群等。

所以产品构想是由企业以客观词语叙述,企业还在研究与开发、准备推出市场的一种可能的产品方案。而产品概念则是,让顾客产生的关于新产品的一种主观意念,它是用消费者语言表达的产品构想。因此,产品概念就是产品在实际生产之前,企业想要引导顾客心目中产生的对产品的解释。

应该注意的是同一个产品构想可以引出许多不同的产品概念。例如,奶粉添加剂这个构想,可能使我们想到三种产品概念:立即可冲食的成年人早餐饮品;适合老年人半夜饮用的健康补品;专为儿童在白天饮用的可口饮料。

3. 商业分析阶段

商业分析的目的在于预估新产品的未来销售、利润与投资报酬率,并判断其是否符合公司的目标。如果能符合公司的目标,则可继续发展此新产品,否则就放弃它。商业分析并非此阶段所专有的工作,事实上在开发过程中的任何阶段,只要收到有关产品与市场的新情报,就需要作商业分析。

4. 产品开发阶段

经过市场调研,呈现不错的产品构想后,就需要交由研发部门去从事产品开发与设计。产品开发往往耗资巨大,所以须格外谨慎审核新产品的构想。产品开发阶段包括工程设计、品牌命名、包装设计和测试及市场试销阶段四个步骤。

5. 市场试销阶段

所谓市场试销就是将产品与它的营销方案,第一次在经过仔细选择,并且可客观测量的试销环境下,正式试行销售。新产品是否进行试销,完全要看企业对其产品的信心而定。消费品通常比工业品较常做市场试销,一项新的工业品,企业的推销人员通常会将产品的样品送给潜在的顾客使用,以便收集顾客对该产品的反应,然后再根据这些反应和建议,改正其产品;而新的消费品则多半先试探市场的反应如何,才开始大量生产。市场试销的结果,不但可以帮助企业决定产品是否上市,而且还能告知企业以什么市场营销活动配合产品销售,将获得最大的经济利益。

6.产品上市阶段

新产品上市必须做好规划,有条不紊地进行。通常要做好这几项工作:必要的准备工作、上市速度的确定、制定产品市场营销策略等。

二、利益点构造分析法

(一)收集利益点项目

召开消费者座谈会,把消费者在该项生活领域所期待的利益点挖掘出来。例如,对于咖啡壶,经探索性研究发现,消费者在使用咖啡壶时所期望的利益点如表 9-1 所示,应尽可能多地收集消费者的利益点。

表 9-1　咖啡壶的利益点

1.经济性
(1)咖啡壶价格不能太贵
(2)更换过滤网等零件时不要花费太高

2.机能性和操作性
(3)使用(操作)要简单
(4)咖啡能很快且很容易被放入
(5)能一边做其他事情,一边自动煮咖啡
(6)能够自由调节咖啡的浓淡
(7)煮好咖啡后能够继续保湿
(8)煮的量能够很容易地增减
(9)在煮的过程中不会有烫伤的危险,或失败的风险

3.味道和香味
(10)能保持原有的香味和风味
(11)能够永久保持同样的味道
(12)谁煮都能煮得同样好
(13)不会有恶臭附着在过滤网或容器上

4.外观、情调、清洗和保管
(14)外观时髦漂亮
(15)可享受喝咖啡的独有情调
(16)可享受自煮咖啡的乐趣
(17)清洗时不费功夫
(18)各个角落都能洗得很干净
(19)属于不容易附着脏垢的材料
(20)过滤网不容易堵塞
(21)维护、收藏均较容易

5.其他
(22)体积不要太大、不占空间
(23)品质坚实耐用

对于收集的利益点,通过定量的方式进行进一步研究,注意哪几个利益点是消费者最关注的,问卷设计如下。

(二)定量问卷设计

利用问卷做个人访问调查,以测试消费者对每个利益点的重视程度。

Q1. 请问你对这个问题(逐个询问表 9-1 中罗列的利益点)的重视程度如何?

①不重视　　　　　　②不怎么重视　　　　　③稍重视　　　　　　④很重视

Q2. 请问您对目前使用的产品解决这个问题(逐个询问表 9-1 中罗列的利益点)的满意度如何?

①不满意　　　　　　②不怎么满意　　　　　③稍满意　　　　　　④很满意

(三)资料分析和产品构想的形成

对每一利益点分别计算如下指标。

1. 重视度

所有被访者回答重视程度的分数的加权平均数。例如访问 600 人,回答的结果如表 9-2 所示。

表 9-2　被访者重视程度分数加权平均数

结果	很重视	稍重视	不怎么重视	不重视
分数	4	3	2	1
人数	312	168	114	6

重视度＝(4×312＋3×168＋2×114＋1×6)/600＝3.31。

2. 满意度

所有被访者回答满意度的分数的加权平均数。例如访问 600 人,回答的结果如表 9-3 所示。

表 9-3　被访者满意程度分数加权平均数

结果	很满意	稍满意	不怎么满意	不满意
分数	4	3	2	1
人数	136	187	179	98

满意度＝(4×136＋3×187＋2×179＋1×98)/600＝2.602。

3. 不足度

重视度减满意度的值,亦即所谓的不满意度,在该例中,不足度为 3.31－2.602＝0.708。

把表 9-1 所列的各项利益点一一加以测定,即可知消费者对每一项利益点的重视程度和不满意的程度。表 9-2 给出了表 9-1 各项利益点的重视度和不足度,从表 9-4 可以看出利益点 10(能保持原有的香味和风味)拥有最高的重视度,同时不足度也很高。所以如果能针对这点加以改良并发售新产品的话,一定可以大大增强吸引力,创造更多的市场机会;另一方面,如果把这一点作为现有产品构想的出发点,亦可构思出特色鲜明的产品构想,从而提升品牌的吸引力。

表 9-4 各利益点的重视度和不足度

利益点	重视度	不足度	利益点	重视度	不足度
(1)	2.760	−0.081	(12)	3.300	0.449
(2)	2.880	−0.245	(13)	3.230	0.383
(3)	3.350	0.376	(14)	2.560	−0.204
(4)	3.150	0.484	(15)	3.211	0.542
(5)	2.810	0.283	(16)	3.200	0.345
(6)	3.240	0.164	(17)	3.240	0.558
(7)	2.850	0.301	(18)	3.310	0.708
(8)	3.170	−0.016	(19)	3.330	0.756
(9)	3.180	0.539	(20)	3.400	0.569
(10)	3.730	0.766	(21)	3.410	0.653
(11)	3.380	0.538	(22)	3.140	0.188
			(23)	3.400	0.526

三、问题点调查法

问题点调查法步骤和利益点构造分析法相类似。现以"婴儿尿片"为例来说明其建立产品构想的步骤。

(一)收集问题点

分析有关书籍、专家意见和调查资料,找出尿片的所有问题点。此外,为了探讨潜在的问题点,召开婴儿母亲的小组座谈会,调查提纲如下。

(1)使用尿片的种类和材质。

(2)在商店购买时有什么不方便的地方。

(3)尿片在使用时对下列各项感到不方便之处有:①大小,②通气性,③柔软度,④吸水性,⑤合身性,⑥卫生感,⑦气味,⑧使用后处理,⑨其他。

(4)夏天、冬天、梅雨季节有什么问题点?

(5)白天、晚上、外出时有什么问题点?

(6)"纸尿片"的使用经验如何:①(使用者)使用理由? 不方便之点? ②(非使用者)不使用的理由?

将调查结果整理归类后得到几个问题点。

(二)定量问卷设计

利用问卷做个人访问调查,以采集消费者对每一个问题点的发生频率、重视度、解决度的数据。

1. 发生频率的问法

"这个问题平日发生的情况如何?"

经常发生(每天)·························· 1

常发生(三四天一次)·························· 2

偶尔发生(两三个星期一次)·························· 3

几乎很少发生(好几个月才发生一次)……………………… 4

2.重视度的问法

"对这个问题的重视程度如何?"

非常重视 ………………………………………………………… 1

有点重视 ………………………………………………………… 2

不怎么重视 ……………………………………………………… 3

不重视 …………………………………………………………… 4

3.解决度的问法

"有没有发现能解决这个问题点的产品?"

没有发现 ………………………………………………………… 1

只发现有一种产品 ……………………………………………… 2

发现有两三种产品 ……………………………………………… 3

随时都有 ………………………………………………………… 4

(三)资料分析和产品构想的形成

对每一个问题点分别加以计算,公式为

$$发生频率 = \frac{回答经常发生的人数 + 回答常发生的人数}{有效样本数} \times 100\%$$

$$重视度 = \frac{回答非常重视的人数 + 回答有点重视的人数}{有效样本数} \times 100\%$$

$$未解决度 = \frac{回答没有发生能解决这个问题点的产品的人数}{有效样本数} \times 100\%$$

以发生频率为纵轴,重视度为横轴,在坐标空间上把问题点标示上去,被评为高重视度和高发生频率的问题点,未解决度亦高者,是新产品开发的方向,也是现有产品在建立产品构想时的指针和基础。

第二节　产品概念测试的方法

一、产品概念测试

(一)产品概念测试概述

企业在设定好产品概念之后,还须在消费者中进行测试,以帮助企业修改和充实产品概念的内容。如果产品概念有好几个,更须通过测试从中选出最佳者。所谓产品概念测试就是将企业初步设定好的一个产品概念或几个可以替代的产品概念,展示于一群目标消费者面前,并获取其反应。

在进行产品概念测试时,通常用文字来表达或用画片来描述产品概念。产品概念是指在新产品实际生产之前,企业想要注入顾客脑中,让顾客产生的关于新产品的一种主观意念。通常一个完整的产品概念由四部分组成:①消费者观点——从消费者角度提出的有关问题,②利益点——说明产品能为消费者提供哪些好处,③支持点——解释产品是怎样解决消费者观点中所提出的问题的,④总结——将上述三点的精髓用概括的语言表达出来。

(二)产品概念测试分类

产品概念测试通常分为以下三类。

1.概念筛选测试

在新产品开发的产品概念阶段,对该产品可能会提出很多个概念,筛选测试就是根据消费者对各个产品概念的态度,从众多的概念中,筛选出几个有潜力的、值得进一步详细研究的产品概念。

2.概念吸引力测试

吸引力测试就是根据消费者对产品概念的理解和态度,以及对产品特性(例如包装、颜色、规格、价格)的反映,达到如下目的:测量产品概念的沟通效果和吸引力;估计消费者对新产品的购买意向,并对其销售潜量提供一个定量的估计;确定产品概念的内容是否需要改进和进一步充实。

3.产品样板测试

许多跨国公司往往需要将其生产的产品从西方发达国家转移到发展中国家中去,在转移后便需要进行产品样板测试。所谓产品样板测试就是将这些产品样板及其产品概念放在一起测试,其目的是了解产品样板与产品概念是否吻合;测量产品概念和产品样板的沟通效果和吸引力;估计消费者对新产品的购买意向;确定产品概念和产品样板是否需要改进和进一步充实。

二、概念筛选测试

在新产品开发的产品概念阶段,可能会提出很多个产品概念,若对每一个产品概念用详细的定性、定量研究方法进行测试,其费用是非常昂贵的。此时可以采取概念筛选测试方法,快速地筛选出几个有潜力的、值得进一步详细研究的产品概念,且不用花费昂贵。

(一)测试问卷的内容

概念筛选测试采用配额抽样街头问卷访问的方法,其主要步骤为:为每一个产品概念做一张卡,让被访者将所有概念卡分为三叠,一叠是"有兴趣购买的",一叠是"没有兴趣购买的",一叠是"说不清有没有兴趣购买/不能确定的"。从"有兴趣购买的"一叠中,选出最有兴趣的和第二、第三有兴趣的概念卡,对每一张询问以下问题。

(1)这个概念卡想告诉您些什么?

(2)概念中的产品是否独特,独特的地方在哪里?

(3)概念是否可信,不可信的地方在哪里?

从"没有兴趣购买的"一叠中,选出第一、第二不感兴趣的概念卡,对每一张卡询问不喜欢的理由。

最后，询问测试者背景资料，收集数据。

(二)数据分析方法

如何根据上述问卷的回答数据，从所有的产品概念中筛选出几个最有潜力的产品概念？通常有两种方法：市场潜力分析法和非参数统计分析法。这里我们仅简单介绍前者。

市场潜力分析法是通过将所有概念放在一个两维坐标图上描点来评估各个概念的市场潜力，并进一步将这些概念分类。该图的横轴是概念被分到有兴趣购买组的百分比，这个百分比说明每个概念被接受的水平；而纵轴是该概念产品被选为最有兴趣和第二、第三有兴趣购买的百分比与该概念被分到有兴趣购买组的百分比之比值，它表示概念吸引力的深度，即

$$\text{概念甲的吸引力深度}=\frac{\text{概念甲被选为最有兴趣和第二、第三有兴趣购买的百分比}}{\text{概念甲被分到有兴趣购买组的百分比}}$$

该二维图可以划分为 9 个部分，如图 9-1 所示。

概念吸引力的深度

高	利基吸引	利基吸引	最高吸引
中	低吸引	中等吸引	广泛吸引
低	低吸引	低吸引	广泛吸引
	低	中	高

概念被接受的水平

图 9-1　市场潜力分析法

落在最高吸引部分的概念接受水平高和吸引力深度高。

落在利基吸引部分的概念接受水平为中、低，但吸引力深度高。

落在广泛吸引部分的概念接受水平高，但吸引力深度为中、低。

落在中等吸引部分的概念接受水平和吸引力深度均为中等。

落在低吸引部分的概念接受水平低，而吸引力深度为中、低，或者是接受水平中等但吸引力深度低。

例如，我们对 18 个产品概念测试，运用市场潜力分析法选出几个最有潜力的产品概念后，还要进一步对这些概念的独特性和可信性进行分析，表 9-5 是前面五个概念被访者答非常/较独特，很/较可信的百分比。

表 9-5　概念测试的百分比

概念	非常/较独特/%	很/较可信/%
SK	75	88
SN	80	86
SO	85	93
SP	83	90
SA	60	80

从表 9-5 可知,SN、SO、SP 除市场潜力较高外,其独特性和可信性也很高,值得进一步测试。

通过概念筛选测试选出几个市场潜力较高的概念之后,如果所选出的概念个数仍然较多,此时可以先应用定性研究来测试这些概念的吸引力,进一步选出少数几个吸引力较高的概念,然后对它们进行定量的概念吸引力测试。如果通过概念筛选测试选出的概念个数并不多,此时就可以直接进行定量的概念吸引力测试。

三、概念吸引力测试

(一)概念吸引力的定性研究

1. 概念吸引力定性研究的作用

定性研究通常用小组座谈会的方式进行,其目的是了解消费者对各个产品概念的态度,淘汰不合适的产品概念(这一目的常被称为对产品概念进行灾难性测试),对可以采纳的产品概念确定其内容是否需要改进和进一步充实,并挑选出可以进一步进行定量研究的产品概念。座谈会大纲包括下面四部分:热身,过去使用同类产品的习惯/经验/经历,对该概念所属的同类产品的态度(有时还会让与会者将产品进行分类),概念测试。

2. 概念吸引力概念测试内容

座谈会大纲中有关概念测试的内容可从下述各项中加以选择。

(1)对概念内容的即时反应

当您看到这个概念时,这个产品给您的第一个感觉是什么? 喜欢什么地方? 不喜欢什么地方? 为什么?

(2)对概念的理解

概念的内容容易明白吗? 有什么不明白的地方?

(3)传递的信息

您认为刚才读的一段文字包含的最主要内容是什么? 从这个概念看,这个产品能给您带来什么好处? 有什么优点?

(4)可信性

您认为它能给您带来这些好处吗?

(5)独特性

这个产品与市面上的产品一样吗? 若一样,是与哪些产品一样? 若不一样,是什么地方不一样? 有什么新的东西呢?

(6)替代性

如果不使用这个产品,还可以使用什么产品来代替呢? 愿意用它取代您现在用的产品吗?

(7)相关性

这个产品与您有关吗? 它所提到的利益与您有关吗? 哪些是重要的呢? 为什么?

(8)产品的使用者

使用这种产品的是些怎样的人? 性别、年龄、职业、收入、兴趣如何? 是较时髦还是较保守？较活跃还是较文静呢？

(9)对价格的反映

您觉得这个产品值多少钱？为什么？如果××元一个,您的看法如何？与您现在用的产品比较,是贵还是便宜？

(10)购买意向

您有兴趣使用/购买它吗？是会经常使用还是偶然购买？为什么？

(二)概念吸引力定量测试

1.概念吸引力定量测试的作用

小组座谈会的样本通常很小,而且不是利用随机抽样方法抽选的,样本没有代表性,因此不能将所测得的结论扩大到整个消费者总体。通常,在应用座谈会选出几个较好的产品概念之后,还需进一步用定量研究方法,对产品概念进行统计分析,以推断概念能否为消费者所接受。

2.概念吸引力定量测试问卷的主要内容

吸引力定量测试问卷的主要内容如下。

出示所测试产品的概念卡,然后提出以下问题。

(1)对产品的购买兴趣:①购买的原因,②不购买的原因。

(2)产品喜欢程度:①喜欢的地方,②不喜欢的地方。

(3)概念包含的主要信息,主要信息的重要性,概念的理解难度,概念的可信程度。

(4)对产品的总体评价。

(5)对产品关键特性的评价。

(6)产品的独特性(新颖程度)。

(7)与最常用品牌的比较。

(8)产品的替代程度(对购买习惯的影响)。

(9)背景资料。

3.案例

下面我们举例来说明概念吸引力定量测试的分析方法。

某公司需在中国推出其生产的某产品,为此该公司首先应用消费者座谈会筛选出该产品的一种产品概念,然后用定量方法测试这个产品概念的吸引力,以便确定这个产品概念能否进入下一阶段——产品开发阶段。在概念测试中有必要将全球其他市场上销售较成功的某产品的产品概念一并测试,以便将测试结果进行比较,规定所测试的新产品的概念,必须在3项产品特性上的表现不低于全球某产品,才可以进入产品开发的阶段。本次测试的产品概念名称如下。

概念 A:新的产品概念。

概念 B:已推出的全球某产品的产品概念。

(1)测试问卷

[被访者阅读概念卡,等阅读完毕后,取回概念卡]

现在,我想向您提出一些关于"××产品"的问题。请您根据刚才读到的内容,说出您的真实观点。

E1. 购买兴趣

[出示卡片]

E1a. 根据您刚才看到和读到的,您对购买"××产品"的兴趣如何呢? 您会……? (单选)

一定会买 ………………………………………… 5 续问 E1b

可能会买 ………………………………………… 4 续问 E1b

说不定 …………………………………………… 3 跳问 E2a

可能不会买 ……………………………………… 2 跳问 E1c

肯定不会买 ……………………………………… 1 跳问 E1c

E1b. 您为什么说一定会买/可能会买"××产品"呢? [追问]还有呢?

[记录后跳问 E2a]

_____

E1c. 您为什么说肯定不会买/可能不会买"××产品"呢?

_____

E2. 喜欢程度

E2a. 总的来说,您对这些描述所介绍的产品喜欢不喜欢呢? (单选)

非常喜欢 ………………………………………… 5

比较喜欢 ………………………………………… 4

说不上喜欢不喜欢 ……………………………… 3

不太喜欢 ………………………………………… 2

一点也不喜欢 …………………………………… 1

E2b. (喜欢的方面)请问您喜欢"××产品"的哪些方面呢? [追问]还有呢?

_____

E2c. (不喜欢的方面)请问您不喜欢"××产品"的哪些方面呢? [追问]还有呢?

_____

E3a. 概念包含的主要信息

[出示概念卡,等被访者看过片刻后,收回概念卡,再开始提问]

您认为刚才您读过的一段文字中包含的最主要的一项内容是什么呢? (单选)

_____

E3b. 主要信息的重要性

[出示主信息卡,并出示卡片]

请仔细读一下这张卡片上的文字。请问上面的这条信息对您来说,重要程度如何呢? (单选)

非常重要 ………………………………………… 5

比较重要 ………………………………………… 4

无所谓重要不重要 ……………………………… 3

不太重要 ··· 2

一点也不重要 ·· 1

E4. 理解难度

［再次出示概念卡］

E4a. 总的来说,您认为这段文字的理解难易程度如何呢? 您觉得它······? (单选)

非常容易理解 ·· 5

比较容易理解 ·· 4

既不难也不容易理解 ·· 3

有点难理解 ·· 2

非常难理解 ·· 1

E4b. 请问这张卡片上关于"××产品"的描述有哪些地方您认为难以理解呢?

［追问］还有呢? (复选)

E5. 可信程度

［出示卡片］

E5a. 总的来说,您认为这些描述的可信性如何呢? 请在卡片上选出与您的观点最近似的语句。(单选)

非常可信 ·· 5

比较可信 ·· 4

有些可信,也有些不可信 ··· 3

不太可信 ·· 2

非常不可信 ·· 1

E5b. 请问这张卡片上关于"××产品"的描述,有哪些地方您认为难以相信呢? ［追问］还有呢? (复选)

E6. 总体评价

［出示卡片］

E6a. 总的来说,您认为这些描述所介绍的产品怎么样呢? 它······? (单选)

非常好 ·· 5

比较好 ·· 4

一般/还算可以 ··· 3

比较差 ·· 2

非常差 ·· 1

E7. 对产品各特性的评价

［出示大卡片及特性卡片(16张)］

现在,通过刚才您所看到的照片和文字描述,我想知道您对"××产品"一些特性的看法。我将读出一些描述"××产品"的句子,请告诉我您对它们的同意程度。

［逐张出示特性卡片］ ［答案记录在表9-6中］

表 9-6　××产品特性同意程度表

特性	非常同意	比较同意	有些同意，也有些不同意	不太同意	非常不同意
特性 1	5	4	3	2	1
特性 2	5	4	3	2	1
特性 3	5	4	3	2	1
特性 4	5	4	3	2	1
特性 5	5	4	3	2	1
特性 6	5	4	3	2	1
特性 7	5	4	3	2	1
特性 8	5	4	3	2	1
特性 9	5	4	3	2	1
特性 10	5	4	3	2	1
特性 11	5	4	3	2	1
特性 12	5	4	3	2	1
特性 13	5	4	3	2	1
特性 14	5	4	3	2	1
特性 15	5	4	3	2	1
特性 16	5	4	3	2	1

E8. 产品的独特性

［出示卡片］

E8a. 总的来说，您认为"××产品"同市面上其他牌子的"××产品"相比，独特性如何呢？您觉得它……？（单选）

非常独特 ·· 5

比较独特 ·· 4

说不上独特不独特 ·· 3

不太独特 ·· 2

根本不独特 ··· 1

E9. 与最常用品牌的比较

［出示卡片］

E9a. 总的来说，您觉得"××产品"与您最常用的"××产品"相比怎么样呢？您觉得它……（单选）

比我常用的牌子好很多 ·· 5

比我常用的牌子好一些 ·· 4

和我常用的牌子差不多 ·· 3

比我常用的牌子要差一些 ·· 2

比我常用的牌子差很多 ·· 1

E9b.您为什么会这样认为(读出 E9a 的答案)呢? [追问]还有呢?

[查看 E1a 的答案,如果被访者在 E1a 中回答了"一定会买"或"可能会买",则问 E10a,否则跳问背景资料 P1]

E10.对购买习惯的影响

[再次出示概念卡给被访者阅读。等被访者阅读完毕后,取回概念卡,然后开始提问]

E10a.根据您刚才看到和读到的,您对"××产品"的使用情况会是怎样的呢? 您会……?(单选)

用它完全替代我常用的牌子 ·· 3

把它与我常用的品牌交替使用 ·· 2

除了用我原来常用的牌子外,偶尔用一用它 ·················· 1

E10b.那么您为什么会这样做(复述 E10a 的答案)呢? [追问]还有呢?

---

(2)数据分析

数据分析要按照吸引力测试的研究目的来进行。

①产品概念的沟通效果

沟通效果可以从被访者能正确回答概念中主要信息的百分比,主要信息非常/比较重要的百分比,概念非常/比较容易理解的百分比,概念非常/比较可信的百分比 4 个方面来进行分析。表 9-7 是本例中所测试的两个概念的上述百分比。从表 9-7 中可见,这两个概念的沟通效果是比较好的,经过统计检验可知,除了在概念非常/比较容易理解这一项,概念 A 低于概念 B 外,其余 3 项两者没有显著差异。

由于概念 B 的产品销售业绩甚佳,因此可以预见,若概念 A 能在让消费者容易理解方面稍作改进,其沟通效果肯定也会较好的。

表 9-7 回答的百分比

测试内容	概念 A	概念 B
能正确回答概念中主要信息	70	72
主要信息非常/比较重要	74	73
概念非常/比较容易理解	91	99
概念非常/比较可信	78	72

②概念的吸引力

吸引力可从非常/比较喜欢产品;总体评析非常/比较好;产品非常/比较独特;比常用品牌好很多/好一些;用它完全替代我常用的牌子;把它与我常用的品牌交替使用;除了用我原来的牌子,偶尔用一用它;非常/比较同意产品具有的特性等百分比来进行分析。

表 9-8 是本例中这两个概念的上述百分比。从表 9-8 中可见,这两个概念的吸引力均较强。经过统计检验可知,除概念 A 在"产品非常/比较独特"及"用它完全替代我常用的

牌子"上稍低于概念 B,而在产品特性 15 上稍高于概念 B 外,其余各项两者没有显著差异。特别是产品概念 A 在产品特性 3、5、9 上的表现和产品概念 B 的表现相同,因而它可以进入产品开发的阶段。

表 9-8 回答的百分比

测试内容	概念 A/%	概念 B/%
非常/比较喜欢产品	73	75
总体评价非常/比较好	72	75
产品非常/比较独特	65	80
比常用品牌好很多/好一些	71	78
用它完全替代我常用的牌子	13	22
把它与我常用的品牌交替使用	53	51
除了用我原来的牌子外,偶尔用一用它	34	27
非常/比较同意产品具有特性 1	72	76
非常/比较同意产品具有特性 2	39	37
非常/比较同意产品具有特性 3	67	66
非常/比较同意产品具有特性 4	71	68
非常/比较同意产品具有特性 5	66	65
非常/比较同意产品具有特性 6	55	60
非常/比较同意产品具有特性 7	59	64
非常/比较同意产品具有特性 8	74	79
非常/比较同意产品具有特性 9	82	80
非常/比较同意产品具有特性 10	56	51
非常/比较同意产品具有特性 11	39	33
非常/比较同意产品具有特性 12	58	59
非常/比较同意产品具有特性 13	81	81
非常/比较同意产品具有特性 14	59	57
非常/比较同意产品具有特性 15	58	49
非常/比较同意产品具有特性 16	68	69

此外通过总体评价与对产品各特性的评价的相关关系,可以找出产品的哪些特性对概念的吸引力起着关键的作用。

③产品的购买意向

产品概念测试中,最难处理的是购买意向问题,例如测试某一产品概念消费者购买意向的结果,如表 9-9 所示。

表 9-9　购买意向回答人数百分比

测试内容	概念 A/%	概念 B/%
一定会买	25	26
可能会买	33	30
说不定	201	23
可能不会买	16	14
肯定不会买	5	67

通常用回答一定会买的人数百分比或回答可能会买的人数百分比来度量购买意向。然而这种购买意向数据往往会超过实际购买的行为,因为消费者很容易回答他们将买这个产品,而实际上他们并不想买。另一方面,一些回答肯定不会买或可能不会买的被访者,却最终成为购买者。由此可见,如果没有其他信息,只是说 20% 的人"一定会买",30% 的人说"可能会买",企业的管理人员还是不能知道该产品可能会达到何种销售量。为此,通常采取在新产品概念测试中,将已在市场上成功销售的老产品一并测试,以便将测试结果进行对比,规定所测试的新产品在一定会买或可能会买的百分比上不低于老产品,才能进入产品开发的阶段。

本例中,回答一定会买的人数的百分比:概念 A 为 25%,概念 B 为 26%;回答可能会买的人数的百分式:概念 A 为 33%,概念 B 为 30%。由此可见,概念 A 与概念 B 差异不显著,因而可以进入产品开发的阶段。

④概念需要改进的地方

通过分析被访者不购买的原因、不喜欢的地方、难以理解的地方、难以想象的地方、比常用品牌差的地方、仅是偶尔用一用它的原因及评价不好的产品特性,就可以发现产品有哪些地方需要加以改进。

此外,在分析产品概念的沟通效果、概念的吸引力、产品的购买意向、概念需要改进的地方四个方面时,还须和人口背景资料做交叉表分析,指出不同人口背景在上述四方面有什么差异。

本例中,通过统计检验可知对产品概念 A 的喜欢程度,男性、女性有显著差异,而在"与最常用品牌的比较"上,男性、女性、未婚与已婚人士有显著差异,这些差异如表 9-10、表 9-11 所示。

表 9-10　性别和喜欢程度的交叉表

测试内容	男/%	女/%
非常/比较喜欢	62.5	77.7
说不上喜欢不喜欢	27.1	21.3
不太/一点也不喜欢	10.4	1.0
合　计	100	100

表 9-11　性别和婚姻的交叉表

测试内容	性别		婚姻	
	男/%	女/%	未婚/%	已婚/%
比我常用的牌子好很多/好一些	63.8	74.5	60.5	75.0
和我常用的牌子差不多	29.8	23.5	34.9	22.2
比我常用的牌子要差一些/差很多	6.4	2.0	4.6	2.8
合　　计	100	100	100	100

四、产品样板测试

产品样板测试的主要目的是了解产品样板是否已很好地将产品概念转变为实物,因此在测试产品样板时须同时测试产品概念,且由同一批被访者对两者进行回答,此外测试问卷中询问产品概念的问题和询问产品样板的问题必须一致,以便将结果进行比较。

(一)测试问卷

产品样板测试问卷的主要内容如下。

出示所测试产品的概念卡,然后询问:①对产品的第一感觉,②对产品的购买兴趣(购买或不购买的原因),③对产品的喜欢程度(喜欢或不喜欢的地方),④产品的独特性(新颖程度),⑤对产品关键特性(或对产品看法)的评价。

出示所测试产品的样板,让被访者观看或品尝,然后询问:①对产品的第一感觉,②对产品的购买兴趣(购买或不购买的原因),③对产品的喜欢程度(喜欢或不喜欢的地方),④产品的独特性(新颖程度),⑤概念与实际产品是否吻合(或产品与期望的比较),⑥背景资料。

下面是问卷中的问题。

[出示 L 概念卡片:让被访者有足够的时间观看 L 概念卡,看完之后将概念卡取走,并询问]

A1. 请问您看了 L 概念后,有什么感觉或想法呢? [追问]还有呢?

_____

[出示 L 概念卡]

A2. 看了 L 产品的说明,仅从产品本身考虑,您的购买意向如何呢? 请从卡片中选出一个与您想法最接近的答案。(单选)

一定购买 ………………………………………… 5

可能购买 ………………………………………… 4

说不清楚 ………………………………………… 3

可能不买 ………………………………………… 2

肯定不买 ………………………………………… 1

A2a. 请问您为什么会购买它呢? [追问]还有呢?

_____

[A2b 只问 A1 中答 3～5 的被访者]

A2b.请问您为什么不会购买它呢？[追问]还有呢？还有呢？_____→跳问 A3

[出示卡片]

A3.总体而言,像 L 这样的产品,您喜欢的程度如何呢？（单选）

非常喜欢 ……………………………………………………… 5

比较喜欢 ……………………………………………………… 4

一般 ……………………………………………………………… 3

不太喜欢 ……………………………………………………… 2

完全不喜欢 …………………………………………………… 1

[访问员注意:若被访者在回答 A4a 和 A4b 的过程中答到原因性的开放答案,请一并记录]

A4.请问您觉得 L 产品的特点中,哪些是您所喜欢或认为好的？请告诉我它的标号。（复选）

1　　2　　3　　4　　5　　　6没有→若选6,则跳问 A5

A4b.请问在您刚才所说的特点中,哪个是您最喜欢或认为最好的？请告诉我它的标号。（单选）

1　　2　　3　　4　　5

[出示卡片]

A5.请问您觉得这个 L 产品与目前市场上有售的产品相比如何呢？（单选）

非常新颖 ……………………………………………………… 5

比较新颖 ……………………………………………………… 4

一般 ……………………………………………………………… 3

不太新颖 ……………………………………………………… 2

完全不新颖 …………………………………………………… 1

[出示卡片]

A6.对于这种 L 产品,您是否同意下列说法呢？

	同意	不同意
（　）令人耳目一新 ………………………………	1	1
（　）这是我想尝试的产品 ………………………	2	2
（　）产品介绍的内容不易懂 ……………………	3	3
（　）能够让人信赖的产品 ………………………	4	4
（　）和现在的产品没有什么不同 ………………	5	5
（　）看上去比其他产品要贵 ……………………	6	6
（　）我一直想要的产品 …………………………	7	7

[出示 L 产品,让被访者有足够的时间观看 L 产品后询问]

L1.请问您看了这个 L 产品后,有什么感觉或想法呢？[追问]还有呢？

[出示卡片]

L2.看了 L 产品,仅从产品本身考虑,您的购买意向如何呢? 请从卡片中选出一个与您想法最接近的答案。(单选)

一定购买 ……………………………………… 5

可能购买 ……………………………………… 4

说不清楚 ……………………………………… 3

可能不买 ……………………………………… 2

肯定不买 ……………………………………… 1

L2a.请问您为什么会购买它呢? [追问]还有呢?

_____ [跳问 L3]

[L2b 只问 L1 中答 3~5 的被访者]

L2b.请问您为什么不会购买它呢? [追问]还有呢?

_____

[出示卡片]

L3.看了这个 L 产品,仅从它本身考虑,您的喜欢程度如何呢? 请从卡片中选出与您想法最接近的答案。(单选)

非常喜欢 ……………………………………… 5

比较喜欢 ……………………………………… 4

不清楚 ………………………………………… 3

不太喜欢 ……………………………………… 2

很不喜欢 ……………………………………… 1

[出示卡片]

L4.请问您觉得这个 L 产品与目前市场上有售的产品相比如何呢? (单选)

非常新颖 ……………………………………… 5

比较新颖 ……………………………………… 4

一般 …………………………………………… 3

不太新颖 ……………………………………… 2

完全不新颖 …………………………………… 1

[同时出示 L 概念和产品]

L5.请问您觉得这个 L 产品与概念之间的吻合程度如何呢? (单选)

非常吻合 ……………………………………… 5

比较吻合 ……………………………………… 4

不清楚 ………………………………………… 3

不太吻合 ……………………………………… 2

完全不吻合 …………………………………… 1

L6.请问您认为 L 产品与概念有哪些地方不吻合? 还有呢?

_____ [跳问 L8]

L7.请问您认为 L 产品与概念有哪些点是吻合的呢? 还有呢?

_____

(二)数据分析

产品概念和产品样板的沟通效果、吸引力、购买意向和需要改进的地方可以和产品概念的吸引力测试进行类似的分析。这里仅就产品样板与产品概念是否吻合加以说明。

产品样板与产品概念是否吻合可以从两个方面来分析。

(1)对购买意向、喜欢程度、独特性三项,比较概念测试和样板测试的结果是否有显著差异。下面以喜欢程度为例来说明。首先,比较对产品概念和对产品样板答"非常/比较喜欢"的人数的百分比。

本例中,"非常比例喜欢"的人数百分比为:产品概念 89.3%(A3 中非常喜欢和比较喜欢的人数百分比),产品样板为 74.6%(L3 中非常喜欢和比较喜欢的人数的百分比)。

由此可见,产品概念转换到产品样本后,喜欢程度下降了。

就同一个被访者对产品概念的喜欢程度和对产品样板的喜欢程度进行比较,这是不科学的。为了比较同一被访者对概念和样板的喜欢程度,可以做问题 A3 和 L3 的交叉表,如表 9-12 所示。

表 9-12　产品概念与产品样板喜欢程度交叉表

喜欢程度		L3					总体人数或百分比
		非常喜欢	比较喜欢	不清楚	不太喜欢	很不喜欢	
A3	总体中非常喜欢的比例	4	6	1	3	1	15
		2.7%	4.0%	0.7%	2.0%	0.7%	10.0%
	总体中比较喜欢的比例	7	89	2	19	2	119
		4.7%	59.3%	1.3%	12.7%	1.3%	79.3%
	总体中不清楚的比例	—	5	1	4		10
			3.3%	0.7%	2.7%		6.7%
	总体中不太喜欢的比例	—	1	—	4	1	6
			0.7%		2.7%	0.7%	4.0%
	总体中很不喜欢的比例	—	—	—	—	—	—
总体百分比		11	101	4	30	4	150
		7.3%	67.3%	2.7%	20.0%	2.7%	100.0%

从表 9-12 交叉可知,交叉表对角线上的人数和百分比是 L3＝A3 的人数和所占的百分比;左下三角形的人数和百分比是 L3＜A3 的人数和所占百分比;右上三角形的人数和百分比是为 L3＞A3 的人数和所占百分比。从上表可见,在 150 个样本中,对概念和样板喜欢程度相同的有 98 人,占总样本的 65.3%;对概念的喜欢程度高于样板的有 39 人(对角线上方的人数和),占总样本的 26%;对概念的喜欢程度低于样板的有 13 人(对角线下方的人数),占总样本的 8.7%。因此,交叉表的结果也说明了产品概念转换到产品样板变差了。

对购买意向和独特性可以类似地分析。

（2）统计问题 L5 中,产品样板与产品概念非常/比较吻合的百分比,可以从另一角度了解样板是否很好地将产品概念转变为实际。

通过前面两方面的分析,我们就可以知道产品样板是否满意,如果满意,则可以将产品投入市场。如果测试结果是不利的,这时要分析产品样板是否可以改进,如果可以改进,则应该改进,如果无法改进,则只能放弃产品。

（3）此外,数据分析时我们还可以将消费者分为四类。

①核心人群:概念阶段和出示产品样板后均回答"肯定/可能购买"的人。

②仅概念人群:概念阶段回答"一定/可能购买",但出示产品样板后回答说"不清或肯定/可能不买"的人。

③仅产品人群:出示产品样板后回答一定/可能购买,但概念阶段回答说不清或肯定/可能不买。

④拒绝人群:概念阶段和出示产品样板后均回答说"不清或肯定/可能不买"的人。分析这四类购买者的人口统计特征及当前产品使用状况,可以了解消费者接受产品的根本原因,及在产品的哪些方面做改进,可以促使消费者接受产品。

当一个产品概念经过测试获得通过后,接下来就要进行产品开发,进入这个阶段时,企业需要动用大量人力、物力、财力。为了做出是否发展这一概念的明智决定,企业管理人员还需要对其进行商业分析,其内容就是估计新产品的未来销售量、利润及投资回报率等。

第三节　产品测试的方法

一、什么是产品测试

产品测试是把制造好的新产品样品交给潜在消费者使用。其目的是衡量产品被接受程度;与竞争产品相比,判断消费者是否偏好新产品;发掘新产品必须改良之点;分析产品的强弱点,以帮助制定宣传策略。

产品测试既可以在街头,亦可在消费者家庭中进行测试。前者是在街头安置一个地方,如在商店过道、超级商场内,请过路人试用被测试的产品,并用问卷询问被测者,故这种测试常称为街头访问。这种测试采用非随机抽样方法截取访问样本,且在非自然使用环境下进行测试,因而缺乏真实性,但其测试成本较低。产品口味测试通常都使用街头访问进行测试。

对于有些经常使用的日用品,例如牙膏、纸巾、洗洁精等,每天使用量很少。对它们进行产品测试,需要将产品留置在被访者家中,让他们使用两个星期,然后派访问员上门,了解其使用后的意见,这类产品测试我们称它为产品留置测试。产品留置测试采用随机抽样方式抽取访问样本。由于测试在家庭自然环境下进行,因而其结果比街头访问更为真实,但成本也更高。

二、产品测试的类型

根据产品测试目的和测试方法的不同,产品测试可分为四种类型。

(一)单一产品测试

1. 研究目的

了解消费者对一种新产品在总体上及产品具体特性上的接受程度。

2. 方法

被访者在街头或在家里试用一种产品,产品试用完后,再用问卷询问被访者。

3. 问卷的内容

问卷的内容如表 9-13 所示。

表 9-13　单一产品测试问题

测量项目	问题
产品的总体评价	总的来说,您对这个产品的评价如何?
喜欢和不喜欢的地方	对于这个产品,有什么特别的地方是您喜欢的? 对于这个产品,有什么特别的地方是您不喜欢的?
购买产品的可能性	如果市场上有这种产品卖的话,您是否有兴趣购买这种产品呢?
对产品每一特性的评价	对于产品的_____,您的评价如何?
人口统计资料	年龄、性别、教育、收入等

(二)顺序单一配对比较测试

1. 研究目的

了解消费者对新产品在总体上及产品具体特性上的接受程度,并将其与对比产品(旧产品或竞争品牌)加以比较,以了解新产品是否优于对比产品。或者是了解消费者对两种产品在总体上及产品具体特性上的接受程度,并加以比较,从中选出最优者。

2. 方法

被访者先试用 A 产品,试用完后用问卷询问意见,被访者再试用 B 产品,用完后再用同样问题询问意见,最后再询问对 A、B 两产品作比较的意见。

3. 问卷的主要内容

对 A、B 两产品分别询问:①产品的总体评价,②喜欢和不喜欢的地方,③购买产品的可能性,④对产品每一特性的评价。然后进行对比评价:总体来说,更喜欢两种产品中哪一种?更喜欢的原因是什么?对产品每一特性,更喜欢两种产品中的哪一种?最后询问被测者背景资料并加以统计。

(三)第一单产品测试

1. 研究目的

了解消费者对新产品在总体上及产品具体特性上的接受程度,并将其与对比产品(旧产品或竞争品牌)加以比较,以了解新产品是否优于对比产品。或者是了解消费者对两种产品在总体上及产品具体特性上的接受程度,并加以比较,从中选出最优者。

2. 方法

顺序单一配对比较测试的问题是,对第一个测试产品特性的评价会影响第二个测试产品的回答,第一单产品测试就是避免这点而提出的一种测试方法。被访者先试用 A 产品,试用完后用问卷询问意见,被访者再试用 B 产品,用完后不问有关 B 的意见,只是询问对 A、B 两产品作比较的意见。由于测试时,有一半样本先用 A,另一半样本先用 B,故这种测试对 A 和 B 单个产品来说,样本中仅一半人对每一个产品进行评价,但对 A 和 B 的对比评价,则全部样本均有回答。

3. 问卷的主要内容

每一被访者仅对 A 或 B 产品询问:①产品的总体评价,②喜欢和不喜欢的地方,③购买产品的可能性,④对产品每一特性的评价。然后进行对比评价:总体来说,更喜欢两种产品中的哪一种? 更喜欢的原因是什么? 针对产品的每一特性,会更喜欢两种产品中的哪一种? 最后询问被测者背景资料并加以统计。

(四)配对比较测试

1. 研究目的

将测试的两个产品进行比较,从中选出最优者。配对比较主要用来比较两个产品中哪个更好些,而不是用来了解消费者对每个产品在总体上及产品具体特性上的评价。通常一个产品是新产品,另一个是现有产品,因此可以评价新产品进入市场后是否比现有产品更有潜力。

2. 方法

被访者先试用 A,然后试用 B,用完后直接询问对 A、B 两产品作比较的意见。本测试中,不询问单一产品的评价。

3. 问卷主要内容

对 A、B 产品分别询问:①两产品总体评价的比较;②一个产品比另一产品好的原因;③按产品每一特性,对两种产品进行比较;④人口统计资料。

三、数据分析方法

对于不同类型的产品测试方法,其数据分析所用的统计检验方法是不同的。下面我们用顺序单一配对比较测试的一个例子来说明如何进行数据分析。

某洗发水生产企业试制了一种新的洗发水,在产品投放市场之前,想了解消费者对新产品在总体上及产品具体特性上的接受程度。为此,该企业委托专业市场研究公司为其进行产品测试。为了便于对比,产品测试采用顺序单一配对比较产品留置测试,测试的新产品被命名为F,对比产品是该企业已投放在市场上的旧产品,被命名为C。测试时首先将洗发水F(或C)留给被访者使用,一周后用问卷询问被访者试用F(或C)后的意见并取回洗发水F(或C),留置洗发水C(或F)让被访者试用,再一周后用相同问卷询问被访者试用C(或F)后的意见,然后询问有关两种洗发水比较的问题,并取回第二次留置的洗发水。

下面是问卷中的主要内容。

1. 对单个产品的评价

Q1. 您对这种洗发水的总体评价如何呢?(单选)

非常好 ……………………………………… 5

比较好 ……………………………………… 4

一般 ………………………………………… 3

比较差 ……………………………………… 2

非常差 ……………………………………… 1

Q2. 这种洗发水有哪些方面是您喜欢的呢?[追问]还有呢?

_____

Q3. 这种洗发水有哪些方面是您不喜欢的呢?[追问]还有呢?

_____

Q4. 请问您认为这种洗发水的浓稠度如何呢?(单选)

太稠 ………………………………………… 5

比较稠 ……………………………………… 4

适中 ………………………………………… 3

比较稀 ……………………………………… 2

太稀 ………………………………………… 1

Q5. 请问您认为这种洗发水的泡沫丰富程度如何呢?(单选)

太多 ………………………………………… 5

比较多 ……………………………………… 4

适中 ………………………………………… 3

比较少 ……………………………………… 2

太少 ………………………………………… 1

Q6. 请问这种洗发水容易被清洗掉吗?(单选)

非常容易 …………………………………… 5

比较容易 …………………………………… 4

一般 ………………………………………… 3

不太容易 …………………………………… 2

非常不容易 ………………………………… 1

Q7. 用完这种洗发水,请问您对您的头发在湿的时候的易梳理性是否满意呢?(单选)

Q8.用完这种洗发水,请问您对您的头发在干的时候的易梳理性是否满意呢?(单选)

	Q7	Q8
非常满意	5	5
比较满意	4	4
一般	3	3
不太满意	2	2
非常不满意	1	1

Q9.用完这种洗发水,请问您对您的头发干后的光泽是否感到满意呢?(单选)

非常满意·····························5
比较满意·····························4
一般·····························3
不太满意·····························2
非常不满意·····························1

Q10.请问您认为这种洗发水对头发的滋润效果如何呢?(单选)

非常好·····························5
比较好·····························4
一般·····························3
不太好·····························2
非常不好·····························1

Q11.用完这种洗发水,请问您对您的头发干后的有弹性的状态是否感到满意呢?(单选)

非常满意·····························5
比较满意·····························4
一般·····························3
不太满意·····························2
非常不满意·····························1

Q12.请问您认为这种洗发水的香味如何呢?(单选)

非常好·····························5
比较好·····························4
一般·····························3
不太好·····························2
非常不好·····························1

Q13.请问您对这种洗发水具有以下一些特性的同意程度如何?(单选)

	非常不同意	不太同意	一般/不确定	比较同意	非常同意
使头发柔顺	1	2	3	4	5( )
不刺激眼睛	1	2	3	4	5( )
令头发更漂亮	1	2	3	4	5( )
温和	1	2	3	4	5( )
使头发健康	1	2	3	4	5( )

清洁效果好/持久 ┄┄┄1 ┄┄┄┄┄2 ┄┄┄┄┄3 ┄┄┄┄┄4 ┄┄┄┄┄5(　)
不掉头发 ┄┄┄┄┄┄1 ┄┄┄┄┄2 ┄┄┄┄┄3 ┄┄┄┄┄4 ┄┄┄┄┄5(　)

Q14.如果这种洗发水在商店有售,您购买它的可能性如何呢?(单选)

肯定会买 ┄┄┄┄┄┄┄┄┄┄┄┄┄┄┄ 5
可能会买 ┄┄┄┄┄┄┄┄┄┄┄┄┄┄┄ 4
不能确定 ┄┄┄┄┄┄┄┄┄┄┄┄┄┄┄ 3
可能不买 ┄┄┄┄┄┄┄┄┄┄┄┄┄┄┄ 2
肯定不买 ┄┄┄┄┄┄┄┄┄┄┄┄┄┄┄ 1

2.对比评价

现在,请您综合比较一下您试用的两种洗发水的总体效果,我指的是 F 洗发水与 C 洗发水比较,以下简称 F 与 C 比较。

Q15.总体上,F 与 C 比较,您更喜欢哪一种呢?(单选)

F ┄┄┄┄┄┄┄┄┄┄┄┄┄┄┄┄┄┄ 1
C ┄┄┄┄┄┄┄┄┄┄┄┄┄┄┄┄┄┄ 2
差不多/不知道 ┄┄┄┄┄┄┄┄┄┄┄ 3

Q16.为什么您这样说呢?[追问]还有呢?

_____

Q17.F 与 C 比较,从以下这些方面来看,您更喜欢哪一种呢?(单选)

	F	C	差不多/不知道
泡沫丰富	1	2	3
易清洗	1	2	3
湿的时候的易梳理性	1	2	3
干的时候的易梳理性	1	2	3
头发干后的光泽	1	2	3
护发效果	1	2	3
有弹性	1	2	3
滋润头发	1	2	3
柔顺	1	2	3
香味	1	2	3

对这个例子我们应该如何来进行数据分析呢?

(一)对单个产品评价的分析

首先对洗发水 F 进行分析。

1.总体上的接受程度

从表 9-14 可知,消费者对产品 F 的总体评价是相当好的,认为洗发水 F 非常好和比较好的人数百分比为 60%,认为一般的人数百分比为 32%,认为比较差和非常差的人数百分比仅为 8%。消费者表示今后肯定会买和可能会买洗发水 F 的人数百分比为 61%,这与对 F 的总体评价结果相一致。

表 9-14 对 F 产品的评价和购买可能性

总体评价	百分比/%	购买可能性	百分比/%
非常好	30	肯定会买	35
比较好	30	可能会买	26
一般	32	不能确定	30
比较差	8	可能不买	5
非常差	0	肯定不买	4

2. 在产品具体特性上的接受程度

从表 9-15 和表 9-16 可知,在产品具体特性上消费者对洗发水 F 的接受程度也是较高的。认为它的浓稠度适中和比较稠的人数百分比为 84%,泡沫比较多和适中的人数百分比为 91%,并且在易清洗、不掉头发、清洁效果、使头发柔顺和健康等方面都给予了好的评价。

表 9-15 产品具体特性的接受度

洗发水的浓稠度	百分比/%	泡沫丰富程度	百分比/%
太稀	3	太多	5
比较稀	9	比较多	55
适中	73	适中	36
比较稠	11	比较少	4
太稠	4	太少	0

表 9-16 产品具体特性的接受度

项目	非常/比较好的百分比/%	非常/比较容易的百分比/%	非常/比较满意的百分比/%	非常/比较同意的百分比/%
滋润效果	43			
香味	72			
是否容易清洗		70		
头发湿时易梳理			63	
头发干时易梳理			59	
光泽			43	
弹性			48	
使头发柔顺				56
不刺激眼睛				67
令头发更漂亮				40
温和				52
使头发健康				50
清洁效果好/持久				52
不掉头发				67

3.总体评价与产品具体特性评价的相关分析

哪些产品的具体特性会对总体评价产生重要影响呢？通过计算总体评价与对每一具体特性的评价的列联系数（由于评价是有序尺度或类别尺度，故不能用相关系数），可以对这个问题做出回答。

表 9-17 给出了总体评价与每个具体特性主体的列联系数。从表 9-17 中可见，易梳理、光泽、滋润效果、弹性、香味、使头发柔顺、令头发漂亮等利益点对产品的总体评价有较重要的影响。

表 9-17　总体评价与每个具体特性主体的列联系数

特性	浓稠度	泡沫	易清洗	干时易梳理	湿时易梳理	光泽	滋润效果	弹性
列联系数	0.316	0.275	0.422	0.516	0.492	0.524	0.521	0.622

特性	使头发柔顺	不刺眼	令头发漂亮	温和	使头发健康	清洁效果	不掉头发	香味
列联系数	0.521	0.386	0.532	0.395	0.490	0.415	0.374	0.549

4.不同人口统计特征在对产品总体评价和具体特性评价上的差异

由于评价是有序尺度或类别尺度，因此在检验不同人口统计特征对产品总体主体和具体特性评价上是否有差异时，需要用到非参数检验中的 Mann-Whitney 检验或 Kruskal-Wallis 检验。本例经过上述检验得到，不同人口统计特征对产品总体评价和具体特性评价上的差异不显著。

5.洗发水 F 需改良的地方

通过被访者对 Q3 的回答，可以知道消费者对洗发水 F 有哪些不喜欢的地方，这些是产品需考虑的改良之处。其次，通过分析 Q4 中答太稠、太稀的人数百分比及 Q5 中答太多或太少的人数，可以知道产品在浓稠度和泡沫丰富程度上是否需要改进。此外，通过分析对问题 Q6～Q13 持否定态度的人数百分比可以知道产品哪些特性尚需改进。本例中由于这些比例均很小，因此产品不必加以改进。

同时洗发水 C 可以进行同样的分析，但 C 是对比产品，所得到的各种数据仅供与洗发水 F 的相应数据作对比之用，以帮助对洗发水 F 作出判断。

（二）对比分析

对比分析的目的是判断新产品 F 是否真正优于对比产品 C，以确定新产品 F 是否值得投放市场，这可从以下两方面进行分析。

1.消费者对产品 F 和 C 的直接对比评价

问卷中的问题 Q15～Q17 是让被访者直接对产品 F 和 C 进行对比，通过比较被访者选择产品 F 和产品 C 的人数百分比，就可以知道在总体上及在产品的每一具体特性上，消费者偏好哪一个产品，表 9-18 列出了这些百分比。在比较选择 F 和 C 的人数比例时,需要用符号检验法来检验两者差别是否显著。本例中通过符号检验可知在泡沫丰富程度、干时易梳理、光泽、使头发柔顺、香味等方面新产品 F 显著优于对比产品 C,而在易清洗上对比产品 C 显著优于新产品 F。但在总体上消费者对产品 F 和 C 的偏好差异不显著。

表 9-18　选择产品的各指标的比较

项目	选择 F 的比例/%	选择 C 的比例/%
总体	43.5	53.0
泡沫丰富程度	64.5	25.0
易清洗	30.5	49.5
湿时易梳理	46.5	37.5
干时易梳理	49.5	34.5
头发干后的光泽	41.0	34.0
护发效果	45.0	39.0
有弹性	36.5	35.0
滋润头发	44.5	37.5
使头发柔顺	54.0	36.0
香味	66.0	27.0

2.间接对比评价

消费者对产品 F 和 C 的直接对比评价结果,还需要间接方法加以验证。由于每位被访者都会就问卷中的问题 Q1~Q13,分别对产品 F 和 C 做出回答,所谓间接对比分析就是通过比较每一位被访者对每一问题的评价,来推断出消费者在总体上及在产品每一特性上对产品 F 和 C 的评价是否有显著差异。由于这是用统计方法来间接作出判断的,不是被访者直接加以对比的回答,所以我们把它称作间接对比分析。本例中通过间接对比分析所得到的结论和直接对比的结论是一致的。

通过上述各项分析所得出的结论是:新产品 F 可以批量生产投放市场。

思考题

1.新产品的开发过程是怎样的? 市场调研可以在哪几个阶段发挥作用?

2.如何利用利益点构造法寻找产品的概念?

3.什么是产品概念测试? 产品的概念测试有哪些方法?

4.介绍概念筛选测试的问卷设计和分析方法。

5.什么是产品测试? 产品测试一般有哪几种类型?

实践题

假设某企业开发了一款新产品,希望了解该产品的概念的吸引力,请各位同学自行选择一个企业的产品,设计一份概念吸引力测试的问卷,目的是为了了解产品概念的沟通效果、概念的吸引力、产品的购买意向、概念需要改进的地方等。

第十章

价格研究

教学目的

价格是营销组合中最活跃和唯一可以带来收益的因素。价格制定直接影响到收益和销售量；价格过高，收益率提高但销量下降；价格过低，销量增加但收益率同样会下降。本章主要从消费者的角度，仿照收益来探讨价格制定的方法。

第一节　价格研究概述

一、定价的目标和市场需求

价格（price）是用来交换商品和服务所有权或使用权的货币或其他因素，是营销组合中最灵活的因素，又是营销组合中唯一代表收益的因素。为了增加销售收入和实现利润目标，企业需要熟悉价格制定的影响因素和流程，也要对价格制定进行策略创新，并根据市场环境的变化对价格进行适时调整。

影响产品定价的因素是多方面的，包括定价目标、成本、市场需求、竞争者的产品和价格等。一般来说，产品定价的上限通常取决于市场需求，下限取决于该产品的成本、费用等。在上限和下限内如何确定价格水平，还取决于企业的定价目标、政策法规和竞争产品的价格等。制定产品价格一般要经过以下 6 个步骤，如图 10-1 所示。

选择定价目标 → 明确市场需求 → 分析产品成本 → 考虑竞争因素 → 选择定价方法 → 制定基础价格

图 10-1　定价流程

（一）选择定价目标

任何企业在制定价格时都必须考虑目标市场战略及市场定位。不同的产品具有不同的市场目标，同一产品在不同时间或不同地区的市场目标也存在差异。一般企业定价的目标可以分为以下几种情况。

1. 维持生存

如果企业产能、产量过剩或面临激烈竞争,则企业会把维持生存作为主要目标。为了确保继续开工和存货出库,企业必须制定较低价格,并希望市场是价格敏感型的。许多企业通过大规模的价格折扣来保持企业活力,只要其销售收入能弥补可变成本和部分固定成本,企业的生存便可得以维持。

企业经营要承担风险,自当赚取利润。利润是价格与成本之差,而企业若不知成本变动情况,则无法定价。从长期来说,价格至少应等于成本加上合理的利润。

企业分析成本时,常将成本分为固定成本和变动成本两类。所谓固定成本是指企业即便不生产任何产品,亦需支付的费用,而所谓变动成本是指企业每生产一个产品所需支付的直接费用,例如材料费、人工费、电费等。用公式来表示就是

$$总成本＝固定成本＋生产每个产品的变动成本×产量$$

另一方面,企业的收入用公式来表示就是

$$总收入＝产品单价×销量$$

而企业的利润是总收入减去总成本,即

$$利润＝(产品单价－每个产品的变动成本)×销量－固定成本$$

2. 当期利润最大化

假定企业对其产品的需求函数和成本函数有充分了解,便可借助需求函数和成本函数制定确保当期利润最大化的价格。企业通过估计不同价格下的需求和成本,然后选择能够实现当期利润最大化、现金流量最大化或最高投资回报率的价格。但是,这种方法可能会牺牲企业的长期发展目标,而且这种方法往往忽略其他营销组合变量、竞争者反应和法律约束等因素。

3. 市场占有率最大化

(1)市场占有率与价格的关系

企业可以通过定价取得控制市场的地位,即使市场占有率最大化。实践表明,高市场占有率与较高的长期利润呈正相关关系。因此,在市场对价格高度敏感,低价能刺激需求迅速增长的情况下,只要单位产品价格不低于可变成本,就制定尽可能低的价格,追求市场占有率的领先地位。随着市场占有率的提升,生产与分销的单位成本会随生产经验的积累下降;低价也能打败部分现有的和潜在的竞争者。

(2)行业结构

以市场占有率最大化为目标的定价与同行业其他供应商有关。首先,行业结构对企业定价有决定性的影响。根据经济学的分类,行业结构可以分为以下几种。

①完全竞争,即行业内企业很多,产品基本一致。

②不完全竞争,即行业内企业很多,但各企业所提供的产品多少有些差异。

③寡头竞争,即行业内只有少数几家企业,彼此间有很大的依存关系。

④垄断情况,即整个行业只有自己一家企业。

不同的行业结构,企业定价策略是不同的。此外,同行业中其他企业的行动对企业的

定价也有很大的影响。例如在不完全竞争中,居领导地位的企业降价,必然引起顾客广泛注意和争相购买,其他企业往往被迫降价。

4. 产品质量领先

致力于成为产品品质领导者的企业也可考虑质量领先这样的目标,既可以用消费者可以接受的价格提供人们买得起的产品(如奢侈品),也可以提供将品质、奢华和昂贵的价格融为一体的产品。企业在保持产品优质优价的同时,还应辅以相应的优质服务。

(二)明确市场需求

产品定价的基础是消费者的需求程度。不同的价格会导致不同水平的市场需求,从而对企业的预期利润产生影响。

1. 需求曲线与收入

价格变动和需求变动之间的关系以需求曲线表示。根据需求规律,需求与价格呈反向关系:价格越高,需求越低。而对于一些高声望产品而言,有时呈现正向关系:价格提高,需求增加,因为消费者相信高的价格意味着更好的品质。但是,如果定价太高,需求水平就会降低。企业需要把顾客需求估计转化为公司的预计收入。

2. 需求价格弹性

因价格或收入等因素引起的需求的相应变动率,称作需求弹性(demand elasticity)。需求的价格弹性反映需求量对价格的敏感程度,以需求变动的百分比与价格变动的百分比之比值计算,即价格变动百分之一会使需求变动百分之几。需求价格弹性公式为

需求价格弹性 E＝需求数量变动的百分比÷价格变动的百分比

价格弹性和总销售收入有着密切关系。企业需要认识到产品在各个可能的价格上,需求的价格弹性是不同的。如果某品牌的价格弹性高,价格就应相对低些;价格弹性低,价格可以相对高些;价格弹性保持不变时,价格也应保持相对稳定。

如果市场上没有替代品或竞争者、生活必需品;购买者对较高价格不在意;购买者改变购买习惯较慢,也不积极寻找较便宜的东西;购买者认为质量有所提高,或者认为存在通货膨胀;等等,都可能使需求缺乏弹性,制定较高的价格是可取的。

(三)分析产品成本

从长远看,任何产品的销售价格都必须高于成本费用,这样才能以销售收入抵偿生产成本和经营费用。因此,企业在制定价格时必须估算相关成本。在定价策略中,5 个成本概念非常重要:总成本、固定成本、可变成本、单位可变成本和边际成本。

在分析成本时,必须进行边际分析,边际分析是对增量成本与增量收入连续的权衡。边际分析意味着只要多销售一件产品所获得的收入(边际收入),比生产和销售这件产品的成本(边际成本)要多,那么企业就会扩大这种产品的产出,直到边际收益等于边际成本,即当边际成本等于边际收益时,总利润最大。

边际分析是利润最大化概念的核心,在营销活动中得到广泛应用,最常用于价格研究、成本对利润的影响以及产销平衡的基本底线。

(四)考虑竞争因素

除了市场需求和产品成本以外,其他因素也可能影响价格的制定,如产品的生命周期阶段、竞争环境等。

企业必须采取适当方式了解竞争者的产品质量和价格,比质比价,以便准确地制定自己的产品价格。如果质量大体一致,价格一般也应大体相同或略低一些,否则可能卖不出去;如果企业产品质量较高,价格也可以定高一些;如果质量较低,价格就应该低一些。

竞争者可能针对本企业的策略调整其价格;也可能通过调整市场营销组合的其他变量与企业争夺顾客。对竞争者的价格变动,要及时掌握有关信息,并做出适当的反应。

(五)选择定价方法

定价方法目前有三种导向:成本导向、需求导向、竞争导向,在下一节确定基本价格的一般方法中会详细描述。

(六)制定基础价格

价格方法缩小了最终价格的选择范围,在最后确定价格时,企业还需要考虑其他一些附加因素,如营销活动的影响、公司的定价政策、风险承受能力、政策法规等。而且,这只是企业制定的基础价格,在实践中,企业还需要考虑和利用灵活多变的定价策略,修正或调整价格。

二、确定基础价格的一般方法

在制定价格时,需要考虑 3C:顾客需求(customer's demand)、成本(cost)和竞争对手价格(competitor's price)。对一般企业而言,商品的最理想价格并不一定是促使销售量或销售额达最大化的价格,而是促使利润达最大化的价格。原则上价格应高过成本以赚取利润,但同时也应低于消费者所愿支付的价格以便吸引更多顾客及扩大销售量。

公司定价必须综合考虑以上三个因素,在此基础上再选择定价的方法。但是在实际工作中,企业往往只侧重某一方面。企业定价有三种导向,即成本导向、需求导向和竞争导向,如图 10-2 所示。

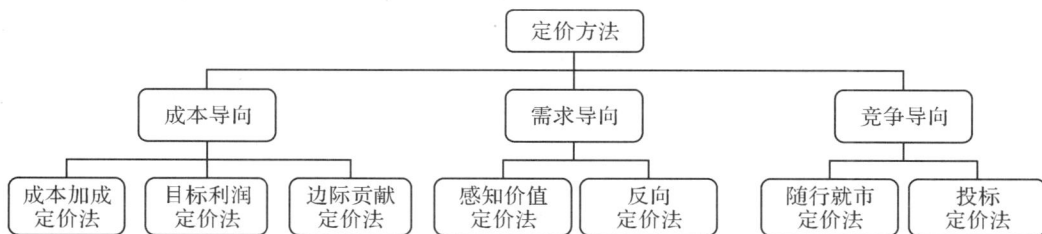

图 10-2　定价方法

(一)成本导向定价法

成本导向定价法即定价中主要以成本为依据,包括成本加成定价法、目标利润定价法和边际贡献定价法等,其特点是简便、易用。

1. 成本加成定价法

成本加成定价,是指在单位成本上加上一定百分比的加成制定销售价格。加成的含义就是加上一定比率的利润,其公式表示为

$$P = C(1+R)$$

其中,P 为单位产品售价,C 为单位产品成本,R 为预期利润率。

零售企业也可以用成本加成定价法,在进货成本或零售价格的基础上加以衡量。

成本加成定价法在企业界受到欢迎,主要是因为简便易行。由于成本的不确定性一般比需求小,此法可以大大简化企业定价程序,而不必根据需求情况的变化进行调整。同时,当买方需求强烈时,卖方不利用这一有利条件谋取额外利益,更被视为公平合理。对同业竞争者可以缓和价格竞争,减少矛盾。但是,成本加成定价法也忽略了现行价格弹性、市场需求和竞争,因此所定价格不一定符合消费者心理需求,不一定有利于促销。

2. 目标利润定价法

目标利润定价法,是指根据估计的总销售收入(销售额)和估计的产量(销售量)来制定价格,保证企业达到预期报酬的方法。

举例如下。

某企业投资 100 万,年产 50000 个产品,单位成本为 16 元,在定价时要求获得 20% 的利润,则其目标利润价格为

目标利润价格=单位成本+(期望回报率×总投资额)÷销售数量

$$= 16 + 0.2 \times 1000000 \div 50000 = 20(元)$$

即企业以单价 20 元卖出 50000 个产品,那么其 100 万投资能取得 20 万利润回报。这种定价方法以目标为导向,为许多企业所采用,但也忽略了价格弹性和竞争品价格。并且企业是以估计的销售量求出价格的,而价格恰恰是影响销售量的重要因素。

3. 边际贡献定价法

企业仅计算变动成本,不计算固定成本,以预期边际贡献率适当补偿固定资本。边际贡献是指预计的销售收入减去变动成本后的收益。如果这个边际贡献不能完全补偿固定成本,就会出现亏损。但在某些特殊的市场环境下,企业停产、减产仍须如数支出固定成本,倒不如维持生产,只要产品销售价格大于单位变动成本,就有边际贡献。若边际贡献超过固定成本,企业还能盈利。其计算公式为

单位商品销售价格=(总的变动成本+边际贡献)÷总销量

这种方法,一般在市场竞争激烈时采用。因为这时如果采用成本加成法,必然使价格太高影响销售,出现产品积压。而采用这种方法,价格要低于成本加成定价法中的价格,有利于加速扩大市场。这种定价方法,在产品必须降低价格出售时特别重要,因为只要售价不低于变动成本,就说明生产还可以维持,如果售价低于变动成本,生产越多亏本越多。

(二)需求导向定价法

需求导向定价法即在定价中以市场需求强度及消费者感受为主要依据,包括感知价值定价法和反向定价法。另外,还有一种,需求差异定价法。它既是一种定价方法,又涉及灵活多变的定价策略,在本章第二节中将专门阐述。

1. 感知价值定价法

感知价值(perceived value)定价,就是根据购买者对产品的感知价值制定价格。感知价值定价与现代市场定位观念相一致。感知价值由许多因素综合形成,如产品性能、保修质量、企业声誉及可信度等。

感知价值定价的关键在于传递比竞争对手更多的感知价值,并展现给潜在的购买者。由于每位潜在顾客对影响因素的敏感度和重视度不同,如有的是价格型购买者,有的是价值型购买者,有的是忠诚型购买者,企业需要针对不同的群体制定不同的策略。企业需要研究顾客价值的驱动因素并了解顾客的决策过程,通过分析、判断等决定产品的感知价值。

如果产品价格大大高于感知价值,消费者会感到难以接受;如果产品价格大大低于感知价值,也会影响产品在消费者心中的形象。因此,略低于感知价值的价格能取得比较好的市场效果。

2. 反向定价法

反向定何,就是企业依据消费者能够接受的最终价格,在计算自己经营的成本和利润后,逆向推算产品的批发价和零售价。这种方法不是以实际成本为主要依据,而是以市场需求为定价出发点,力求使价格为消费者所接受。在分销渠道中,批发商和零售商多采取这种定价方法。举例如下。

通过市场调查,获悉消费者愿意以 350 元买一件毛衣,零售商毛利要求 20%,批发商毛利要求 10%。企业以此为准,毛衣的出厂价要定在 $350 \div [(1+20\%)(1+10\%)] \approx 265$（元),才能保证批发商、零售商和消费者都能接受。

(三)竞争导向定价法

当企业对竞争者产品价格比较敏感时,常采用竞争导向定价法。通常有两种方法:随行就市定价法和投标定价法。

1. 随行就市定价法

当企业难以估算成本或打算与同行和平共处时,又或者企业另行定价很难了解购买者和竞争者对本企业价格的反应时,企业往往采取随行就市定价法(going-rate pricing),又名流行水准定价法。该方法是指在市场竞争激烈的情况下,企业为保存实力采取按同行竞争者的产品价格定价的方法。一般来讲,企业会按照行业的平均现行价格水平定价。

随行就市定价都是同质产品市场惯用的定价方法。在完全竞争市场中,销售同类产品的企业在定价时,实际上没有多少选择余地,只能按照行业现行价格定价。某企业如果价格定得高于时价,产品就卖不出去;如果价格定得低于时价,也会遭到降价竞销。

在寡头竞争的条件下,企业也倾向于和竞争对手要价相同。因为在这种条件下,市场上只有少数几家大公司,彼此十分了解;购买者对市场行情也熟悉,如果价格稍有差异,就会转向价格低的企业。

随行就市定价法可能为企业节约调研时间和费用,也能避免因价格变动而带来的风险,是一种较为稳妥的定价方法。

2. 投标定价法

采购机构通常采用刊登广告或发函的方式,说明拟购品种、规格、数量等的具体要求,邀请供应商在规定的期限内投标。供应商想要参与,就得在规定期限内填写标单,在上面填明可供应的产品名称、品牌、规格、价格、数量、交货条件等,密封给招标人,这个过程称为投标(sealed-bid)。采购机构在规定日期开标,一般选择报价最低、最有利的供应商成交,签订采购合同。供应商想要中标,它的报价应低于竞争对手的报价。供应商投标的价格根据对竞争者报价的估计制定,而不是按供货企业自己的成本费用。一般说,报价高,利润大,但中标机会小,如果因价高而招致败标,则利润为零;反之,报价低,虽中标机会大,但利润低,其机会成本可能大于其他投资方向。

企业不能将报价定得过低,确切地讲,不能将报价定得低于边际成本,以免使经营状况恶化。但是,报价远远高出边际成本,虽然潜在利润可能增加,又会减少取得合同的机会。最佳报价即为目标利润与中标概率两者之间的最佳组合。

三、基于消费者的价格研究的方法

(一)研究方法的分类

对于企业来说,"价格"一词实际上是指企业所销售的商品成本与所欲获得的利润的总和。但事实上,市面上通行的价格并不见得与企业设想中的价格一致,因为消费者的意愿及支付能力才是价格的主要决定因素。就消费者来说,价格是指商品买方支付给商品卖方的货币额。该货币额表示商品在市场上的价值,因此在消费者心目中价格必须与商品价值相称,倘若消费者认为物非所值,则他们将拒绝购买。

对一般企业而言,商品的最理想价格并不一定是促使销售量或销售额达最大化的价格,而是促使利润达最大化的价格。最理想的价格应以企业所承担的成本及消费者所愿支付的价格为依据而定,企业所承担的成本应视为价格的下限,而消费者所愿支付的价格则应视为价格的上限。原则上价格应高过成本以赚取利润,但同时也应低于消费者所愿支付的价格以便吸引更多顾客及扩大销售量。

一般来说,一项价格研究可以解决下面诸问题的一个或几个:①当产品价格变化时,目标消费者的反应如何?②如果企业产品提价或降价,对该企业产品的市场占有率和销售量有什么影响?③若市场上产品价格变化后,企业自己的品牌和竞争品牌的相互地位会如何变化?④使产品利润达到最大的销售价格应是多少?⑤如何确定新产品、产品线扩张、产品范围扩张的价格或价格范围?

按照研究时是否仅考虑价格因素来分类,可分为价格作为研究中的唯一考虑因素和价格作为研究中的多种考虑因素之一两类。对于第一类方法,按照研究时是否考虑竞争又分为仅针对单一品牌进行研究和仅考虑品牌间的互相竞争两类。

(二)不考虑竞争的研究方法

1. Gabor Granger 法

它是由 Gabor 和 Granger 在 1965 年提出的。该研究方法中,对于新产品预先确定好几个可能的价格,然后对每一价格询问被访者购买产品的可能性,由此可以确定产品的最优价格及分析产品价格变化对需求的影响。在第二节中将对此方法进行详细论述。

2. 价格敏感度测试

Gabor Granger 法中要预先设定价格水平来询问被访者的意见。然而厂商往往不愿意事先设定产品的价格水平,而希望了解消费者对产品价格的可接受范围,这就可以用价格敏感度测试(price sensitivity measurement)来完成。此方法将在第四节中讨论。

(三)考虑竞争的研究方法

真实的市场是各品牌在互相竞争,因而考虑竞争情况的研究方法所得到的结论会更符合实际情况。在考虑竞争时的价格研究方法有两种:①扩展的 Gabor Granger 法,②品牌价格交替转换法(brand/price trade-off,简称 BPTO)。

(四)考虑产品多种特性的价格研究方法

对于有些产品,研究中除考虑价格因素外,还考虑产品的其他特性,例如对于信用卡经常要考虑的产品特性有:品牌、年费、利率、透支限额等。这类方法亦有联合分析(co-joint analysis)及选择模型(options model)两种。

(五)不同研究问题所采用的方法

不同的价格研究方法有各自的特点,虽然可以用某些基本上相同的研究方法去解决,但最好还是有针对性地选择不同的方法。表 10-1 列出了每种研究问题所适宜采用的方法。

表 10-1 研究方法

研究问题	适宜采用的方法
产品的简单价格变化	Gabor Granger 法
不同价格对市场占有率和销售量的影响	Gabor Granger 法(不考虑竞争) 推广的 Gabor Granger 法或 BPTO(考虑竞争)
价格变化对自己品牌和竞争品牌地位的影响	推广的 Gabor Granger 法或 BPTO
最优价格	Gabor Granger 法(不考虑竞争) 推广的 Gabor Granger 法或 BPTO(考虑竞争)
新产品开发/产品	PSM 法

第二节 简单 Gabor Granger 法

一、方法概述

(一)研究目的

用 Gabor Granger 法进行价格研究的目的可以是这两项中之一:一是测试企业现有产品价格变化对需求的影响;二是确定企业新产品的最优价格及分析产品价格对需求的影响。

(二)问卷中问题的形式

使用 Gabor Granger 法时,首先请被访者观看实际产品或产品样本或产品概念,然后询问下述问题。

Q.“如果这个产品在市场上售价为 P1、P2、P3、P4 或 P5 时,您购买它的可能性有多大呢?”

这种方法要求厂家要预先给出测试的价格点,其中有一个价格将会得到消费者的广泛接受。

	P1	P2	P3	P4	P5
肯定不买	1	1	1	1	1
很可能不买	2	2	2	2	2
不能决定	3	3	3	3	3
很可能买	4	4	4	4	4
肯定买	5	5	5	5	5

其中 P1<P2<P3<P4<P5,通常包含五六个价格点。

(三)价格水平的选择

关于在调查中应该设置的价格水平的个数,最常用的是设置 6～12 个价格水平。价格水平太多,访问时间长,因而费用太高,而且被访者可能不愿配合,造成资料不全。价格水平太少,可能无法深入看出价格变化对需求的影响。

至于价格水平的间距,通常大约是当前价格的 4%～5%。例如,当前价格为 1.00 元,8 个价格水平可以是:0.85,0.90,0.95,1.00,1.05,1.10,1.15,1.20。

那么,产品的当前价格应在价格水平系列中的什么位置? 这有赖于研究目的。如果研究的目的是看价格降低对需求的影响,当前价格应放在系列的最高端;如果研究的目的是看价格上升对需求的影响,当前价格应放在系列的前面几个水平的位置。通常客户要求既能知道增加价格的影响,又能知道降价促销对需求的影响,所以通常将当前价格放在 10 个价格水平的第 3～5 个水平的位置。

对于新产品,上述方法有两个问题:一方面是没有历史资料来设置问题中的价格水平,另一方面是被访者也没有使用产品的经验。为了解决这两个问题,可以在产品样板测试的问卷最后加上上述价格测试问题,这样被访者在产品样板测试过程中对新产品已有所认识,也就比较容易回答价格测试的问题了。至于问题中的价格水平,可以参考产品目标市场中的竞争品牌的价格来设置。

(四)样本的选择

样本的选择依赖于价格研究的目的。如果研究的目的是测试已有产品的价格下降后对需求的影响,样本应主要从非使用者中抽取,这样可以得出由价格下降而导致占有率上升的情况,当然产品使用者忠诚度加强或购买量增加亦会导致占有率上升的情况,但两者比较,前者是主要的。

如果研究的目的是测试已有产品价格上升后对需求的影响,样本应主要从使用者中抽取,因为价格提高不会使非使用者变为使用者。

二、数据分析方法

首先,对每一个价格水平统计回答肯定或可能购买的被访者人数百分比。在统计时要注意在较高价格水平下回答肯定或可能购买的被访者,他们在较低价格水平下回答也应该相同。然后,利用这个百分比计算出仿造收益:仿造收益＝价格水平×在此价格水平回答"肯定"或"可能购买"的百分比。

(一)确定利润最大的价格

根据收益的定义,公式为

$$收益＝价格×需求数量$$

仿造收益与收益是不同的,但是在价格变化时,两者数值大小的变化趋势是相同的。因此在某价格水平下仿造收益最大,则真正的收益也应该取最大值。由于成本是相同的,故在此价格水平下利润也是最大的,这说明我们可以利用仿造收益来推断出使利润达到最大的价格水平,这个价格常称最优价格。

表 10-2 是一个具体的数字例子。

表 10-2 的第 1 列是测试问题中的价格水平,共有 13 个价格水平。第 2 列是在第 1 列对应价格水平下回答肯定或可能购买的被访者百分比。第 3 列是在第 1 列对应价格水平下的仿造收益。从仿造收益列的数据可以看出,在价格水平为 3.30 元时,仿造收益数值最大,它也是使产品利润最大的价格水平。

表 10-2　不同价位的购买可能性

价格水平/元	肯定或可能购买的百分比/%	仿造收益/元
2.10	99	2.08
2.30	99	2.28
2.50	98	2.45

续 表

价格水平/元	肯定或可能购买的百分比/%	仿造收益/元
2.70	98	2.65
2.90 *	98	2.84
3.10	95	2.94
3.30	92	3.04
3.50	75	2.62
3.70	67	2.48
3.90	55	2.14
4.10	34	1.39
4.30	18	0.77
4.50	0	0

注:"＊"代表该价格是保守的最优价格。

(二)需求曲线和价格需求弹性分析

所谓需求曲线就是以价格为横坐标,在该价格下消费者肯定或可能购买的百分比为纵坐标,让测试产品在当前价格基础上,分别上升、下降 5%、10%、15%……时,消费者在该价格水平下肯定或可能购买百分比的变化曲线。图 10-3 是需求曲线的示意图。

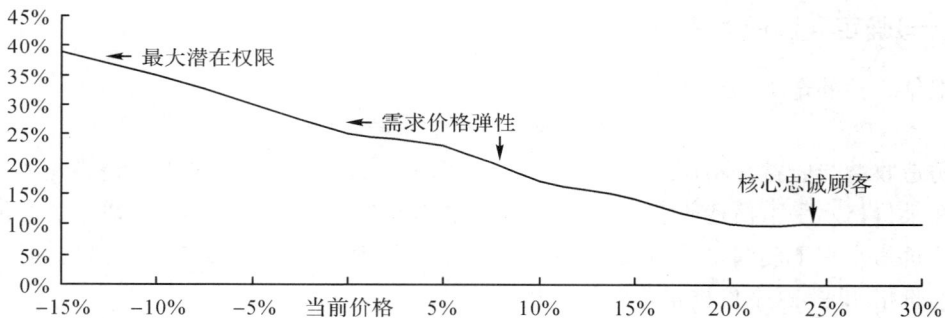

图 10-3　需求曲线示意

需求曲线可显示测试产品的三个关键测度:①maximum franchise potential(最大潜在权限),它是在价格最低时顾客对产品的需求;②elasticity(需求价格弹性),反映价格变动一个百分点时需求数量变动的百分比;③core loyals(核心忠诚顾客),它是在最高价格下仍选择测试产品的人数百分比,这部分人是测试产品的核心忠诚顾客。

从需求曲线可以看出随着价格上升,需求数量减少是否均匀。需求曲线上还存在一个特殊价格点,称价格门限(price threshold),在这个点上需求数量突然减少很多(见图 10-4)。

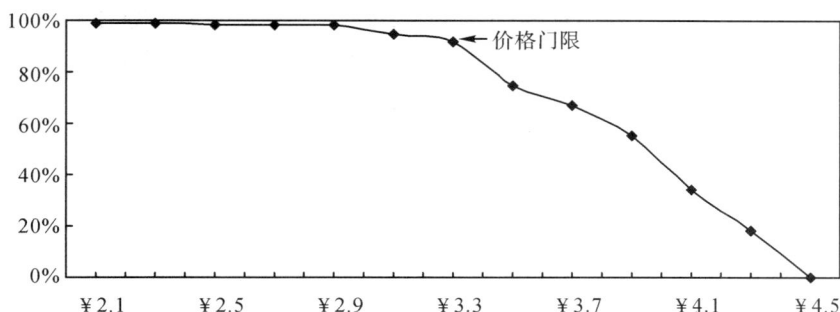

图 10-4 需求曲线中的价格门限

表 10-2 中的例子的需求曲线如图 10-4 所示。从图中可见,这个产品在价格从 2.10 元上升到 2.90 元时,顾客对其的需求是很高的。3.30 元是一个价格门限,价格一超过此点,需求数量就突然减少很多。从前面内容可知,此价格也是利润最大的价格,即最优价格。下面我们来计算一下最优价格前后两个价格的价格需求弹性。

1. 在最优价格前

(1)当价格从 2.90 元上升到 3.10 元,肯定或可能购买的百分比从 98％降为 95％,用价格需求弹性的公式可以算出弹性等于－0.44。

(2)当价格从 3.10 元上升到 3.30 元,肯定或可能购买的百分比从 95％降为 92％,其价格需求弹性为－0.49。

2. 在最优价格后

(1)当价格从 3.30 元上升到 3.50 元,肯定或可能购买的百分比从 92％降为 75％,其价格弹性为－3.05。

(2)当价格从 3.50 元上升到 3.70 元,肯定或可能购买的百分比从 75％降为 67％,其价格弹性为－1.87。

由此可见,在最优价格之前,其价格需求弹性的绝对值小于1,消费者对价格不敏感。而在最优价格之后,其价格需求弹性的绝对值大于1,消费者对价格是十分敏感的。这从前面已指出的价格 3.30 元是一个价格门限也可以得到同样的结论。

此外从图 10-4 中也可以看出,该产品没有什么忠诚顾客。当价格达到 4.50 元,全部顾客都流失了。

(三)识别价格细分市场

从需求曲线的形状我们可以分析是否存在价格细分市场。

图 10-4 的需求曲线表示此产品不存在价格细分市场。随着价格上升,顾客逐步消失;当价格达到 4.50 元,全部顾客都流失了。

(2)图 10-3 的需求曲线表示产品存在两个价格细分市场。

在一个细分市场中,消费者对价格比较敏感,随着价格上升,这个细分市场中的顾客逐步流失;另一个细分市场中,消费者对价格不在乎,即使价格上升很多,他们仍坚持要购买产品,这个细分市场的顾客对产品是十分忠诚的。

（3）图 10-5 的需求曲线表示产品存在三个价格细分市场。一个细分市场的顾客在较低价格下就对价格比较敏感；另一个细分市场的价格在中等范围内变化时，顾客忠诚度还是很高的；第三个细分市场的价格变得较高时，这部分顾客就开始流失。

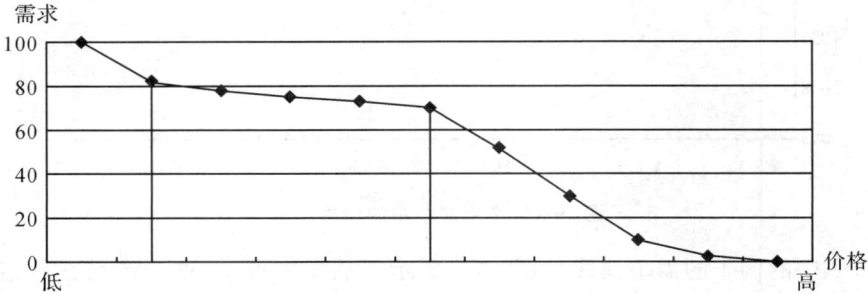

图 10-5　需求曲线的价格细分市场(1)

（4）图 10-6 的需求曲线表示产品存在三个价格细分市场。一个细分市场顾客在较低价格下就对价格比较敏感；另一个细分市场价格在中等范围内变化时，顾客其忠诚度较高，但当价格较高时，就急速流失；第三个细分市场的顾客对价格不在乎，即使价格很高，他们仍坚持要购买产品。

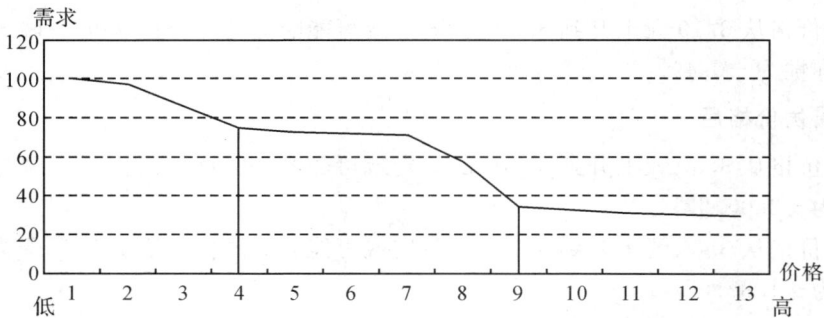

图 10-6　需求曲线的价格细分市场(2)

(四)使用分析结果时的注意事项

Gabor Granger 法是假定其他营销组合因素如渠道、广告、销售促销等方面不变，而且竞争品牌的价格也不变的情况下，测试产品价格变化时对销售的影响。如果其他因素发生变化，所得到的结论就不能应用。

但时间一长很难保证其他方面不变，因此，所得到的最优价格是暂时的，不能保证在整个时期最优价格都不会改变。

Gabor Granger 法是用统计方法得出最优价格的，因此肯定会存在误差。保险起见，常取最优价格的 95％置信区间的下限作为保守的最优价格。表 10-2 中第 1 列价格 2.90元旁的星号表示它是保守的最优价格。

三、问卷设计

下面是某种产品在概念测试中用 Gabor Granger 法进行的价格研究。测试分别在北京、上海进行,在每个城市分别访问 150 位被访者。测试问卷中的有关问题如下。

A1.假如这个产品的价格是人民币 400 元,您购买它的兴趣如何?

一定会买••••••••••••••••••••••••••••••••••••5

可能会买••••••••••••••••••••••••••••••••••••4

说不定••••••••••••••••••••••••••••••••••••3

可能不会买••••••••••••••••••••••••••••••••2

一定不会买••••••••••••••••••••••••••••••••1

A2.假如这个产品的价格是人民币 520 元,您购买它的兴趣如何?

一定会买••••••••••••••••••••••••••••••••••••5

可能会买••••••••••••••••••••••••••••••••••••4

说不定••••••••••••••••••••••••••••••••••••3

可能不会买••••••••••••••••••••••••••••••••2

一定不会买••••••••••••••••••••••••••••••••1

A3.假如这个产品的价格是人民币 670 元,您购买它的兴趣如何?

一定会买••••••••••••••••••••••••••••••••••••5

可能会买••••••••••••••••••••••••••••••••••••4

说不定••••••••••••••••••••••••••••••••••••3

可能不会买••••••••••••••••••••••••••••••••2

一定不会买••••••••••••••••••••••••••••••••1

A4.假如这个产品的价格是人民币 720 元,您购买它的兴趣如何?

一定会买••••••••••••••••••••••••••••••••••••5

可能会买••••••••••••••••••••••••••••••••••••4

说不定••••••••••••••••••••••••••••••••••••3

可能不会买••••••••••••••••••••••••••••••••2

一定不会买••••••••••••••••••••••••••••••••1

测试结果如表 10-3 所示。

表 10-3 不同价格的需求

价格/元	北京			上海		
	一定或可能买的百分比/%	仿造收益	需求弹性	一定或可能会买的百分比/%	仿造收益	需求弹性
400	85	340	−0.59	67	268	−1.24
520	70	364	−1.98	42	218	−2.31
670	30	21	−6.70	14	94	−3.83
720	15	108	—	10	72	—

从表 10-3 可以看出：①在各种价格水平上，北京消费者的接受水平均高于上海的消费者；②在北京，产品的最优价格是 520 元，而在上海则是 400 元；③价格水平 670 元时的价格需求弹性远大于价格水平为 400 元及 520 元的需求弹性，因而价格定在 670 元或以上是不适宜的。

第三节　推广的 Gabor Granger 法

一、方法概述

(一)研究目的

推广的 Gabor Granger 法解决的问题和普通 Gabor Granger 法相同，但前者加入了竞争品牌及其价格，是在竞争环境下了解价格变化对需求的影响，因而所得到的结论更符合实际情况。因为在某个价格水平下消费者是否购买该产品，往往会受其他竞争产品及其价格影响。

使用推广的 Gabor Granger 法的目的可以是下述各项之一：①测试企业现有产品价格变化对本企业品牌及竞争品牌需求的影响；②确定企业新产品的最优价格并分析价格对新产品需求及竞争品牌的影响；③测试产品包装和价格变化后对本企业品牌及竞争品牌需求的影响。

(二)价格水平的选择

这种方法要求预先给出测试产品的价格点以及竞争品牌的价格点，有两种做法：一种是测试产品价格变化，但竞争品牌的价格保持不变；另一种是测试产品价格变化，而竞争品牌的价格亦在变化。

第二种做法比较复杂，通常在这种情况下，会采用 BPTO 法。

(三)问卷中问题的形式

[出示实际产品或产品概念，以及竞争品牌]

如果 A 品牌的售价为 P_A，B 品牌的售价为 P_B，C 品牌的售价为 P_C，当这个产品（D 品牌）的售价分别为 P_1, P_2, P_3, P_4, P_5 时（其中 $P_1 < P_2 < P_3 < P_4 < P_5$），您会买这 4 个品牌中的哪一个？

二、数据分析方法

对每一价格水平统计消费者分别选择测试品牌和每一个竞争品牌的人数百分比，根据这些百分比我们就可以对实际问题进行分析，下面我们举两个简单的应用例子。

例 1：新产品进入市场后，对其他竞争品牌的影响。

［出示竞争品牌 A、B、C 和测试品牌 D］

如果 A 品牌的售价为 1.10 元,B 品牌的售价为 1.29 元,C 品牌的售价为 1.09 元,您会买这三个品牌中的哪一个? 如果品牌 A、B、C 的价格不变,产品 D 的价格为 1.10 元,您会买这四个品牌中的哪一个? 如果产品 D 的价格为 1.20 元,您会买这四个品牌中的哪一个?

表 10-4 中给出了新产品进入市场前后消费者选择 A、B、C、D 的人数百分比。从表中可知,当新产品进入市场并定价为 1.10 元时,它抢夺了市场上 25% 的顾客,其中来自品牌 A、B、C 的分别为 5%、10%、10%。但当新产品价格上升到 1.20 元时,其中 15% 的顾客又流回到品牌 A、B、C。

表 10-4　不同品牌的购买可能性

品牌	新产品未进入市场时消费者选择该品牌的人数百分比/%	新产品价格为 1.10 元时消费者选择该品牌的人数百分比/%	新产品价格为 1.20 元时消费者选择该品牌的人数百分比/%
A	20	15	18
B	38	28	34
C	42	32	38
D(新产品)	—	25	10

例 2:包装改变对市场需求的影响。

［出示竞争品牌 A、B、C 和测试品牌 D(旧包装)］

如果 A 品牌的售价为 1.10 元,B 品牌的售价为 1.29 元,C 品牌的售价为 1.20 元,D 品牌的售价为 1.09 元,您会购买这 4 个品牌中的哪一个?

［出示 D 品牌的新包装］

这是品牌 D 的新包装。如果 4 个品牌的价格不变,请问您会购买这 4 个品牌中的哪一个? 如果这个新包装品牌 D 的价格为 1.19 元,而品牌 A、B、C 的价格不变,请问您会购买这 4 个品牌中的哪一个?

表 10-5 中给出了上述 3 种情况下,消费者选择 A、B、C、D 的人数百分比。从表 10-5 中可知,品牌 D 换新包装但价格不变,其百分比上升 5%,它们分别来自品牌 A 和 B。但当新包装品牌 D 价格上升到 1.19 元,则 3% 的顾客又流回到品牌 A 和 B。而品牌 C 的顾客的百分比不受品牌 D 包装的影响。

表 10-5　不同品牌不同包装的购买可能性

品牌	品牌 D 旧包装时消费者选择该品牌的人数百分比/%	品牌 D 新包装时消费者选择该品牌的人数百分比/%	品牌 D 新包装价格为 1.19 元时消费者选择该品牌的人数百分比/%
A	20	18	19
B	40	37	39
C	30	30	30
D(新产品)	10	10	12

Gabor Granger 法中所介绍的仿造效益、最优价格、需求曲线和价格需求弹性等概念

可以同样地应用到这里,所不同的地方是这里的需求曲线是指各竞争品牌价格分别固定在某一价格水平上,消费者选择测试品牌的人数百分比随测试品牌价格变化的曲线。按照需求曲线理论,当测试品牌价格上升,该品牌的某些顾客可能会流失,至于他们流失到哪里去了,Gabor Granger 法是无法回答的。但用推广的 Gabor Granger 法,我们可以把测试产品价格变化,竞争品牌价格不变时其他竞争品牌需求数量的变化与测试产品的需求曲线在同一张图上画出,以分析价格上升后测试品牌流失的顾客流向哪一个竞争品牌。下面我们将用一个实际例子来加以说明。

三、实际例子

(一)问卷设计

1. 待测试品牌价格基点及其升幅的设定

该研究中,待测试品牌为 A,竞争品牌为 B、C、D、E。A 的价格起点为每瓶 2.50 元,价格变动点为:2.70 元、2.80 元、2.90 元、3.00 元、3.10 元。

竞争品牌的价格:B 为 2.00 元/瓶;C 为 2.10 元/瓶;D 为 1.90 元/瓶;E 为 3.5元/瓶。

2. 问卷中的有关问题

[出示品牌 A、B、C、D、E 5 瓶啤酒的照片及目前价格的卡片]

[访问员注意:请针对 2.70 元/瓶、2.80 元/瓶、2.90 元/瓶、3.00 元/瓶、3.10 元/瓶这5 种 A 品牌啤酒可能的价格,逐一翻动第一列卡片循环询问 Q2]

Q1. 现在这 4 种啤酒的价格如下(B:2.00 元/瓶　C:2.10 元/瓶　D:1.90 元/瓶　E:3.50 元/瓶)。如果 A 的价格是 2.50 元/瓶时,请问您首先选择购买哪一个牌子呢?(单选)

A···1
B···2
C···3
D···4
E···5

Q2. 现在这 4 种啤酒的价格如下(B:2.00 元/瓶　C:2.10 元/瓶　D:1.90 元/瓶E:3.50 元/瓶),如果 A 的价格是 2.50 元/瓶时,请问您首先选择购买哪一个牌子呢?(单选)

A···1
B···2
C···3
D···4
E···5

Q3. 现在这 4 种啤酒的价格如下(B:2.00 元/瓶　C:2.10 元/瓶　D:1.90 元/瓶

E：3.50 元/瓶），如果 A 的价格是 2.80 元/瓶，请问您首先选择购买哪一个牌子呢？（单选）

A	1
B	2
C	3
D	4
E	5

Q4. 现在这 4 种啤酒的价格如下（B：2.00 元/瓶　C：2.10 元/瓶　D：1.90 元/瓶　E：3.50 元/瓶），如果 A 的价格是 2.90 元/瓶，请问您首先选择购买哪一个牌子呢？（单选）

A	1
B	2
C	3
D	4
E	5

Q5. 现在这 5 种啤酒的价格如下（B：2.00 元/瓶　C：2.10 元/瓶　D：1.90 元/瓶　E：3.50 元/瓶），如果 A 的价格是 3.00 元/瓶，请问您首先选择购买哪一个牌子呢？（单选）

A	1
B	2
C	3
D	4
E	5

Q6. 现在这 4 种啤酒的价格如下（B：2.00 元/瓶　C：2.10 元/瓶　D：1.90 元/瓶　E：3.50 元/瓶），如果 A 的价格是 3.10 元/瓶，请问您首先选择购买哪一个牌子呢？（单选）

A	1
B	2
C	3
D	4
E	5

（二）测试结果及其分析

表 10-6 给出了当品牌 B、C、D、E 的价格分别为 2.00 元/瓶、2.10 元/瓶、1.90 元/瓶、3.50 元/瓶，而测试品牌 A 每瓶价格分别为 2.50 元、2.70 元、2.80 元、2.90 元、3.00 元、3.10 元时，消费者选择 A、B、C、D、E 的人数百分比。此外表 10-6 中还给出了测试品牌 A 在各价格水平上的需求弹性和仿造收益。

表 10-6　不同品牌不同价格的仿造收益

		A 品牌的价格水平					
		2.50 元	2.70 元	2.80 元	2.90 元	3.00 元	3.10 元
消费者选择不同品牌时的人数百分比	A	65%	59%	51%	43%	29%	18%
	B	9.8%	13%	15%	18%	20%	22%
	C	5.3%	6%	8%	9%	11%	12%
	D	6.9%	8%	10%	11%	12%	13%
	E	13%	14%	16%	19%	28%	35%
A 的需求弹性		−1.2	−3.7	−4.4	−1.9	−11.7	—
A 的仿造收益		1.63	1.59	1.43	1.25	0.87	0.56

下面我们根据表 10-6 的结果加以分析。

1. 品牌 A 升价后对自身的影响

从表 10-6 可见，品牌 A 的价格从 2.50 元/瓶开始上升时，消费者对加价的反应并不明显。但当品牌 A 的价格从 2.90 元/瓶升到 3.00 元/瓶时，消费选择它的百分比顿时下降 14 百分点。此一现象从需求弹性来看也得到证实，价格水平 2.90 元的需求弹性是价格水平 2.80 元的需求弹性的两倍多。产生这种现象的原因是什么呢？根据这 5 个品牌目前在市场上的价格，品牌 B、C、D 属于同一类，价格稍低，品牌 A 价格比前三者稍高。而品牌 E 的价格则相对较高，比 A 高出 1.00 元。当品牌 A 的价格从 2.90 元/瓶上升到 3.00 元/瓶，已接近品牌 E，品牌 A 原来的顾客有些选择价格较高而口感较好的品牌 E，有些则选择价格较低而口感稍差的品牌 B、C、D，当然品牌 A 仍然有不少的忠诚顾客。此外从品牌 A 的仿造收益来看，当它的价格从现时的市场价 2.50 元/瓶上升到 3.10 元/瓶，其仿造收益逐步在下降，这说明价格上升并不能增加其利润，因此维持原价不变还是较佳的策略。

2. 品牌 A 升价后对竞争品牌的影响

（1）品牌 C、D 的需求因品牌 A 价格调整而产生的变化不大，品牌 A 因涨价而流失的顾客不太会转去购买这两个品牌。

（2）品牌 B 随着品牌 A 价格的升高，其需求持续增长，当品牌 A 价格上涨到 3.00 元/瓶时，选择品牌 B 的消费者人数百分比上涨了一倍，从原来的 9.8% 上升到 20%。这说明 A 的一部分顾客会因为价格过高而转向购买品牌 B。

（3）在品牌 A 的价格涨至 2.90 元/瓶之前时，其价格变化对品牌 E 的影响很小，而当 A 的价格超过 2.90 元/瓶时，选择品牌 E 的消费者人数百分比立刻产生一个飞跃，上升了 9 百分点，这对于目前只拥有 13% 市场占有率的品牌 E 来说是一个相当高的比例。可以说，当品牌 A 的价格超过 2.90 元/瓶时，它因涨价而流失的顾客几乎都被品牌 E 截住。仅从价格来考虑，品牌 E 是品牌 A 升到一个高价位后最大的受益者，它将成为侵蚀品牌 A 市场的主要对手。

四、推广 Gabor Granger 法的优缺点

推广 Gabor Granger 法的最大优点是方法简单：①问卷设计简单，实地调查便于管理；②被访者容易理解、容易回答；③分析简单。

其缺点是：①必须预先给定测试的价格点，且对每一位被访者均相同；②只能对已给定的价格进行评价。

因此，如果仅要求简单地分析，通常用推广的 Gabor Granger 法即可。如果要较仔细地研究价格，在竞争环境下进行价格测试，且若测试产品的价格变化而竞争品牌的价格亦在变化，采用推广的 Gabor Granger 法就过于复杂的。因此，通常采用 BPTO 法（即品牌价格交替模型）。该模型需要专门的软件，在此就不做介绍了。

第四节　价格敏感度测试

一、方法概述

在新产品开发时，厂商对产品价格的看法和消费者对产品价格的知觉经常会不一致，因此厂商往往不愿意事先设定产品的价格，而希望能通过调查从消费者那里得到产品价格的可接受范围。前面所介绍的方法，均是预先给定价格来询问消费者的购买意向。本节介绍的价格敏感度（price sensitivity measurement，简称 PSM）测试，它不需要预先给定好价格，而是让每位被访者自己表示他们对某产品的可接受价格范围。

1. 研究目的

PSM 通常可用于新产品开发、产品线的扩张（产品线内产品项目的增加）、产品范围的扩张（增加产品线），以确定产品价格的可接受值或范围。

2. 样本的选择

对于新产品的开发，必须从所有可能使用新产品的消费者的总体中抽取有代表性的样本。

对于产品线或产品范围的扩张，样本可以从原来的品牌的使用者中抽取。如果产品范围扩张的目的是鼓励其他竞争品牌的消费者更多地转向本厂的新产品，样本中还应包含目标竞争品牌的使用者。

3. 问卷中的问题形式

出示实际产品或产品概念，然后询问以下问题。

［出示从高到低的价格卡片］

Q1. 这种产品以哪一个价格销售时您开始觉得便宜呢？

Q2. 这种产品以哪一个价格销售时您开始觉得贵呢？

Q3. 这种产品以哪一个价格销售时您开始觉得太贵了，不买呢？

Q4. 这种产品以哪一个价格销售时您开始觉得太便宜了,不相信它的质量而不买呢?
[访问员注意:Q3 的价格＞Q2 的价格＞Q1 的价格＞Q4 的价格]
把被访问者回答的结果,记录在如表 10-7 所示的表中。

表 10-7 被访问回答结果

价格	Q1 觉得便宜	Q2 觉得贵	Q3 太贵以至于不会买	Q4 太便宜以至于怀疑质量
17.75	1	1	1	1
17.50	2	2	2	2
17.25	3	3	3	3
17.00	4	4	4	4
16.75	5	5	5	5
16.50	6	6	6	6
16.25	7	7	7	7
16.00	8	8	8	8
15.75	9	9	9	9
15.50	10	10	10	10
15.25	11	11	11	11
15.00	12	12	12	12
14.75	13	13	13	13
14.50	14	14	14	14
14.25	15	15	15	15
14.00	16	16	16	16
13.75	17	17	17	17
13.50	18	18	18	18
13.25	19	19	19	19
13.00	20	20	20	20
12.75	21	21	21	21
12.50	22	22	22	22
12.25	23	23	23	23
12.00	24	24	24	24
11.75	25	25	25	25
11.50	26	26	26	26
11.25	27	27	27	27

价格	Q1 觉得便宜	Q2 觉得贵	Q3 太贵以至于不会买	Q4 太便宜以至于怀疑质量
11.00	28	28	28	28
10.75	29	29	29	29
10.50	30	30	30	30
10.25	31	31	31	31
价格表中 没有包括 （记录在空白处）				

二、数据分析方法

对每一个价格求出上述每个问题的累积人数百分比,然后画出每一个价格下被访问者开始觉得便宜、太便宜和开始觉得贵、太贵的累积人数百分比曲线图。图 10-7 是这些曲线的一个例子,图中 P2 点所对应的价格(11.5 元)是最优可接受价格,而 P1 到 P3 点所对应的价格范围(9.5～13.5 元)是可接受的范围。

价格敏感度测试除了可以给出消费者可以接受的价格范围和最优可接受价格之外,还可以给出每一个价格水平上,可接受该价格的人数比例和有保留地接受该价格的人数比例。

所谓可接受该价格的人数比例,是指对于这个价格既不觉得贵亦不觉得便宜的人数比例。所谓有保留地接受该价格的人数比例,是指对于这个价格既不觉得太贵亦不觉得太便宜的人数比例。

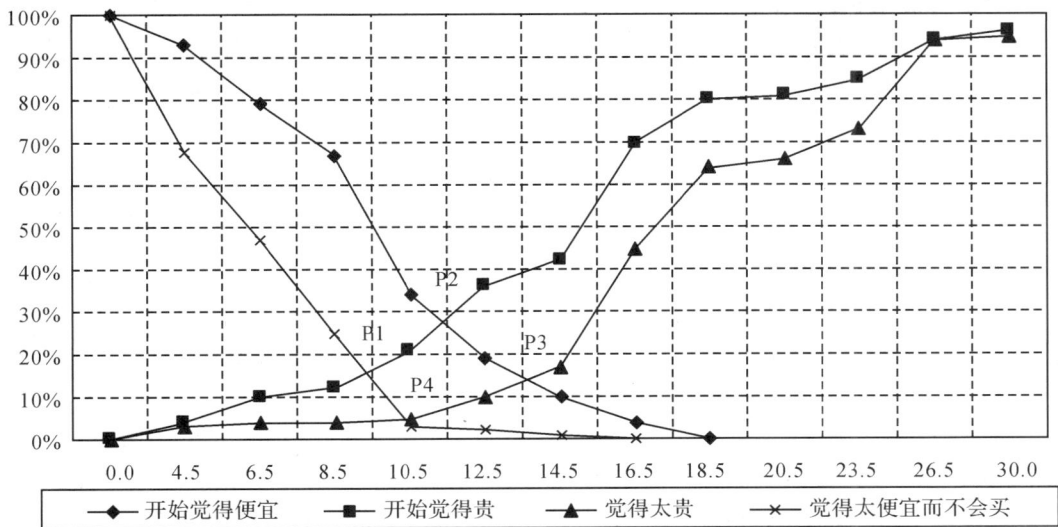

图 10-7　PSM 测试

通常我们会根据上述两个比例画出：①价格与可接受该价格的人数比例曲线（图 10-8 下面的一条曲线），②价格与有保留地接受该价格的人数比例曲线（图 10-8 上面的一条曲线）。

此两条曲线，将消费者分成三类：可接受该价格者、有保留地接受该价格者、不可接受该价格者。图 10-8 中三个区域是这三类人分别所占的比例。例如本例中，可接受价格范围的端点及最优价格上这三类人的比例如表 10-8 所示。

表 10-8　各类人群的百分比

消费者分类	9.5 元	11.5 元	13.5 元
可接受该价格者	25%	50%	47%
有保留地接受该价格者	53%	40%	36%
不可接受该价格者	22%	10%	17%

从图 10-8 下面的一条曲线，我们可以分析价格变化时，可接受该价格者人数比例的变化。

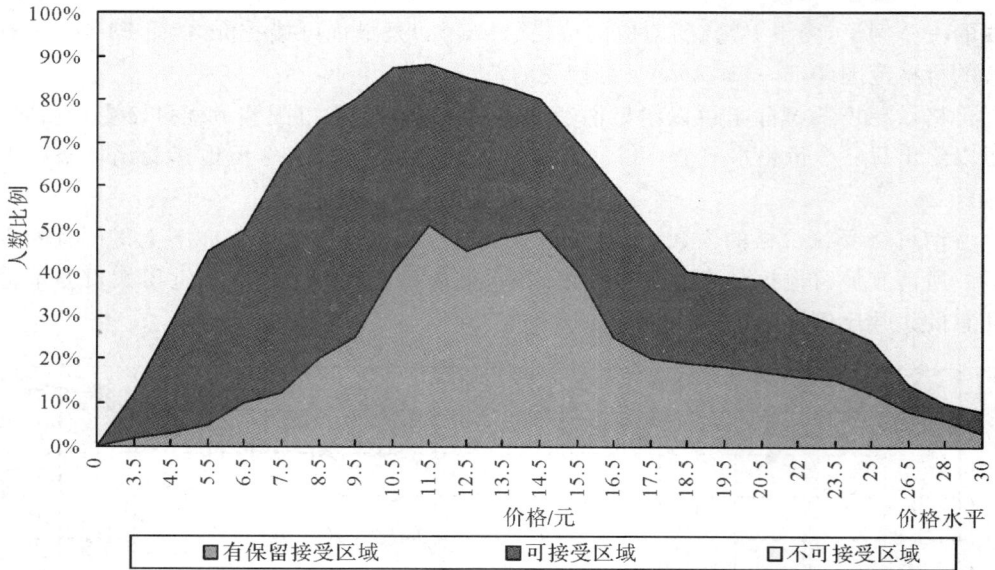

图 10-8　消费者价格接受比例的区域图

在有些价格点上，当价格稍为增加时，可接受人数骤减，这种价格点称为关键点。这就是说，在关键点上，可接受人数比例曲线的斜率（是负数）的绝对值较大。例如图 10-7 中，价格水平 14.5 元就是一个关键点。

从前面的介绍中，我们可以看出价格敏感度测试具有问卷设计简单、访问时管理方便、分析简单的优点。但它也存在两个明显的缺点，一是它没有考虑竞争因素，其次是消费者可以接受价格（对价格既不觉得贵亦不觉得便宜），但并不等于会在这个价格下购买产品。

三、耐用品等的价格研究

前面所介绍的价格研究的方法,对于易耗品价格研究比较适合。但是,对于耐用品、金融产品、服务等,此类方法并不适合。一方面,由于定价的复杂性,耐用品等的价格研究需要考虑的因素更多,不单单是直接成本,还有很多附加价值。另一方面,耐用品等购买决策更具复杂性:对于易耗品,购买决策通常是关于购买"新"产品方面,如决策者从一系列可以得到的产品中选择哪一个,选好之后买或不买;而对于耐用品、金融产品、服务之类的产品,除了关于"新"的决策,还要考虑绩效决策(例如保险大的续约)、转换决策(例如改变电话服务公司)、另外购买(再购买一张信用卡),这些决策中,有些情形下的购买是强迫或必需的,有些情形下则是可选择的。

另外,对于耐用品等产品,消费者不会像购买易耗品那样经常购买,对其兴趣可能相对较低,以至于消费者对此类产品中哪些有用、价格大概是多少的了解很少。在购买这些产品时,消费者会花时间去仔细地研究。因此,提供信息给消费者让他们能做实际的决定是非常重要的。

因此,对于这类产品的价格研究,除了考虑价格因素外,还需要考虑产品的其他特性。在市场研究中,通常会采用联合分析法和选择模型法。

❓ 思考题

1. 价值制定的影响因素有哪些?
2. 介绍简单 Gabor Granger 法的适用范围、存在的不足以及具体的分析方法。
3. 介绍推广 Gabor Granger 法的适用范围、存在的不足以及具体的分析方法。
4. 什么是价格敏感度测试? 介绍价格敏感度测试的分析方法。

✎ 实践题

针对上一章开发的新产品,请各位同学分别利用推广 Gabor Granger 法和价格敏感度测试设计价格研究的问卷,来对本校学生进行实地调查,给出对该新产品的定价建议。

第十一章
广告和媒体研究

教学目的

广告,即广而告知之意。广告是为了某种特定的需要,通过一定形式的媒体,公开而广泛地向公众传递信息的宣传手段。本章主要介绍广告文案研究、广告事后研究、广告追踪研究及传统广告和互联网媒体广告监测的指标。

第一节　广告文案测试

一、广告研究概述

(一)广告对消费者的作用

在现代,广告被认为是运用媒体而非口头形式传递的具有目的性信息的一种形式。它旨在唤起人们对商品的需求并对生产或销售这些商品的企业产生了解和好感,告知提供某种非营利目的的服务及阐述某种意义和见解等。

广告是品牌与消费者沟通的重要形式,它是品牌影响消费者的重要因素。一则广告可以直接改变消费者对品牌的态度。

关于广告是如何对消费者产生作用的,传统上可用 AIDA 模型(见图 11-1)来说明。

第四阶段				ACTION行动（购买）
第三阶段			DESIRE要求	
第二阶段		INTEREST兴趣		
第一阶段	ATTENTION注意			

图 11-1　AIDA 模型

注意是前提因素。如果广告沟通的信息没有引起潜在顾客的注意,那就不可能达到沟通的目的。广告界流行这样一句话:使人们注意到你的广告,就等于你的商品推销出去了一半。能够引起消费者注意的因素有客观和主观两方面。客观因素是指新奇的、相对突出的、运动变化的刺激物及其对消费者感官的刺激。例如新奇的商品,或一些创意上刻意求新,使消费者"一见倾心"的广告宣传就能吸引消费者的注意。主观因素是指消费者已具备了购买商品的需要、欲望和动机,这就促成他们对于某些商品及其有关事物的注意。

引起注意的不同因素下,就形成两种不同的注意,即有意注意和无意注意。无意注意是指事先没有预定的目的,也不需要意志努力,不由自主地指向某一对象的注意。例如,消费者走在大街上,无意中看到某种商品觉得不错,产生了对该商品的注意。有意注意则相反,是指自觉的、有预定目的的,必要时还要付出意志努力的注意。例如,消费者在嘈杂的商店里专心选购商品,就属于有意注意。

引起消费者注意是广告成功的基础。在引起消费者注意之后,下一步就是要引起消费者进一步了解该产品内容的兴趣。这时候应该让消费者了解该产品的优点,并因而引起消费者试用或使用的要求。让这种要求持续下去,就能使消费者最终决定采取实际的购买行动。

广告的最终目的是要诱发人们的购买行为,而人们购买行为的发生往往是和情感活动联系在一起的,情感活动越激烈,购买行为就越容易发生。因此,广告与消费者之间的沟通不是单向的,而是相互作用的,这种相互间的关系是复杂的、系统的、间接的、迂回的。

对广告是如何发生作用的,仅仅用 AIDA 模型则是无法研究透彻的,而必须着重去研究广告和消费者间的相互作用。广告与消费者的相互作用可以分为两个方面:一是消费者对广告的态度,二是广告对消费者的影响。

消费者对广告的态度是指消费者对广告的看法。消费者接触广告后会形成不同的感觉(情绪)和判断(认知),这些感觉和判断有正负两个方面:正的方面,如欣赏、认同、喜爱等会导致真实购买行为的发生;负的方面,如厌恶、憎恨、抵抗等可能会改变原先的购买意图。

广告对消费者的影响是指广告在消费者对于品牌认知及态度上的影响,即产品认知,改变态度,将品牌赋予情感,改变偏好,促使购买。

(二)互联网时代的广告效果研究

传统的广告心理效果研究主要是利用问卷调查和焦点小组等社会调查方法,测量广告对于消费者心理的影响。目前主流的互联网广告心理效果的研究方法仍然遵循了传统广告心理效果评估方法的逻辑,采用了大数据和小数据结合的方式进行。大数据在广告心理效果评估中的应用体现在数据源和数据采集技术上:第三方广告效果监测公司从监测数据库中筛选出观看过该广告的网络 ID(网络身份证),并向其推送问卷,同时选取未观看过该广告的 ID 并发放问卷作为对照组,从而实现了更为科学的抽样,相对于传统调研,样本量也大大增加了。但是在分析层面,仍然是使用传统的心理效果测量模型进行研究,这则进入了小数据的范畴。

除此之外,一些第三方监测公司和技术公司开始尝试利用脑神经技术对这一领域进行变革。尼尔森(Nielsen)早在 2011 年就开始布局脑神经科学领域,并将其应用于广告测试,如文案测试和广告时长压缩。布雷恩神经咨询公司(Brain Intelligence)推出的广告研究服务是利用神经学技术对消费者观看广告时的情绪波动进行实时监测,获得消费者情绪变动数据,再结合传统的问卷及访谈等研究方法,获知消费者情绪变动的原因,从而实现科学的广告心理效果评估,为广告主的决策提供依据。

但是总体而言,脑神经技术在广告对消费者心理影响方面的应用还处于探索阶段,没有实现广泛的应用,更无法做到实时监测。在互联网广告活动中,尽管广告主和代理公司能够实时监测到广告在传播层面和销售层面的效果数据,但是由于心理效果的不可见性,对于广告效果分析仍然处于"知其然而不知其所以然"的阶段,无法及时根据效果产生的具体原因进行创意和媒介计划的优化。

因此,传统的广告效果研究的方法在今天互联网广告大势普及的情况下,仍然具有重要的作用。

二、广告文案测试的指标

(一)文案

所谓文案,并非只是指报纸广告的文案,而是指广告作品。所有报纸广告作品、杂志广告作品、电视广告作品、电台广告作品、互联网上的广告作品等都是文案。

广告的主要任务是把广告的内容传达给消费者。广告文案将传送者的意图正确地传达给消费者,并向消费者心理做强力的诉求,提高对广告商品品牌的评价,引起购买欲望,这是广告文案的功能。但是这些功能的实现是否达到创作者原来想要达到的要求,必须用科学的方法加以测定。

广告文案测试亦称广告事前测试,它是广告文案在发稿之前所进行的测试。广告文案测试可以用定性研究方法也可以用定量研究方法。在广告文案测试中,通常会给测试广告十分有利的条件,以便被访者有充分的机会去了解广告的内容。例如如果广告文案测试的目的是了解目标观众对广告信息的理解及广告打造品牌有利形象的能力,测试时就会安排观众仅观看测试广告和品牌,这就无形中给观众许多有利于品牌的机会。如果在这种情况下,观众对被测广告文案的评价很低,那么在实际情况下,其评价将更差,因为在实际情况下,测试广告将没有这种有利方面。如果测试结果是有利的,这只能说明广告文案没有什么错误,可以进行下一步市场营销组合决策。

因此广告事前测试只能说明消费者是否拒绝广告文案,而不是说明消费者是否接受广告文案。

(二)文案测试主要指标

广告文案测试的指标主要包括以下两方面。

1. 传达力

传达力,包括:①广告回忆,指广告从众多广告中被区分出来,并被消费者记住的能力;②记忆力,指广告片中被记住的内容,如产品名称、企业名称、诉求重点、广告内容(故事内容、画面、音乐、主题歌、对白、人物、景象)、产品特性和优点;③沟通效果,指广告表达的主要信息(诉求重点)。

2.说服力

说服力指广告打造品牌的有利形象的能力。

图 11-2 常用来表示广告传达力和说服力的关系。在该图中,纵轴表示传达力,横轴表示说服力。一个典型的有效广告应该在传达力和说服力两方面都有高的数值,如图 11-2 中 A 点所示。不过在实际问题中,更重要的却是要处理好二者之间的主次关系。事实上,在某些产品类别中,广告诉求主张的说服力更为重要(如图 11-2 中 C 点所示);而在另一些产品类别中,有效的传达力更加重要(如图 11-2 中的 B 点所示)。

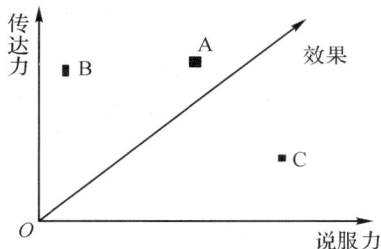

图 11-2　广告传达力与说服力的关系

一般来说,一个广告如果不能传达给足够的消费者,那么它也就没有足够的机会来表现其广告诉求主张,因此任何一个广告必须具有一个最低的传达力。

三、广告文案测试的定性

座谈会是广告文案测试的一种常用的定性方法,其方法是按照研究目的选择座谈会被访者,先展示广告作品给被访者看,然后按照座谈会大纲进行座谈。

(一)座谈会大纲要点

座谈会大纲中有关广告文案测试的内容可从下述各项中加以选择。

1.对广告片的即时反应

当您看到这部广告片时,它给您的第一感觉是什么? 喜欢什么地方? 不喜欢什么地方? 为什么?

2.对广告片的记忆

请用您自己的话描述一下在这部广告片中您看到什么、听到什么。广告中的产品及生产厂家的名字分别是什么?

3.广告片的主要信息

这个广告讲了一些什么内容? 您认为这部广告片想表述的主要信息是什么? 它试图告诉您什么?

4.广告片的理解难度

您觉得这部广告片中的内容是否容易明白? 有哪些不容易明白的地方?

5. 广告片的可靠性

对于这部广告片所讲的内容，您认为它的可信程度如何？可信的地方？不可信的地方？

6. 广告信息的关联性

您认为这部广告片所讲的内容中有哪些地方与您有关？哪些是重要的？哪些地方与您没什么关系？

7. 广告片的独特性

您认为这部广告片是否独特？有哪些地方与其他广告片不同？与其他广告片十分相似的地方：①广告形式，②产品。

8. 对广告制作方面的评论

喜不喜欢里面的旁白？为什么？音乐怎样？喜欢吗？为什么？画面怎样？喜欢吗？为什么？音乐和画面、旁白的配合怎样？合适吗？

9. 产品印象

您觉得广告片所讲的产品是哪一类产品？质量如何？高还是低？您觉得广告中的产品有什么特点？您觉得广告中的产品会给您带来什么好处？这些好处对您是否重要？您认为这种产品是否独特？市场上是否有类似的产品？与您最常用的产品相比，有何相似与不同？您认为广告片所描述的内容是否适合所讲的产品？有哪些地方不合适？

10. 使用者形象

考虑会使用/购买这产品的人的因素：①性别、年龄、职业、收入、社会地位，②穿着、娱乐、兴趣，③性格内向还是外向，④较时髦还是较保守。

11. 购买意向

您有兴趣购买/使用广告片中的产品吗？是经常还是偶然？为什么？

(二)座谈会中常用的投射技术

在座谈会中，为了解广告产品的使用者形象，除了直接询问"谁会购买/使用这产品？"外，常用投射技术的词汇分类法来了解被访者内心深处的想法。其做法是：给被访者一系列的词汇，请他们选出与广告产品的使用者有关的词汇，并请他们解释为什么要选这些词汇，以了解被访者对这些词汇的理解与座谈会主持人的理解是否相同，然后根据所有被访者选出的词汇及其解释来分析广告产品的使用者形象。

为了了解广告品牌的形象，可用投射技术的拼图法。其做法是从杂志中剪出许多图片，请被访者根据自己对被测广告品牌的印象选出图片来拼图，并询问为什么选择这些图片、为什么这样摆放，然后根据所有被访者的结果来分析品牌形象。

四、广告文案测试的技术

以下举例说明广告文案测试的技术。

做法是在购物中心处随机拦截被访者，请他们在放映室观看电视节目，节目中包含 7

个广告,其中最多可以有 4 个被测广告(分别属于不同研究目的的广告文案)。被访者预先不知道是在做广告文案测试,只是被告知是在做电视节目测试。测试分 3 个步骤进行,以便收集不同的广告效果指标。

(一)说服力

被访者在观看电视节目之前被告知为了感谢被访者,测试后会进行抽奖活动,如果抽到奖后可以在一系列产品种类的礼品单中,每类选出一个品牌作为礼物。在被访者选好后,开始播放 10 分钟电视节目,然后告诉被访者,本次测试实际上会进行两次抽奖活动,如果在第二次抽奖活动中中奖,同样可以在上述礼品单中,每类选出一个品牌作为礼物。由此可以得到品牌的广告说服力:某品牌的广告说服力＝广告播放后选择该品牌的比例－广告播放前选择该品牌的比例。

在被访者选择好第二次抽奖的礼品后,询问以下 2 个问题。

(1)您刚才看的电视节目与您曾经看过的同类型节目比较,您觉得怎样?

是我曾经看过的同类节目中最好的一个 ·· 5

比我曾经看过的同类节目好些 ·· 4

和我曾经看过的同类节目差不多 ·· 3

比我曾经看过的同类节目差些 ·· 2

是我曾经看过的同类节目中最差的一个 ·· 1

(2)您是否会介绍您的朋友看这个节目?

肯定会介绍 ·· 4

可能会介绍 ·· 3

可能不会介绍 ·· 2

肯定不会介绍 ·· 1

这两个问题将不进行统计,其目的是继续掩盖该测试实为广告文案测试的事实。

(二)广告回忆

接着询问 3 个关于广告产品、品牌记忆的问题。

1.您记得电视节目中所看过的广告吗? 您能告诉我有哪些广告吗?

2.[如果被访者没有提到测试广告的产品种类]您是否看过一个××产品的广告呢?

3.[如果被访者没有提到测试广告的品牌]您是否看过一个××品牌的广告呢?

统计消费者是否看过各品牌或产品广告的情况,接着询问以下问题。

4.您刚才说您看过××产品的广告,那么您能否告诉我您所记得的关于这个广告的内容呢? 您看到什么内容呢? 您听到什么内容呢?

统计看到过的品牌的广告内容,听到或看到的百分比。

(三)对广告片和广告品牌的反应

再播放一次测试广告,然后询问 6 个诊断性问题。此时被访者知道是在进行广告文案测试了。

C1.请问这广告片除了说服您购买产品外,还想说清楚些什么东西?

统计问题C1有关产品定位方面回答的比例,可以得到文案理解效果的度量。

C2.与您过去看过的同类产品广告相比较,您觉得这个广告怎样?

是我曾经看过的同类广告中最好的一个 ··· 5

比我曾经看过的同类广告好些 ··· 4

和我曾经看过的同类广告差不多 ··· 3

比我曾经看过的同类广告差些 ··· 2

是我曾经看过的同类广告中最差的一个 ··· 1

统计问题C2答5的比例,这个比例可以作为广告总体印象的度量。

C3.这个广告有哪些地方是您特别喜欢的? 有哪些地方是您特别不喜欢的?

统计各种特别喜欢的地方的比例,这个比例可以作为对广告态度的度量。

C4.分别就广告的吸引力、可信性、是否容易明白询问被访者:请问您认为这部广告片是否吸引人(可信、容易明白)?

非常吸引人(可信、容易明白) ··· 5

比较吸引人(可信、容易明白) ··· 4

一般 ··· 3

比较不吸引人(可信、容易明白) ··· 2

非常不吸引人(可信、容易明白) ··· 1

统计问题C4答5和4的比例,可以得到广告文案在上述三方面的效果。

C5.广告品牌形象:下面我会读出一些描述××品牌产品的语句,请您根据从刚才这个广告得到的信息,告诉我您对这些语句的同意程度。

	非常 不同意	有点 不同意	既不同意 也不反对	有点 同意	非常 同意
语句甲	1	2	3	4	5
语句乙	1	2	3	4	5
语句丙	1	2	3	4	5

统计每个语句"有点同意"和"非常同意"的比例,可以得到广告品牌的形象。

C6 购买意向:请问卡片上的哪句话最能代表您今后购买××品牌的意向呢?

肯定会买 ··· 5

可能会买 ··· 4

不能确定是否会买 ··· 3

可能不会买 ··· 2

肯定不会买 ··· 1

统计"肯定会买"和"可能会买"的比例,这个比例从另一个角度说明广告的说服力。

第二节　广告事后测试与跟踪研究

广告投放后，要即时了解广告效果，并跟踪了解，以便及时替换广告。本节将介绍广告事后测试方法。

一、次日广告回忆研究

(一)问卷设计

次日广告回忆研究是在广告放映第二天，从收看过该广告的人中抽取访问样本，然后用问卷询问他们记得广告的哪些内容。其详细的操作步骤如下。

1. 甄别问题，选出被访者。

Q1. 昨晚您有没有看过电视节目?

有……………………………………………………1

没有…………………………………………………2(中断访问)

Q2. 您昨晚是否看过××产品(测试品牌的产品)的电视广告?

有……………………………………………………1

没有…………………………………………………2(中断访问)

Q3. 您看过××产品中哪些品牌的广告?

提及测试品牌………………………………………1(跳问 Q5)

没有…………………………………………………2(中断访问)

Q4. 您有没有看过××品牌的广告呢?

有……………………………………………………1

没有…………………………………………………2(中断访问)

Q5. [描述测试品牌广告前的场景]您有没有看过这个地方?

有……………………………………………………1

没有…………………………………………………2(中断访问)

Q6. [描述测试品牌广告后的场景]您有没有看过这个地方?

有……………………………………………………1

没有…………………………………………………2(中断访问)

Q7. 在前后场景之间的时间内您有没有离开电视机?

有……………………………………………………1

没有…………………………………………………2(中断访问)

Q8. 这段时间内您有没有做其他事?

有……………………………………………………1(中断访问)

没有…………………………………………………2

Q9.在这段时间内您有没有转换频道?

有 ·····································1(中断访问)

没有 ·····································2

2.对选出的被访者,询问下述问题。

A1.您说您看过××品牌的广告,您记得那个广告的内容吗?

记得 ·····································1

不记得 ·····································2(中断访问)

A2.请问这个广告是关于什么的?里面播放了些什么?说了些什么?还有呢?

_____

A3.请再想一下这个广告,您认为这个广告想告诉您关于这个品牌的什么信息?还有呢?

_____

(二)数据分析

将上述问题的答案整理成两张表格来进行分析,表 11-1 是第一张表格的一个例子。

表 11-1　测试数据

测试内容	百分比/%	百分比/%
与广告有关的内容的回忆		22
其中:特别的回忆	15	
一般的回忆	7	
与广告不相关的内容的回忆		25
不能回忆起任何内容		21
广告节目播放时在场,但没有注意到测试品牌广告		32
合　　计		100
其中能回忆起品牌名称		15

注:基数=所有看过测试品牌电视广告的被访者人数=120 人。

表 11-1 的基数是所有看过测试品牌电视广告的被访者,即 Q3 中答"1"或 Q4 中答"1"的被访者。广告节目播放时在场,但没有注意到测试品牌广告的人,即 Q3 中答"1"或 Q4 中答"1",而 Q5 到 Q9 中已经中断访问的人。不能回忆起任何内容的人即 Q1 到 Q9 未中断访问,而 A1 中答"2"的人。

从表 11-1 可知,本例中所测试的广告其效果是成问题的:约 1/3 的被访者没有注意到该广告;约 115 的被访者虽然看过该广告,但说不出任何内容;1/4 的被访者虽然能说出一些内容,但这些内容却是与广告不相干的;能够正确地说出广告内容的被访者仅是 22%,而其中能回忆起品牌名称的被访者仅占基数的 15%。

表 11-2 回忆百分比

	百分比/%	不重复人次百分比/%
文案回忆		18
诉求点 1	11	
诉求点 2	7	
诉求点 3	3	
诉求点 4	4	
情景回忆		15
制作点 1	11	
制作点 2	2	
制作点 3	2	
制作点 4	4	
制作点 5	2	

注:基数＝所有看过测试品牌电视广告的被访者＝120 人。

表 11-2 是第二张表格的一个例子。第二张表格是将被访者回忆起内容逐字逐句地写出然后分类统计百分比。其中文案回忆是指广告说的主要信息的回忆,可按诉求点分类,本例中有 4 个诉求点。而情景回忆是指广告表现中主要情景的回忆,可按广告制作的要点来分类,本例中有五个制作要点。由于同一被访者可以回忆起多个诉求点,所谓不重复人次是指不论被访者回忆起多少个诉求点,在计算百分比时仅算 1 人。虽然表 11-2 的基数仍然和表 11-1 一样,即所有看过测试品牌电视广告的被访者 120 人,但回答具体内容的人数仅为 56 人,其中能回忆起正确内容的人为 $120 \times 22\% \approx 26$ 人,回忆起其他内容的人为 $120 \times 25\% = 30$ 人。

一般来说,如果第一张表(见表 11-1)中能够正确回忆起广告内容的被访者人数不多的话,分析第二张表(见表 11-2)的作用就不大,此时可以不统计第二张表。

(三)研究的注意事项

研究的注意事项如下。

首先,次日广告回忆研究要求广告播放后到测试前不能再播放该广告,也不能在其他媒体播放或登载该品牌的广告。否则,当测试结果表明与广告有关内容的回忆百分比很高时,将无法分清究竟是广告的效果、广告重复播放的效果,还是电视和其他媒体综合的效果,或是所有这些因素造成的结果。

其次,次日广告回忆研究要求广告所在的电视节目的收视率至少有 50%,否则为了找到合格的样本,会浪费很多时间和费用。例如,如果该电视节目的收视率为 20%,那么访问 10 个人只能找到 2 个合格样本,其他 8 个人都不合格,时间和费用都白白浪费了。

再次,次日广告回忆研究要求测试广告放在电视节目广告中的第一个广告位置,这样所得到的两张数据分析表格(见表 11-1 和表 11-2)中的百分比才能与标准值相比较,因为次日广告回忆研究的标准数据库是按这样规定统计出来的。

最后,次日广告回忆研究要求广告诉求对象与该电视节目观众的人口统计特征匹配,否则所得到的两张数据分析表格的百分比是没有用处的。当然,对所有广告测试均有这个要求。

(四)优缺点

次日广告回忆研究的优点是广告播放后很快就可以知道广告的传达力,但它只能给出如表 11-1 和表 11-2 所示的简单百分比,它不能给出品牌和广告知名度、广告说服力等指标,也不能得到许多定性记忆内容。次日广告回忆研究通常用于测试具有新特点的广告的效果。实践证明,如果广告片中没有什么特点,那么通过次日广告回忆研究也不能得到什么东西。

二、广告跟踪研究

(一)广告跟踪研究的作用

广告跟踪研究通过对某类产品中自己及竞争对手的广告实施的连续跟踪,可以有如下作用:①尽早地发现并撤换低效率的广告,②防止好的广告被过早地替换,③确定最佳广告预算并做好各个时期的预算分配,④借鉴竞争对手的成败经验供自己参考,⑤利用过去的经验,方便以后更好地推出广告。

(二)数据收集方法和频率

广告跟踪研究是通过对特定目标顾客的样本进行个人问卷访问来收集数据的,每次采用的问卷均是标准问卷。由于受访问的影响,被访者在访问以后会以一种不同的态度来观看广告,故每次应更新样本,但样本的选择条件应保持一致。

数据收集的频率取决于客户的情况,例如广告预算的多少、广告活动的频率、客户是否要求迅速获得信息等,通常可有如下几种频率。

1. 每周一期

每周开展连续性的数据收集要求有很大广告预算,其主要好处是:通过这种方法能建立具有知名度的数学模型,此外还能保证对所有广告进行监控,新的广告能很快地被发现,广告的最佳表现也能得到精确的测量。

每周 75 或 100 个样本是一般的抽样容量,将连续 4 周作为一个报告期。不过要观察变化较慢的尺度,比如品牌形象,同时还要收集大量数据,以便对次级群进行分析。

2. 每月一期

当竞争控制极其重要且有大的广告预算时,建议采用每月一期、每年 12 次的实地访问方式。数据收集在每个月的某个固定时点进行,比如说每个月最初的 5～10 天。

每次调查,典型的样本容量是 200～300 个。然而当市场分割较细、广告的品牌数较多时,则有必要增加样本的数量,这样可保证有足够数目的被访者能回忆起某个特定广告,以便分析他们的广告内容回忆情况。

从理论上来说,有人可能认为仅在该月的某一周进行调查将收集不到完整、连续的数据,有的广告可能会观察不到,如在实地访问后突然出现的广告。不过研究的经验表明,集中在某一周开展实地访问,实际上也很少"漏过"各种竞争的广告活动。因为大多数的广告活动都在一个月以上,被访者一般在看过广告 4～6 周内都能回忆起广告。

3. 两月一期

当对建立在产品使用基础上的次级群的分析很重要或经费有限时,可采用两月一期、每期 300 个样本、全年 6 次的数据收集方式。有些客户要进行次级群的分析,则应该每期调查 500～1000 个样本。当然,这种收集频率可能会遗漏对某些广告的最好回忆记录。

4. 每年四次

在变动较慢的市场上,如保险业,经费一般不多,每年四次就足以满足要求。若要求分析次级群,则应选择 300～1000 个样本。

5. 时令性广告的调查时间

对于季节性、时令性强的产品,最好的办法是在广告活动实施之前、之中、之后进行每月一次的数据收集。事前数据收集是为建立一个比较基点,事前调查的问卷应除去有关广告内容回忆的问题。

(三)评价广告效果的标准

关于如何评价广告效果,许多企业营销人员认为,广告费是以提高销售额为目的而支出的,因此广告效果应以广告费支出的增加和销售额增加的比率来表示较为适当。

然而销售额的增加,不仅仅是广告的效果,而是全部营销组合因素,例如产品质量、包装、价格、销售促进、销售网络的强弱等共同作用的结果。此外竞争企业的动向、气候、季节、消费者嗜好、生活方式的变化、景气动向等都会影响销售额。所以如果只凭销售额的增加量来测定广告效果,可能会导致广告策略方向的错误。

为了测定广告效果,许多学者从广告对消费者的作用、广告与消费者相互关系,提出了各种测定广告效果的模式。此外世界上许多著名的专业市场研究公司也开发了自己的广告跟踪研究专门技术。下面我们综合这些资料提出一个可供实际操作的广告效果评价标准。

1. 品牌和广告知名度

广告要有效果,必须要让足够多的目标顾客接触到广告信息,如果看过并记住广告的人数不多,广告效果必然不佳。因此评价一个广告的效果,首先必须了解广告品牌的知名度和广告知名度。广告知名度要和广告花费一起分析,才能评价广告的效果。

通常可以通过观察每期的广告知名度和广告费用的变化来评价广告效果。评价的基本标准是:在一段时间内,广告费用的投入在多大的程度上成功地转化为广告知名度。

2. 广告内容回忆分析

当一个广告的知名度达到一定的水平时,谈及广告效果就有了基本保证,但这并不能就此保证广告具有效果,还需进一步分析广告知名度的质量。被访者对广告内容和广告传达信息的回忆反映了广告知名度的质量,因此我们必须对它进行深入的分析。

在对广告内容和传达信息进行分析之前,先要按广告内容和传达信息的回忆将被访者进行分类。

首先按照广告内容回忆可将被访者区分为主动参与者和被动参与者。在知道广告的被访者中,有一部分人仅能提及品牌名、产品类别、众所周知的品牌特性,这些特性适用于同类产品的任何品牌,而与特定的广告及其诉求点关联不大,这部分人我们称为被动参与者。而另一部分知道广告的被访者,除了能提及被动参与者所提及的内容外,还能详尽描述广告的诉求点和故事情节,这表明这些人相当注意广告,并能在较长时间内记忆广告的一些具体要素,这部分人我们称为主动参与者。

除了主动参与者和被动参与者分类外,第二个划分标准是被访者对传达信息的回忆是否与品牌相关联,是否与目前的品牌的策略相一致。单单是被访者主动参与广告活动还不能保证广告具有强的说服力。有些被访者之所以主动参与广告活动,主要是因为广告的趣味性,而与品牌关联不大,这种主动参与是无法证明广告的说服效果的。另一些被访者因为广告陈述有趣且广告中的产品对他们很重要而主动参与广告活动,对于这种与品牌相关联的主动参与者,才能证明广告有说服力。在分析相关性时,要弄清在某段时间内,广告突出的是哪些内容,目前品牌策略中要传达的信息是哪些,应同客户一道来进行这种分析。

表 11-3 是按上述两个标准将知道该广告的被访者进行的分类。

表 11-3　知道该广告的被访者分类

知道该广告的被访者			
无记忆	被动参与	主动参与	
		仅出于兴趣	与广告内容相关联

为了分析目标顾客对广告活动的参与程度,可以根据广告内容回忆划分的两个尺度(主动或被动,相关或不相关),对回忆内容进行这样分级:主动且相关—仅主动—仅相关—被动—无记忆。然后,以被访者人数为基数,统计出上述每一级别所占的比例,以分析广告知名度的质量。此外,还可以将各期的结果描图,以分析各级别所占比例的变化趋势。

3. 广告板的认知分析

提示后被访者声称看过被跟踪研究的广告,还需出示广告板加以进一步确认,即出示被跟踪研究的广告板后,询问被访者是否看过这个广告。所谓广告认知度就是回答看过该广告的被访者占总样本的比例。

对于回答看过该广告的被访者,进一步询问广告中的品牌名称,然后分别统计正确回答品牌名称、错误回答品牌名称、不知道品牌名称的百分比。

最后,还要分析广告知名水平。广告知名水平有下面 3 种。①仅声称知名:提示后被访者回答知道该广告,但出示广告板后,却回答没有见过该广告板,且在广告内容回忆中,说不出任何看到的、听到的广告内容。②仅认知广告板:出示广告板后,回答见过该广告板,但在广告内容回忆中,说不出任何看到的、听到的广告内容。③正确回忆:出示广告板后,回答见过该广告板,且在广告内容回忆中,能正确地说出广告内容。

广告认知度和正确回忆百分比反映文案的沟通效果。如果这两个百分比很低,说明广告文案有问题。

4. 对广告的态度

消费者接触广告后,会形成不同的感觉和判断,而消费者对广告的感觉影响消费者对广告的态度。态度有正负两个方面:正的方面,如欣赏、认同、喜爱等,它们会自动地转移到品牌上,并导致消费者购买产品的行为;负的方面,如厌恶、憎恨、抵抗等,它们可能会改变消费者原先的购买意图。因此了解消费者对广告的态度,也是评价广告效果的重要标准。在广告跟踪研究中,了解消费者对广告的态度,是通过列出一系列对广告的评价语句,让被访者对每一句评价语句表示其同意程度来进行的。通常同意程度分五级:非常不同意、有点不同意、无所谓同意不同意、有点同意、非常同意。在访问完成后,对正面评价语句统计非常或比较同意的百分比以及平均数;对负面评价语句统计非常不或比较不同意的百分比和平均数。由这些百分比和平均数就可以判断消费者对广告的态度。

5. 广告品牌的形象

广告正式播放后所引起的广告知名度和品牌知名度的上升,广告内容回忆分析所反映的广告知名度的质量,广告板认知分析所证实的广告沟通效果,以及消费者对广告的态度等方面,最终改变了广告品牌在目标顾客中的形象。广告的实际输出是品牌形象。这个品牌形象促进了消费者对品牌的试用及重复购买和使用的行为。因此广告品牌的形象,也是评价广告效果的重要标准之一。广告跟踪研究中测定广告品牌和竞争品牌的品牌形象的方法和 U&A 研究中的方法完全相同。

关于品牌形象,有一点是值得指出的。实际工作者往往认为广告是形成品牌形象的主要力量。但是实践证明,消费者对产品质量的知觉及使用产品的经验对形成品牌形象比广告更为重要,因为消费者只有在试用产品后才会相信品牌形象。广告只能让消费者对广告品牌有一个初步的印象,这个印象只有经过使用得到证实后,才会稳固地在消费者脑海中形成形象。因此,广告的重复暴露、满意的购买及使用经验建立了品牌在目标顾客心目中的形象。从这里也可以知道,如果在广告投放之后马上进行广告效果测试,例如次日广告回忆研究,广告没有足够的时间传播,就不可能全面地测定广告的效果。

6. 对广告品牌的偏好

广告品牌在目标顾客心目中形象的建立,改变了消费者对品牌的态度和偏好。为了测定广告效果,在广告跟踪研究的问卷中也要询问 U&A 研究的问卷举例中的问题 D1,以测定消费者对测试品牌和竞争品牌的偏好。按照问题 D1 的答案 1—4,我们可以把品牌的使用者分为 4 类人:①"它是我唯一使用的品牌",这类人称为品牌的坚定使用者;②"它是我经常使用的几个牌子之一",这类人称为品牌的偏好者;③"它不是我喜欢的牌子,偶尔会使用",这类人称为可接受品牌者;④"我曾经用过这个牌子,但不想再用",这类人称为品牌的拒绝者。

7. 广告品牌的市场占有率

广告的最终目的是提高该品牌产品的销售额和占有率,因此在广告跟踪研究的问卷中可加入 U&A 研究问卷中的问题,包括曾经用过的品牌和最常使用的品牌,以粗略地估计广告品牌的市场占有率,公式如下

$$市场占有率＝提示后知名度×品牌引力×产品引力$$

估计出市场占有率后,应分析其中哪些是广告媒体的效果,哪些是广告的效果,哪些是产品使用后的效果。

(四)广告跟踪研究中的问卷

在广告跟踪研究中,每次调查都采用相同的问卷。正如前面所述,世界上各著名市场研究公司都有其专门的标准问卷。这里根据前面所介绍的评价广告效果的标准,建议可采用如下问卷做调查,并用前面所介绍的方法对调查的数据进行分析。下面以一个例子进行具体说明。

1. 提示前广告知名度

Q1. 我想同您谈谈(*产品类别*)的广告。您最近特别注意过哪些(*产品类别*)的广告?〔不给予任何提示,记下提及的所有品牌和答错的情况〕

---

2. 提示前品牌知名度

Q2. 现在请您说出您所知道的(*产品类别*)的品牌,包括您能想起的所有品牌,以及您仅仅是知道品牌名的品牌。

〔不给予任何提示,记下提及的品牌和答错的情况〕

---

3. 提示后品牌知名度

Q3.〔出示有品牌标记的卡片(8～10 个品牌)〕在这些卡片上有一些(*产品类别*)的品牌,您听说过其中的哪个? 请告诉我所有您听过的品牌,包括您仅知道品牌名的。

品牌 A	1
品牌 B	2
品牌 C	3
品牌 D	4
品牌 E	5
品牌 F	6
品牌 G	7
品牌 H	8

4. 提示后广告知名度

Q4. 下面我想请您想一想(*产品类别*)的电视广告。对于每一个品牌,我想请您告诉我,您最近在电视上有没有看到过它的广告呢?

［针对被访者在 Q3 中知道的品牌，循环提问］

请问您最近在电视上是否看到过××（读出品牌名称）的广告？

（请从"√"处开始循环）

	是	否
品牌 A	1	2
品牌 B	1	2
⋮		
品牌 H	1	2

5. 广告内容回忆

［只询问 Q4 中答看过"××广告"的被访者］

Q5. 您说您看过××广告，您记得那个广告的内容吗？是关于什么的？里面播放了些什么？说了些什么？［仔细追问］还有呢？

_____

Q6. 请想一下，您认为××这个广告想告诉您关于这个品牌的什么信息/内容？［仔细追问］还有吗？

［提示］这个广告想告诉您这个品牌的一些什么好处？［仔细追问］还有吗？

_____

Q7. 您能告诉我是哪个公司生产广告中的这个产品的吗？

_____

Q8. 您认为这个电视广告想告诉您哪一类型的人会使用××品牌呢？

_____

Q9. 请问您记得××广告中，有没有广告口号？

有	1
没有	2→跳问 Q11

Q10. 请问它的口号是什么？［追问］还有呢？

_____

Q11. 对于这个电视广告，您有哪些喜欢的地方？［追问］还有呢？

_____

Q12. 对于这个电视广告，您有哪些不喜欢的地方？［追问］还有呢？

_____

6. 出示广告板后对广告的认知和评价

［出示广告板］

Q13. 请问您是否在电视里看到过这个广告？

是	1
否	2
不知道	3

Q14.请问您是否记得这个广告中介绍的是什么品牌的(<u>产品类别</u>)呢？(单选)

品牌 A   1

品牌 B   2

⋮

品牌 H   8

[再次出示广告板]

[如果被访者说不出,说不全或说错品牌,再出示广告板]这是××品牌的电视广告。

[出示卡片]

Q15.下面我会读出一些用来形容这个广告的句子,请用卡片上的话来告诉我您对每句话的同意程度(见表 11-4)。

表 11-4　评价表

序号	描述语句	非常不同意	有点不同意	无所谓同意不同意	有点同意	非常同意
1	这个广告很有趣/很好看	1	2	3	4	5
2	看这个广告是令人讨厌的	1	2	3	4	5
3	这个广告很容易理解	1	2	3	4	5
4	这个广告让我难忘记	1	2	3	4	5
5	这个广告中所说的关于这个品牌的东西与我有关	1	2	3	4	5
6	这个广告是独特的	1	2	3	4	5
7	这个让我感到厌倦	1	2	3	4	5
8	这个广告引起情绪反应	1	2	3	4	5

7.认知品牌的品牌形象

Q16.将 Q3 中被访者没有认出的品牌标记卡拿开,让其看剩下的标记卡:请告诉我您认为这些品牌是怎样的。

这里有一些描述语句,对于每条描述语句请告诉我您认为哪个(些)品牌特别适合。如果您认为适合的不止一个品牌,请说出您认为适合的所有品牌,您也可以说没有任何一个品牌适合。

[访问员:圈出被访者的回答,检查是否每条语句有至少一个答案。]

品　　牌	A	B	C	D	E	F	G	H	无
我喜欢该品牌	1	2	3	4	5	6	7	8	9
我信得过该品牌	1	2	3	4	5	6	7	8	9
我听过许多关于该品牌的信息	1	2	3	4	5	6	7	8	9
物有所值	1	2	3	4	5	6	7	8	9
该品牌可提供别的品牌所没有的东西	1	2	3	4	5	6	7	8	9
该品牌代表高质量的产品	1	2	3	4	5	6	7	8	9
该品牌很适合我	1	2	3	4	5	6	7	8	9
具有现代气息	1	2	3	4	5	6	7	8	9
技术先进	1	2	3	4	5	6	7	8	9
使用经济	1	2	3	4	5	6	7	8	9
随处可以买到	1	2	3	4	5	6	7	8	9
经常降价销售	1	2	3	4	5	6	7	8	9
是个传统的品牌	1	2	3	4	5	6	7	8	9
我会向他人推荐该品牌	1	2	3	4	5	6	7	8	9
我很喜欢该品牌的广告	1	2	3	4	5	6	7	8	9
广告为我提供了关于服务/公司的好的信息	1	2	3	4	5	6	7	8	9
我喜欢看该品牌/公司的广告	1	2	3	4	5	6	7	8	9
与具体品牌有关的其他陈述	1	2	3	4	5	6	7	8	9

8. 使用情况

Q17. 请问您曾经使用过哪些品牌的_____（产品类别）呢？（复选）

Q18. 请问您最常使用什么品牌的_____（产品类别）呢？（单选）

	Q17	Q18
品牌 A	1	1
品牌 B	2	2
品牌 C	3	3
品牌 D	4	4
品牌 E	5	5
品牌 F	6	6
品牌 G	7	7
品牌 H	8	8

9. 对品牌的偏好

［将被访者在 Q17 中回答的品牌在 Q19 的品牌名称处打"×"，然后从打"√"处循环读出打"×"的品牌，提问 Q19］

Q19. 现在我想了解一下您对一些_____（品牌名称）品牌的使用情况，卡片上有一些关于这方面的句子。现在我读出一些品牌名称，请从四个句子中选择答案。［注意每列单选］

品牌名称	A	B	C	D	E
我曾用过这个牌子，但不想再用	1	1	1	1	1
它不是我喜欢的牌子，偶尔会使用	2	2	2	2	2
它是我经常使用的几个牌子之一	3	3	3	3	3
它是我唯一使用的牌子	4	4	4	4	4

第三节　媒体研究和媒体计划

一、传统媒体的监视指标

(一)媒体分布和媒体视听率

传统广告媒体是指传递广告信息的物体。凡能在广告主与广告对象之间起媒介作用的物质,都可以称之为媒体。传统的四大媒体为报纸、杂志、电台、电视,另外还包括店铺媒体、户外广告媒体、交通广告媒体、邮寄信函广告媒体等。

所谓媒体分布是指媒体配达到消费者手中的单位数。它在报纸、杂志中是指销售份数,在波媒体中是指电视机/收音机的台数。

媒体视听率对报纸、杂志来说叫读者率。例如,某市某日甲报纸的读者率的计算公式为

$$读者率 = \frac{该日阅读过甲报纸的人数}{该市总人数} \times 100\%$$

媒体收视率对电视来说叫收视率,例如某市甲电视台某时段收视率的计算公式为

$$时段收视率 = \frac{该时段收看甲电视台的人数}{该市有电视机的家庭总人口数} \times 100\%$$

媒体收视率又如某市甲电视台某节目收视率的计算公式为

$$节目收视率 = \frac{收看甲电视台该节目的人数}{该市有电视机的家庭总人口数} \times 100\%$$

媒体收视率对电台来说叫收听率,其定义和收视率相似。

(二)广告视听率

广告视听率亦称广告到达率。四种媒体的广告到达率其含义是相似的,下面我们以电视广告到达率为例来说明。所谓某广告的到达率计算公式是

$$到达率 = \frac{看过该广告的人数}{该市有电视机的家庭总人口数} \times 100\%$$

电视广告通常会多次继续播放,因而有所谓累积的效果,为此需将到达率进一步细分为

$$单一到达率 = \frac{播放一次广告看到此广告的人数}{该市有电视机的家庭总人口数} \times 100\%$$

$$累计到达率 = \frac{至少看过一次广告播放的人数}{该市有电视机的家庭总人口数} \times 100\%$$

$$总到达率 = \frac{总到达人数}{该市有电视机的家庭总人口数} \times 100\%$$

总到达率有时亦称毛评点。下面举一个例子来说累计到达率和总到达率的计算。假

定某地有 50 个有电视机的家庭,每个家庭有 2 人,某电视广告共播放 3 次,这 100 个人看到该广告的人数分布如下。

	人数
仅第一次播放时看见广告	9
仅第二次播放时看见广告	6
仅第三次播放时看见广告	9
仅第一、第二次播放时看见广告	3
仅第一、第三次播放时看见广告	4
仅第二、第三次播放时看见广告	4
三次播放均看见广告	4

至少看过一次广告播放的人数等于上述所有数字之和 39。也就是说,在计算至少看过一次广告播放的人数时,一个人无论他看过多少次广告,仅算 1。而在计算总到达人数时,一个人看过 1 次广告算 1 人次,若看过 2 次广告,则算 2 人次,若看过 3 次广告,则算 3 人次。因此,总到达人数等于所有人次的总和,即

总到达人数:$9+6+9+3\times2+4\times2+4\times2+4\times3=58$(人)

由于总人口数等于 100 人,故累计到达率$=39\%$,总到达率$=58\%$

此外可定义平均收视次数如下

$$平均收视次数=\frac{总到达人数}{至少看过一次广告播放的人数}=\frac{总到达率}{累计到达率}$$

平均收视次数$=58/39\approx1.5$ 次

从平均收视次数的公式我们有

总到达率$=$累计到达率$\times$平均收视次数

总到达率可用图 11-3 来表示,其中横坐标表示平均收视次数,纵坐标表示累计到达率,矩形面积即为总到达率。

在总到达率一定的条件下,图 11-3 所示的累计到达率和平均收视次数较为理想,即广告传播有一定的广度又有一定的深度,但图 11-4 所示的两种情形就不理想。

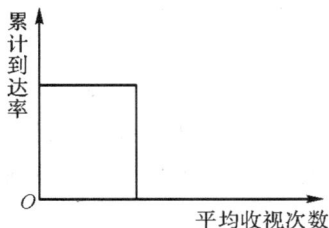

图 11-3 累计到达率和收视次数关系(1)   图 11-4 累计到达率和收视次数关系(2)

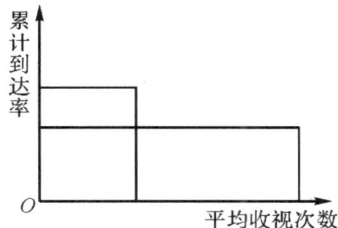

一般而言,若采用报纸作为广告媒体,广告刊登多次,累计到达率不会增加太多,而平均收看次数则会增加,几乎等于刊登次数。而利用电视媒体做多次广告,累计到达率增加,但平均收看次数增加不会太大。此外对于电视广告来说,如果把广告集中于少数节目中,将会传送更多的平均收视次数,而得到较少的累计到达率。与此相反,如果广告预定播映于一大串节目中,则倾向于增加累计到达率,但平均收视次数则较少。

此外根据总到达率,我们还可以求出播放一次广告的平均到达率如下

$$平均达到率 = \frac{总到达人数}{广告播放次数} \times 100\%$$

前面累计到达率是至少看过一次广告播放的人数所占的比例。然而一般来说,广告看一次的效果是较差的,要重复收看几次才更有效。对于广告收看次数,国外有许多研究但无定论。我们认为,一则广告一般至少要看两三次,看三次以上虽然可以增加效果,但增加的比率会不断下降,而且如果广告一直重复出现,消费者看多了可能会反感。一个电视广告,究竟要看多少次才能产生理想的产果,依赖于广告内容的复杂性、内容长短及竞争品牌的广告。所以除了累计到达率外,通常还需要知道收视 n 次以上的到达率,计算公式如下

$$收视 n 次以上的达到率 = \frac{至少看过 n 次广告播放的人数}{\begin{array}{c}该市有电视机看过 n 次广告播放\\的人数越多的家庭的总人口数\end{array}} \times 100\%$$

显然,至少看过 n 次广告播放的人数越多,到达率越低。

(三)媒体视听众的阶层

广告所选择的媒体必须最有效地接近广告诉求对象,而诉求对象是按性别、年龄、收入、教育程度或者地区来细分的。例如洗衣粉广告需向主妇们投放,化妆品广告需向 $18\sim30$ 岁的女性投放,等等。然而,各媒体的读者(听众、观众)却不一定是自己的广告投放对象,例如某产品广告的投放对象是青少年,然而选择的电视广告播放时间,其观众却大部分是老年人,这样就造成了广告的浪费。为此必须调查媒体视听众的阶层,以便在具有诉求对象最多的媒体上做广告。

(四)成本

制定广告媒体计划时,必须考虑广告成本。同种媒体例如两种报纸,由于每种报纸的发行份数不同,因而读者数不同,一般要算出每份报纸的每千人成本。所谓每千人成本(cost per mille,CPM)是指广告到达每千人手上所花的费用,即

$$每千人成本 = \frac{刊登广告的总费用(名次费用之和)}{总到达人数} \times 100\%$$

对于同种媒体,可以把它作为选择媒体的成本标准。但是对于不同种媒体,例如报纸和电视,就不能用每千人成本作为标准,此时应根据广告的目标来选择相应的媒体。

另一常用指标是到达率每点成本(cost-per-rating point)或称每毛评点成本。公式如下

$$到达率每点成本 = \frac{媒体费用}{总到达率} \times 100\%$$

这个指标的主要功能是根据广告预算估计能得到多少总到达率。例如广告预算是 25000 元,而公司想买的广告排期表的到达率每点成本是 250 元,那么公司的预算能买 100% 的总到达率。

二、互联网媒体的监测指标

(一)流量指标

流量指标是描述广告展现情况和到达情况的一类指标。根据这些指标,广告主可以判断前端广告导流的流量价值。目前来看,流量指标仍然是一些品牌类广告主常用的衡量广告效果的一类指标。

1.点击前流量指标

(1)曝光

中国广告协会在 2015 年颁布的《中国移动互联网广告标准》中指出,曝光是指在某一网站的指定时间周期内,广告被展现的总次数。曝光是早期的互联网广告监测中最常使用的效果监测指标之一。这种计算方式的问题在于无法衡量用户是否真正看到了广告,包括页面滚动速度、广告位置等方面的干扰因素都会影响广告的可见性。

(2)独立曝光

独立曝光是排除对同一个用户多次曝光之后的曝光数量,目前主要是通过排除重复的 cookie 实现的。从本质上来讲,从曝光到独立曝光的发展,是广告效果监测从以流量为中心转向以人为中心的表现之一。随着用户身份识别技术的发展和竞争环境的变化,独立曝光已经成为一些品牌广告主与媒体进行结算所使用的指标。另外,计算广告的曝光与独立曝光的比值是简单识别广告作弊的方式之一,比值过大说明有部分用户大量重复访问,则认为该网站可能存在异常流量,有机器刷量的嫌疑。

(3)可见曝光

可见曝光是从广告可见性的角度出发的指标。IAB(美国互动广告局)规定,PC 端图片广告 50%像素被展示且时间超过 1 秒、PC 端视频广告 50%像素被展示且时间超过 2 秒可算做可见曝光。另外,对于较大尺寸的广告形式,30%像素被展示且时间超过 1 秒可算做可见曝光。

(4)点击量

点击量是用以衡量广告曝光后用户行为的指标。点击是链接前端广告与后端落地页的关键行为,反映出受众对广告产生了兴趣。影响点击量的因素包括两个方面,第一是广告投放的精准程度,第二是广告创意的优劣。但在实际投放中,经常出现点击量高但转化效果不佳的广告,这是因为夸张或者是猎奇的广告很容易引起用户的兴趣并引发点击,但是为企业带来的价值有限,因此点击量同样不能直观地衡量广告效果。

(5)点击率

点击率是曝光量和点击量的比值。点击率可以对不同广告的效果进行横向比较,是反映互联网广告效果最直接、最有说服力的量化指标。影响点击率的因素包括:曝光数量,只有在曝光达到一定数量之后,点击率才相对比较稳定,从而客观反映广告效果;广告投放的精准程度,触达目标消费人群的比例越高,点击率就越高;广告创意的吸引力,视觉冲击越强烈、内容越吸引人的广告点击率越高。当然,广告形式、位置、尺寸等客观因素也都影响广告的点击率,这些因素被一些研究者作为广告效果评估指标体系的修正指标。

2. 点击后流量指标

(1)页面浏览量

页面浏览量是网站流量统计的常用指标。用户端发出一次打开页面的请求即可算做是一次页面浏览。页面浏览量是对广告落地页进行监测时常用的流量指标之一。它在一定程度上能够反映广告受众的兴趣和欲望被激发的程度,能够反映一定的广告效果。但需要注意的是,即使是页面没有加载完成,一旦请求发出,便可以被算做是一次页面浏览。因此,受到用户操作、网速等诸多因素的影响,页面浏览量数据的准确度不高,仅仅通过这个指标难以衡量广告的真实效果。

(2)访问量

访问量是网站流量分析中常用的指标,是用来描述用户在一定时间内,或者是完成某一目标的过程中的一系列行为的指标。主流的观点认为,访问量是指用户访问网站的次数,问题的关键在于如何界定一次访问。目前有两种方式:一种是通过时间判定,即一个用户在一段时间内在该网站的连续性活动;另一种是通过网站导航判定,即一个用户在该网站通过点击超链接进行的一系列浏览活动。

(3)独立访客

独立访客是用来衡量网站访问人数的指标。《中国移动互联网广告标准》中规定,在指定时间周期内访问网站的一台设备即被记为一个访客,在指定时间周期内相同的设备只会被计算一次。和其他的流量指标相比,独立访客是以一个用户为核心的度量,能够帮助广告主更为精确地识别广告活动所影响到的人群,同时也能用来进行识别简单的流量作弊——当点击量远远高于独立访客数量时,就可能存在点击刷量的情况。

(二)互动指标

流量指标描述了广告及落地页的用户到达情况,而互动指标描述的是用户的参与深度。与流量指标相比,互动指标的标准化程度比较低。除了一部分通用的标准化指标外,广告主还会根据自身的推广目标,或者是落地页及广告的具体内容形式,去设定个性化的互动指标。

1. 标准化互动指标

(1)跳失率

跳失率是指当用户点击广告进入广告主推广页面后,没有产生继续点击行为,而选择直接离开的比率。在互联网营销中,跳失率可以用来衡量外部流量的质量和网站内容对受众的吸引力。外部流量质量越高,前端广告越精准,就能吸引到越多的目标用户,那么用户进入网站后的跳失率就越低。同时,网站内容越是能引起用户更多阅读、深入了解,跳失率就越低。但是在目前的广告监测领域,跳失率主要用来衡量广告的引流效果,在电商行业尤为常用。

（2）二跳率

当被点击的一级网站页面展开后,用户在页面上产生的再次点击被称为"二跳",二跳的次数即为"二跳量"。"二跳量"与浏览量的比值称为页面的"二跳率"。二跳率和跳失率一样,也是衡量流量质量的指标,也反映出了落地页内容对于用户的吸引程度。二跳率越高,则表明用户对站内信息感兴趣的程度也越高,广告的效果就越好。类似地还衍生出了三跳率、四跳率的概念。与点击率相比,二跳率及其衍生指标属于广告点击后用户行为的评估指标。

（3）访问深度

访问深度是一个平均数,是指一个访客在一次单独访问期间曝光的某特定网页的次数,计算方式是页面浏览量/访问量。访问深度越高,意味着访问者在一次访问中浏览的页面越多,获得的信息也就越多,那么这些访问对广告主的价值就越大。实际影响访问深度的因素包括访问者对于广告落地页的兴趣和广告落地页内信息获取的难度。

（4）访问时间

访问时间也是一个平均数,是衡量访问长度的指标,具体而言是平均每次访问所停留的时间,计算方式是总访问时间/访问量。理论上访问时间越长,说明广告的互动效果越好。但是,访问时间的监测存在两个问题:第一,用户在页面停留了较长时间而没有活动,该访问时间是否有效很难界定;第二,现有的网站分析工具是依靠时间戳对每个访问用户时间进行计算的,当用户关闭页面离开网站时,无法获得时间戳,所计算的访问时间也不精确。

2. 个性化互动指标

在前人的研究中,对于互动指标的介绍主要集中于上述的标准化互动指标。但在实际应用中,广告主还会根据广告活动的形式和目标设置个性化的互动指标,例如电商类广告中的加购物车、收藏、分享,社会化营销中的评论、转发、点赞、关注、回复,B2B(企业与企业)营销中的咨询、下载产品手册等。

在广告实践中,个性化互动指标的设置应该遵循三个原则:第一,可监测,即可以通过广告监测技术,记录广告主需要的关键数据,以衡量广告的真实效果;第二,相关性,即指标的设置应该紧紧围绕广告活动的目标,能够直接反映广告效果;第三,符合媒体特性,即根据广告所投放的媒体及落地页的功能设置多样化的互动指标,以准确反映用户的行为信息。

（三）转化指标

随着大数据技术和电子商务的发展,从广告到产品的销售的营销闭环出现,对于转化指标的监测愈发受到各类广告主的重视。转化指标的定义在不同的行业间差距比较大,笔者根据广告主的类型将其大致分为销售类转化指标和应用类转化指标。

1. 销售类转化指标

销售产品和服务的企业往往使用销售类转化指标考核转化效果,汽车行业的销售线索、快消行业的销量等就是典型的销售类转化指标。尽管这类指标最终指向的是消费者的购买行为，但是在实际操作中，销售转化指标的选取会受到很多因素的影响。一方面，产品和服务的特性影响转化指标的选择。快消品往往可以以销量进行考核，而单价较高的耐用品和针对企业销售的产品和服务则多以销售线索考核短期内的转化效果。另一方面，产品的销售渠道也会影响转化指标的选择。线下销售的产品可以利用到店数考核转化效果，而电商类的广告主则以加购物车、收藏商品、下单及完成购买的订单数量作为衡量转化效果的指标。

2.应用类转化指标

应用类转化指标是以应用推广为目的的广告主考核广告转化效果所使用的指标。与销售类转化指标相比，这类指标更为标准化，主要考核的是应用的下载量、激活量、注册量、用户留存、用户 App 内购买等方面的内容。按行为付费是广告主依据转化效果进行结算的一类收费方式。其中的行为就是广告主定义的关键转化指标，是广告主希望用户最终完成的行为。

(四)互联网广告效果监测指标体系

各类流量指标、互动指标和转化指标共同构成了当前的互联网广告效果监测指标体系。其中，流量类指标是最早出现的一类广告效果监测指标，也是最为基础的监测指标，可以反映广告活动覆盖情况和媒体端展现的广告内容对用户的吸引力。

只有在流量达到一定规模的基础上，广告主对于后端的监测才具有代表性。但是，由于流量指标相对简单，作弊成本比较低，导致指标的真实性也比较低，需要广告主结合反作弊工具及互动、转化指标对效果的真实性进行综合评估。

互动指标是用户和企业在线交流互动的过程中所产生的指标，可以反映广告投放的精准程度以及广告质量的优劣，并在一定程度上间接反映了用户的心理状态。互动指标分为标准化互动指标和个性化互动指标，其中标准化互动指标包括跳失率、二跳率、访问深度和访问时间，个性化的互动指标则依据广告主目标而定，包括电商类广告中的加购物车、收藏、分享，社会化营销中的评论、转发、点赞、关注、回复，B2B 营销中的咨询、下载产品手册等，同样对于企业进行广告效果评估有重要价值。需要注意的是，企业在对个性化互动指标进行监测时，需要根据营销目标在活动落地页上设置必要的监测点，例如具体监测用户对某一按钮有点击行为，那该按钮就是一个监测点。如果没有设置监测点，就无法实现对互动指标的监测。

转化指标是对企业而言最有价值的一类指标，它能够直接反映广告活动为企业带来的收益，因此越来越受到广告主的重视。由于不同行业对转化效果的定义差别很大，转化指标分为销售类转化指标和应用类转化指标。其中销售类转化指标是以销售产品为最终目的的广告主需要衡量的指标，根据行业和产品特征而有所不同，通常使用的是销售量这一指标。但是一些产品本身很难通过一次广告活动促成购买，如汽车，则以销售线索作为转化指标。应用类转化指标是不进行产品或服务的销售，而是以应用推广为最终目的的广告主需要衡量的指标，包括下载量、激活量、注册量及用户留存等。当然，由于行业、产品特性等方面的原因，还有很多类型的转化指标，在此并没有一一列举。

三、传统媒体的监视研究

(一)什么是媒体监视研究

所谓媒体监视的程序是对各种广告媒体刊登广告的情形进行系统的调查、记录,然后将收集到的资料输入电脑,并按照产品类别进行分类统计,以帮助企业了解同类产品不同品牌的广告投放情况及广告到达消费者手中的情况。在这个基础上,企业就能有效地制定广告竞争策略、媒体选择计划、广告投放计划及评价广告活动效果。

此外,媒体监视还可以检查广告播放计划是否如实地被执行,例如播放次数和时间长度、播放的时间位置是否和原计划一致。

(二)媒体监视研究报告的内容

1. 本月各监视媒体广告投放情况摘要

例如,牙膏类产品的主要牌子在各媒体的广告投放次数如表 11-5 所示。

表 11-5　不同品牌牙膏类产品在各媒体的广告投放次数

品牌	媒体				
	电视	报纸/杂志	商店	户外	交通工具
黑妹	73	3	1	2	4
永南	97	1			
两面针	47				
田七	47				2
上海防酸牙膏	29				
洁银	32		2		
草珊瑚	10				
芳草	9				
小白兔	6				
高露洁			2	1	
槟榔	28				
中华	7				
早晚	32				
美佳净	30				

2. 电视广告监视记录资料

(1)本月某类产品主要牌子的电视广告投放情况:播放次数、播放时间长度、播放费用。

(2)本月某类产品主要牌子的电视广告分别在珠江台、岭南台、广州台、中央台的播放次数、播放时间长度、播放费用。

（3）本月某类产品主要牌子的电视广告分别在 4 个电视台的黄金时间和非黄金时间的播放次数、播放时间长度。

（4）每一种牌子的电视广告在各电视台的广告播出时间、到达率、每千人广告播放费用；不同层次市民对该牌子广告的累积到达率、平均收看次数、平均到达率（首先分别对每个电视台统计，然后 4 台合并统计）。根据本项结果所提供的资料，我们可以绘制出图 11-5。图 11-5 的横坐标表示至少收看多少次，纵坐标表示至少收看多少次的人数占该市有电视机的家庭的总人口数的百分比。折线下面的面积近似等于该牌子广告的总到达率。

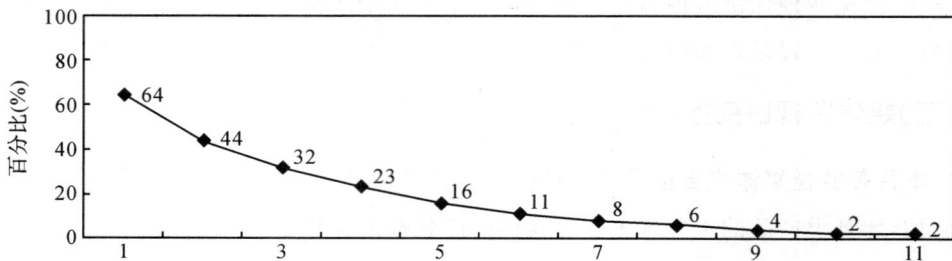

图 11-5 不同收看次数的人数百分比

（5）每月各类产品中各种牌子的电视广告分别按播放次数、播放时间长度、播放费用计算前 15 名龙虎榜。

3. 报纸/杂志广告监视记录资料

本月某类产品主要牌子的报纸/杂志广告投放情况：刊登次数、刊登日期、报刊名称、广告形式、版面、色彩、面积。

4. 商店广告监视记录资料

本月某类产品主要牌子的商店广告情况：商店名称、广告形式、面积、数量、记录日期。

5. 户外广告监视记录资料

本月某类产品主要牌子的户外广告情况：路段名称、广告形式、面积、数量、记录日期。

6. 交通工具广告监视记录资料

本月某类产品主要牌子的交通工具广告情况：交通工具、广告形式、面积、数量、记录日期。

？ 思考题

1. 广告对消费者的作用是如何产生的？
2. 广告文案的测试指标有哪些？可以通过什么方式获得这些指标？
3. 简述次日广告回忆研究的方法。
4. 互联网媒体的监测指标和传统的媒体监测指标有什么区别？

✎ 实践题

每个同学自行选择一个品牌，通过查阅百度、淘宝等大数据的统计平台，分析该品牌的互联网媒体监测的各项指标。

第十二章
市场研究报告的撰写

教学目的

市场研究报告是对市场调研情况的汇总和分析，并为营销决策提供建议。市场研究报告属于论文题材，论据基于调查的数据。本章主要介绍市场研究报告的写作要求、基本结构及撰写思路。

第一节 市场研究报告的写作要求

一、市场研究报告的分类

(一)根据研究报告的内容及其表现形式分类

由于市场调研的内容极为广泛，因此，作为调研结果表现形式的研究报告也具有不同的类型。

1.纯资料性研究报告

纯资料性研究报告以对问题的简单描述为主要目的。它通常以公布调查研究所得的各项资料为主，不加任何解释。这些资料可供社会各界人士广泛使用，使用者可以根据自己的研究选择相应的资料。大型调查研究多是以这种报告方式为主。通常，这种纯资料性研究报告是二手信息的主要来源。

2.分析性研究报告

分析性研究报告以资料的分析和研究为主。它通常以文字、图表等形式将调查研究过程、方法及分析结论表现出来，目的是使人们对该项调研及结论有一个全面的了解。通常所说的调查研究报告主要是指分析性研究报告。

(二)根据客户对内容要求的不同分类

1.数据型报告

数据型报告的特征是，在报告中只提供调查所获得的数据。这是调研报告中最简单的形式。产生这种要求的背景通常是客户方面有自己的分析人员队伍，对调研的目标和需求非常明确，并且调研方案的设计通常是由客户自己完成的，只是把数据采集和数据处理的工作交给调研实施方如调研机构，以降低调研项目成本。

数据报告不必提供完整的分析报告，只提供常规统计数据，或者由客户提出数据处理的具体要求，一般以表格（图形）的方式提供统计结果。这时需要注意对表格进行说明，因为一些客户可能缺乏阅读表格的能力，同时有些表格的指标是统计方面的专业术语。

根据客户的需求和数据型报告的一般原则，报告要提供常规统计数据，如单变量的描述统计、主要变量与采访者背景材料结合的列连表等。对于客户非常重视的变量，以及在数据处理中发现的有特殊意义的线索，可以提供进一步深化的分析结果。在准备数据型报告时，准确地把握客户的需求是非常重要的。

2. 分析型报告

分析型报告是在数据型报告的基础上对数据反映出的情况做进一步分析的报告。这种类型的报告是专门的商业调查机构向客户提供报告的主要形式。调查机构长期从事数据的采集和分析工作，积累了不少实践经验，对各类数字的反映也比较敏锐，可以对数据中所反映出来的经营问题做出一些分析。与数据型报告相比，分析型报告除了要有表现常规性统计结果的表格以外，还要有对表中数据的进一步分析，并将这种分析用文字表述出来。

对调查项目中的首要变量，需要利用更多专门的统计方法进行挖掘，使得对数据的分析更有层次，更为系统和深入。在分析型报告中，除了本次调查所获取的第一手资料外，还可以在需要时候引入二手资料，增强报告的感染力和说服力。

3. 咨询型报告

咨询型报告是在分析报告基础上的进一步扩展和延伸，其内容除了对调查结果进行分析外，还包括了对市场的分析，并在此基础上提出进行决策、采取行动的咨询方案。为了做好咨询型报告，研究人员除了需要本调查项目的数据之外，还要进行广泛的二手资料的检索，组织专家座谈论证，并进行必要的专项调查予以补充。这种报告的工作需要由具有不同专长的分析人员协作，共同完成。它所涉及的范围已经超出了传统的提供的报告以调查结果为主要内容的调查机构的服务范围。

（三）根据企业开展经营活动的需要分类

1. 市场商品需求的调查研究报告

主要包括消费者数量及其结构，家庭收入、个人收入及家庭人均收入，支付购买力的大小及购买力的增减变化、潜在需求量及其投向，等等。其中包括城乡居民存款额的增减及尚待实现的购买力的大小，消费者在消费支付中吃、穿、用等大类商品所占比重的变化情况，需求层次的变化情况，不同消费者对商品的质量、品种、花色、款式、规格等不同要求，消费者的心理变化，等等。

2. 市场与消费潜力的调查研究报告

主要指企业的地区销售额以及销售额的变动趋势给企业带来的影响。

3.商品销售渠道的调查研究报告

主要包括商品的流转环节、流通路线、运输、储存等一系列属于市场营运的问题。

4.市场商品供给的调查研究报告

主要包括商品生产的状况、商品资源总量及其构成、产品的更新换代速度、不同商品所处市场生命周期的阶段等。

5.商品价格调查研究报告

主要包括商品成本、市场价格变动情况、消费者对价格变动的反映等。

6.市场竞争情况的调查研究报告

主要包括竞争的对手、手段,各种竞争产品质量、性能等情况。

7.经营效益的调查研究报告

主要包括各种推销手段的效果、广告效果及变化原因等。

二、市场营销调研报告的写作标准

一份优质的营销调研报告能对整个营销研究起到画龙点睛的作用。要写出优质的营销调研报告,必须依赖于一定的写作标准,这里有特定的标准能使报告增加与读者沟通的可能性。调研报告必须完整、准确、明确和简洁,这些标准是紧密联系的。

(一)完整性

一份完整的报告应当为读者提供他们能懂得的所有信息。这意味着作者必须不断地询问自己是否每一个列举的问题都能得到解释。一个不完整的报告意味着有可能阻挠和推迟营销决策行动,随之而来的是再做一个补充的报告。

一方面,报告可能由于过简或过繁而不完整,可能忽略了必要的定义和简短的解释;另一方面,可能由于报告长度而非深度变得使人难以接受。调研报告的作者往往不愿舍去任何收集到的资料,然而,这些信息的陈列可能使读者不能获得主要的内容。因此,读者是决定完整性的关键,他们的兴趣和能力决定了什么解释需要加上,什么判断可以省略。一般来说,细节的数量应与使用者的数量相适应。

(二)准确性

起草调研报告之前的所有调研步骤都要确保调研所得信息的可信性和有效性。但是,为了能准确地向委托者提供调研成果,报告起草者要精心准备,对数据的粗心大意、不合逻辑的推理、不合语法和习惯的表述,都会降低报告的准确性。因为管理者通常只是快速浏览一下报告,然后就根据报告的组织方式、书写规范与否对准确性下了判断,而不会去仔细推敲方法设计是否得当。

报告的准确性首先是用词准确。每个概念都有特定的内涵和外延,在选用词语时,要准确地把握住概念,做到词义相符。

市场调研报告和科研论文一样,讲求的是资料的准确性和逻辑的正确性,不要像文学作品那样使用夸张、拟人、借代、比喻等修辞手法,避免带有感情色彩的语言。

市场调研报告在时间用语上要注意使用绝对表示法,尽可能避免相对表示法。例如,在1996年撰写报告时,提到当年发生的事,不要写"今年",而要写成"1996年"。尤其是在引用次级资料时,更不能错误地使用那些资料中的相对时间,如"最近""3年以前"等。

在以中文书写的调研报告中,使用数字应该按照国家的规范用法。如对阿拉伯数字与中文数字各在什么场合下使用,千位以上数字的三位一个分节如何表示;在以中国计数规则的万、亿为计数单位时不足单位的零头如何标写等,国家语言文字工作委员会等7个国务院直属机关在联合发文中都作了具体规定。

对于社会经济统计数据,凡系直接取自正规出版物的数字,可以按原有数位的详尽程度引用;凡系取自初级资料而又经过运算的,其结果的数位详尽程度不必超过调查问卷中的数位详尽程度;凡系不同来源的数据综合测算的结果,其数位的详尽程度以来源数据中最低的为准。

(三)明确性

在市场调研报告的写作中,明确性比其他任何写作原则更容易遭到破坏。明确性依赖于清楚、有逻辑的思考和准确的表达。当基本逻辑混乱、表达不准确时,读者将对报告的理解发生困难,他们可能被迫去猜,以致发生误解。

报告必须清楚,这说起来十分容易,但针对一份报告去做却十分困难。报告中的每个字、句、段都必须认真考虑。用字必须清楚而不能模糊,普通而不生僻;句子应精练而不繁杂,要正确地组织句子,考虑其语态、修饰等;段落必须长度适当,层次清楚,还要有良好的连贯性。

(四)简洁性

报告必须完整、简洁。这意味着作者在保证报告完整的前提下必须有选择地采用信息。研究人员必须避免使读者面对所有的信息资料。如果有些材料对主题无直接关系,就可省略。作者还应避免对人们已熟知的方法大加讨论,即使材料是合适的,也应该舍去。否则,很可能由于写作风格而破坏了简洁性。因此,作者应经常为表达一个想法而反复更换词句,用不同方式阐述想法,以弥补最初表达方式的不足。另一方面,简明性是高效率的,因为它使每一个字都发挥了最大效用。在一个简明的讨论中,任何一个词的省略都将破坏整个文章的功能。简洁就是用最少的字表达出最完整、清楚的信息。

一个确保报告简洁的特别有效的方法就是大声读原稿,这样可以指出需要修改或重写的部分。

第二节　市场研究报告的基本结构

一、纳雷希·K.马尔霍特拉（Naresh K. Malhotra）式调研报告格式

（一）概述

每一篇调研报告会因项目和读者的不同而有不同的写法，但仍然存在基本格式需要遵循。这些格式是在长期调研实践中逐渐形成的，它们就一篇市场调研报告应该包含哪些内容、按什么顺序安排这些内容提出了指导性意见。美国著名的市场调研专家纳雷希·K.马尔霍特拉（Naresh K. Malhotra）教授，在其 1993 年出版的《市场调研》一书中提出的格式，被认为是一个较好的并被普遍接受的格式。

（二）结构

纳雷希 K.马尔霍特拉教授认为市场调研报告应该包括以下部分。

1.扉页和标题页

标题页的内容包括报告的题目，报告的提供对象，报告的撰写者和发布（提供）的日期。对企业内部调研，报告的提供对象是企业某高层负责人或董事会，报告撰写者是内设调研机构。对于社会调研服务，报告的提供对象是调研项目的委托方，报告的撰写者是提供调研服务的调研咨询公司。在后一种情况下，有时还需要写明双方的地址和人员职务。属于保密性质的报告，要逐一列明报告提供对象的名字。特别正规的调研报告，在标题页之前还安排扉页，标题此页只写调研报告标题。

2.提交信

提交信是以调研报告撰写者个人名义向报告提供对象个人写的一封信，表示前者将报告提交给后者的意思。在此信中，撰写者向报告提供对象汇报调研的情况和一般的成果，但不必详细描述调研的具体内容。其所用口气是个人对个人，因而可以不受机构对机构的形式拘束，便于沟通双方的思想。在较为正规的调研报告乃至比其更正规的调研报告中，都应该安排提交信。当调研报告的正规性要求较低时，提交信可以从略。

3.授权信

授权信是由调研项目执行部门的上司给该执行部门的信，或是客户在调研项目正式开始之前写给调研者或组织的。该信表示批准这一项目，授权给某人对项目负责，并指明可用于项目开展的资源情况。在许多情况中，提交信会提及授权问题，这样也可以不将授权信包括在调研报告中。但是当调研报告的提供对象对授权情况不了解，或者需要了解有关授权的详情时，由授权信提供这方面的信息则是必要的。

4.目录

除了只有几页纸的调研报告之外,一般的调研报告都应该编写目录,以便读者查阅特定内容。目录包含报告所分章节及其相应的起始页码。通常只编写两个层次的目录,较短的报告也可以只编写第一层次的目录。需要注意的是,报告中的表格和统计图都要在目录中列明。

5.表格目录

该目录详细列明报告中所用的各种表格及其页码。

6.图目录

该目录详细列明报告中所用的各种图及其页码。

7.附录目录

该目录详细列明报告中所用的各种附录及其页码。

8.证据目录

该目录详细列明报告中所包括的各种证据及其页码。

9.报告概要

这是调研报告中主要为经理等主管人员写的部分。它在整个报告中占有特别重要的地位。由于工作和时间关系,许多经理等主管人员往往没有时间阅读整个报告,只是阅读摘要部分。为此,这一部分要十分清楚和简要地阐述报告中的核心和要点。

摘要通常包含四方面内容。首先,要申明报告的目的,包括重要的背景情况和项目的具体目的。接着,要给出最主要的结果,有关每项具体目的的关键结果都须写明。再往下是结论。这指的是建立在发现结果基础上的观点和对于结果含义的解释。最后是建议,或者提议采取的行动,这是以结论为基础而提出的。在许多情况下,管理人士不希望在报告中提出建议。因此,是否在提要中包括建议需要依报告的特定情况而定。而且它的长度以不超过2页为好,因此作者要仔细斟酌哪些东西是足够重要的,需要在摘要中写明。另外值得注意的是,摘要不是报告正文各章节的等比例浓缩。它要写成一篇短文,既要概括调研成果的主要内容,也要简明,重点突出。从阅读次序看,报告概要被安排在整个调研报告的前列,但是,其起草应该在报告其他部分完成后再进行,是调研报告的核心。

10.问题界定

这一部分需要介绍市场调研所要解决的问题及其背景材料等。

11.解决问题的方法

这一部分主要叙述为解决所面临的市场调研问题所采用的一般方法。

12.调研设计

这一部分主要叙述调研设计的内容,包括调研设计的类型、所需信息、二手资料的收集、一手资料的收集、测量技术、调查问卷设计、抽样技术、现场工作等。

13.资料分析

这一部分主要叙述资料分析计划、分析策略和所用分析技术。

14. 结果

调研结果是调研报告中最长的部分。它往往分成几个部分,根据调研问题的性质、目标和所获得的结果,进行合乎逻辑的叙述。

15. 局限和警告

由于时间、预算、组织限制等因素的制约,所有的市场调研项目总会存在其局限性。这一部分要小心地阐明项目局限性所在,避免客户过分依赖调研结果,但同时也要避免客户产生对调研结果可信度的怀疑。

16. 结论和建议

这一部分是市场调研人员根据所获得的信息资料,进行理性分析后提出的意见。这部分内容要求具有可行性、可操作性和有效性。

17. 附件

这一部分中列出各种必要的附件,如调查问卷、统计数据等信息资料。这是一种在内容划分上较为细致的报告格式。在具体实践中,应当以此为参考并根据各自的实际情况总结出具有自己特点的报告格式。

二、可参考的调研报告基本格式

一份完整的调研报告可分为三大部分:前文、正文和结尾。

(一)前文

1. 标题页

标题页也可能是报告的封面,它需要创造一种专业形象引起读者的兴趣,鼓励人们拿起来并阅读。标题必须清楚扼要地说明是这关于什么的报告。标题页包括的内容有报告的题目、报告的提供对象、报告的撰写者和发布(提供)的日期。

2. 目录

目录是关于调研报告中各项内容的完整一览表。除了只有几页纸的调研报告之外,一般的调研报告都应该编写目录,以便读者查阅特定内容。目录包含报告所分章节及其相应的起始页码。通常只编写三个层次的目录,较短的报告可以编写两个层次的目录。需要注意的是,报告中的表格和统计图都要在目录中列明。目录的篇幅以不超过 1 页为宜。

3. 图表目录

如果报告中含有图或表,那么需要在目录中包含一个图表目录,目的是帮助读者很快找到对一些信息的形象解释。因为图和表是用独立的数字编号的,因此,在图表目录中,也许既有图 1 也有表 1。要列出每一图表的名称,并按其在报告中出现的次序排列。

4. 摘要

摘要须写明为何要开展此项调研,主要考虑到该调研问题的哪些方面,有何结果,建议要怎么做。摘要是调研报告的重要部分,必须写好。许多高层管理人士通常只阅读报告的摘要,可见摘要很可能是调研者影响决策者的唯一机会。

摘要的撰写应该是在报告正文完成之后。摘要是摘取报告的核心,它的长度以不超过两页为好,因此,作者要仔细斟酌哪些东西是重要的,需要在摘要中写明。摘要不是报告正文各章节的等比例浓缩,它要写得自成一篇短文,既要概括调研成果的主要内容,也要简明,重点突出。

摘要通常包含四方面内容。首先,要申明报告的目的,包括重要的背景情况和项目的具体目的。其次,要给出最主要的结果,有关每项具体目的的关键结果都须写明。再次,要写明结论。这指的是建立在发现结果基础上的观点和对于结果含义的解释。最后,要提供建议或者提议采取的行动。这是以结论为基础而提出的。

在许多情况下,管理人士不希望在报告中提出建议。因此,是否在提要中包括建议需要依报告的特定情况而定。

(二)正文和结尾

1. 引言

引言又称导语,是市场调查报告正文的前置部分,要写得简明扼要、精炼概括。

引言中包括相关的背景材料,一般应交代为何开展此项调研,旨在发现什么问题,为什么值得做这个项目,等等,以便使读者对全文内容、意义等获得初步了解。

在介绍本项目旨在发现什么问题时,对于问题的表述可以采用在调研建议书中的提法。这里提到的每个问题在以后正文的某一部分应该提供相应的结果。

2. 调研方法

如何阐明所用的调研方法是一件不太轻松的事,因为对技术问题的解释必须能为读者所理解。在这里对所使用的一些材料不必详列,详细的材料可以放到附录中。

调研方法部分要阐明以下五个方面。

(1)调研设计

说明所开展的项目是属于探索性调研、描述性调研,还是因果性调研,以及为什么适合用于这一特定类型调研。

(2)资料采集方法

所采集的是初级资料抑或是次级资料,结果的取得是通过调查、观察,还是实验。所用调查问卷或观察记录表应编入附录。

(3)抽样方法

目标总体是什么,抽样框如何确定,是什么样的样本单位,它们如何被选取出来,对以上问题的回答根据及相应的运算须在附录中列明。

(4)实地工作

用了多少名、什么样的实地工作人员,对他们如何培训、如何监督管理,实地工作如何检查。这一部分对于最终结果的准确程度十分重要。

（5）分析

说明所使用的定量分析方法和理论分析方法，但注意不要与后面的发现结果内容相重。

3. 结果和局限性

结果在正文中占较大篇幅，是对调查的数据资料及背景资料客观的介绍说明。它要真实地反映客观事实，但不等于对事实的简单罗列，而应该是有所提炼。

这部分报告应按某种逻辑顺序提出紧扣调研目的的一系列项目发现，如对出现问题的基本成因、事物在社会经济活动中所处的地位、起到的作用、对事物的发展趋势和发展规律进行分析。

完美无缺的调研是难以做到的，讨论调研报告的局限性是为正确地评价调研成果提供现实的基础。可能的缺陷包括数据的可行性不足、抽样误差、分析方法局限等。这部分的撰写要谨慎，以防影响授权方对调研的信任感。

4. 结论和建议

调研报告正文的最后部分是有关结论和建议。结论是基于调研结果的意见，而建议是提议应采取的行动。

正文中对结论和建议的阐述应该比提要更为详细，而且要辅以必要的论证；经过层层剖析后，综合说明调查报告的主要观点，深化报告的主题；在对真实资料进行深入细致的科学分析的基础上，得出报告结论；通过分析，形成对事物的看法；在此基础上，提出建议和可行方案。

（三）附录

任何一份太具技术性或太详细的材料都不应出现在正文部分，而应编入附录。这些材料可能只为某些读者感兴趣，或者它们与调研没有直接的关系，而只有间接的关系。

附录通常包括的内容有：调查提纲、调查问卷和观察记录表，被访问人（机构单位）名单，今后可能需要保持联系的机构的名单，调查中获得且已归档的文件及内容提要，较为复杂的抽样调查技术的说明，一些次关键数据的计算（最关键数据的计算，如果所占篇幅不大，应该编入正文），较为复杂的统计表和参考文献，等等。

（四）表格和图的格式要求

在调研报告正文中使用统计表和统计图可以对讨论的数据进行高度简明的概括和形象的描述，以展示变量所具有的规模、速度、趋势，变量的分布态势，变量间的对比关系和共变关系。恰当地运用统计图、表，与文字相配合就能最大限度地发挥调查所得资料的论据和论证作用。附录中所编写的统计表中的内容，是对正文所列举数据、所做的推理和论证的有力补充。在撰写调研报告时，必须按规定的格式要求处理好统计表、图的绘制和编排。由于许多统计学教科书对统计表、图都有详尽的论述，本书对此不再赘述，只想结合调研报告的撰写再强调几点。

统计表必须具备表号、表头（总标题）、横标目（横行标题）、纵标目（纵栏标题）、指标数值、(必要的)注释、资料来源等。表号的作用是为了在文中便于提及和查阅。一份篇幅较短的调研报告,所有的统计表可以按单一顺序一排到底。倘若篇幅较长,表号则分章排序,如第 1 章的统计表排为表 1-1、表 1-2……第 2 章的统计表排为表 2-1、表 2-2……直至最后一章。附录中的统计表可以排为 A-1、A-2……在目录中,统计表的清单排在章节清单后。

总标题要写得醒目,扼要提出本表要提供的信息内容。横、纵标目要简明,尽可能使用正规的指标名称、分组标志和时间分量。

如果横、纵标目中使用了与国家统计标准指标同名称而不同含义的指标名称、分类标准,或者使用了尚未被本行业多数同仁所接受的名词,则应在注释部分加以注明。

凡表中所用数据来源于本项目调查、观察或实验所获之外的次级资料均应在资料来源处注明其来源。

一些统计表,尤其是在附录中编制的、表现较为复杂的变量关系或计算过程的统计表,还应设计栏号。横标目所在栏及与之有附带关系的栏的栏号标以"(甲)""(乙)"标准等。填写数值的栏的栏号自左而右顺次标以"(1)""(2)""(3)"等。如果某几栏存在着钩稽关系,栏号中还可以出现表示钩稽关系的算式,如"(5)=(1)+(2)+(3)-(4)""(8)=(6)/(7)"等。

统计图也要有图号和图名,它们的要求与表号和表题相同。统计图在目录中的位置在统计表之后。统计图中所绘几何图形(线段、矩形、扇形等)要与所表现的数值成比例。数轴要注明所表示的变量及所用计量单位。在图中对图形加以必要的标注,说明其代表的意义,以便读者不参阅任何文字材料就能读懂统计图要说明的问题。最后,资料来源对于统计图也是必不可少的。

(五)灵活掌握报告格式详略程度

以上提出了一份极为正规的调研报告所应包含的所有组成部分。这种极为正规的格式可用于企业内部大型调研项目或调研公司向客户提供的服务项目的调研报告。有时,调研报告的某些组成部分可以略去不写。视项目的重要程度和委托方的实际需要,可以从最正规的格式到只有一份报告摘要的这一逐渐简化系列中选择一个适当的设计。

第三节　研究报告思路

除掉常规的调研报告写作模式,每一个调研人员还需在此基础上,能够按照客户要求,按照报告类型,重新整理思路,写出有自己风格的研究报告。

一、金字塔原理——结构化思考和表达的方式

1973 年,麦肯锡国际管理咨询公司的咨询顾问芭芭拉·明托提出,为了更好地阐述写作过程的组织原则,应该按照读者的阅读习惯来改善写作效果。经过 40 多年后人的优

化、整理和应用，一套结构化思考和表达的方式形成了。

读者可以想象一棵向下生长的树，纵向结构上每一组的观点都必须是其下一个层次观点的概括。横向结构上，每组中的各个观点互不重叠且有一定的逻辑顺序。

图 12-1 看上去很像一座金字塔，所以该图体现的原理也叫做金字塔原理。

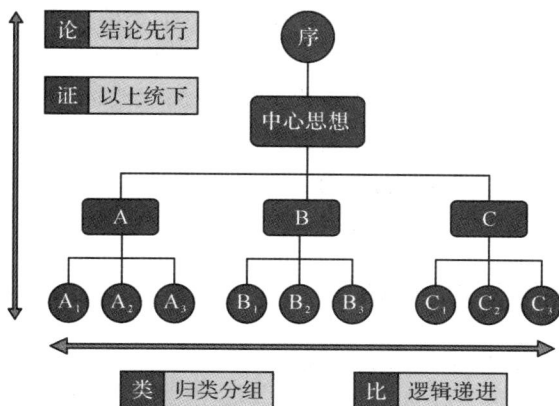

图 12-1 金字塔原理

金字塔原理就是说任何一件事情都可以归纳出一个中心论点，而这个中心论点可以由 3～7 个论据进行支撑；每一个论据本身又可以成为一个论点，同样，也可以被 3～7 个论据支撑……如此重复，就形成了金字塔一样的结构。通过这样的方式做总结，就可以迅速抓住主旨，帮助读者沿着作者的思路去理解内容，表达和沟通都会清晰高效很多，如图 12-2 所示。

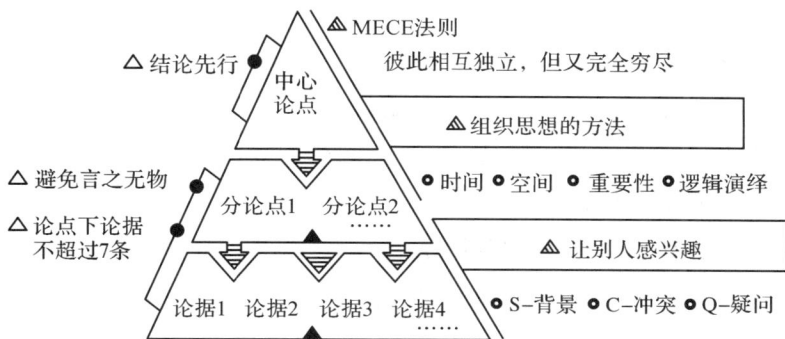

图 12-2 金字塔原理的细化

金字塔原理是咨询分析方法的一个重要的基础工具。不过，它也有不足之处，那就是金字塔原理的层层构架其实是建立在一个因果关系的基础之上的，但世界上其实有很多问题不是简单的因果关系，而是更复杂相互影响的一个系统的关系，需要系统思考。

（一）MECE 法则

MECE 法则是芭芭拉·明托在《金字塔原理》中提出的一个思考工具，是"结构化思维"的基本功。MECE 是 mutually exclusive collectively exhaustive 的缩写，意思是"相互独立，完全穷尽"，也常被理解为"不重叠，不遗漏"。

当把整体层层结构化分解为要素时，要谨记分解目的，找到最佳分解角度。对于同一个项目，如果目标是分析进度，那就按照过程阶段来分解；如果目标是分析成本，那就按照工作项来分解；如果目标是分析客户消费特征，那就按照性别、年龄、学历、职业、收入等来分解。

同时用 MECE 法则做层层分解时，要确保每一层都不能与其他层次混淆。比如思考如下问题——如何卖出更多的衣服？给出的这 4 个选项就不是同一层次的：①开拓电商渠道；②开展网络营销；③减少服装的成本以降低价格；④改进服装生产流程，提高生产效率。这些想法中的第 4 项"改进服装生产流程，提高生产效率"，是第 3 项"减少服装的成本以降低价格"的具体方法之一，把它和前三项列在一起，会造成逻辑层次的不清晰，会给思维带来混乱。

(二)金字塔原理的四个核心原则

1.论——结论先行，先说结果后说过程

表达观点时应该优先说出结论，原因在于大脑的运作方式。如果大脑提前了解了一个结论，那么它就会自动地把接下来获得的相关信息归纳到这个结论下面来寻找联系。

2.证——以下证上，下面的数据证明上面的观点

每个主论点都是下面的论点和数据的概括。每个论点也都被下面的事实所支持。每个论点下面的论据不要超过 7 条，这是因为大脑没办法同时记住 7 件以上的事情。任何一个论点的论据如果超过了 4 条或 5 条，就要把它们归入不同的类别里面，这样才能帮助我们记忆。

3.类——归类分组，各类别相互独立

内容进行归类分组后，表达会变得更加清晰。

这些类别最好是彼此不交叉的，比如说工作、学习、家庭是并列的，但是如果分为工作、学习、社交，就可能会有交叉。

4.比——逻辑递进，有一定的逻辑顺序

有顺序，能让人更容易理解和记忆。常见的逻辑顺序包括时间、重要程度、结构顺序三种。平日表达时，就可以按照这些顺序来说，比如 SMART(specific,measurable,attain-able、relevant,time-bound)原则。

综上，结构思考力是一种强调体系化的思维。核心原则可以用 4 个字概括，即论(结论先行)、证(以下证上)、类(归类分组)、比(逻辑递进)。

(三)用金字塔原理来组织思想的方法

1.结构化思考

结构化思考源于"金字塔原理"，万物皆结构，所有的表达从结构开始。金字塔结构实际上是分类、关联的过程。

简单来说，就是"任何事物都可以归纳出一个中心论点，这个中心论点可以被 3～7 个

分论点支撑;这些分论点也可以被 3~7 个小论点支撑,如此延伸下去,像个金字塔。

结构化思考有以下优点。

第一是可以解决问题,问题能被分解,然后逐项击破。

第二是表达和说服对方,采用"金字塔"式结构去表达,如有只有 30 秒就讲第一层,如果有一天时间就逐项拆解开来说。

第三是管理人,管理者要学会拆成很多部分,分给下属,然后自己再拼装一下,就是成为完整的报告。

2. 四个逻辑顺序

(1)时间顺序

按照发生事情的先后进行问题的分析。

(2)空间顺序

即结构顺序,比如按照地域分是北京、上海、南京等,或者按照部门分是市场部、研发部、技术部等。

(3)重要性顺序

比如按老弱病残孕优先落座就是一个重要性顺序,女士优先也是重要性顺序。

(4)逻辑演绎顺序

"三大段",大前提、小前提和结论。比如,大前提是"所有的人都会死",小前提是"苏格拉底是人",所以结论就是"苏格拉底会死"。

3. 自上而下表达和自下而上思考

组织思想的四个逻辑顺序,既可以是"自上而下"的形式,先有上层的结论,再梳理下层的论据,也可以用"自下而上"的形式,先把下层各种想法汇总,再总结出上层结论。

二、研究报告的写作

(一)三种境界

报告的写作可以分为三种境界,一是展示足够的资料,二是提供清晰的逻辑,三是做出准确的判断。这三种境界本质上是理解、重构和呈现三个思考层次。

第一个境界如同采珍珠,是理解、收集信息,目标是"隐性思维显性化"。结构化思考可以帮助我们有意识地运用结构,将注意力导向一个尽可能宽广的范围,并能够从结构的视角审视思维是否清晰。

第二个境界是把散落的珍珠串起来,是"重构"和思维加工阶段,目标是"显性思维结构化"。比如"论证类比"原则,以及自上而下、自下而上搭建金字塔结构的方法,都属于重构阶段,目的是运用结构思考力的方式构建自己在思考、表达和解决问题时的结构。

第三个境界是设计出时尚的珍珠项链,是"呈现",思维的输出阶段,目标是"结构思维"。

采珍珠的窍门是知道哪里有珍珠,甄别出珍珠的真伪,串珍珠的窍门是有一条主线,设计珍珠项链就需要有灵感和天分了。

(二)清晰的文章结构

写作的时候要注意文章的结构,每个自然段第一句话一定是中心思想;然后,围绕中心思想组织你的论据,假如有两三个论据,这两三个论据之间一定要有逻辑关系;上一个自然段第一句话和下一自然段第一句话之间也必须有逻辑关系。如此一环扣一环,逻辑就非常清晰了。

文章结构清晰以后,就要考虑内容的充实,因此必须有内在的分析框架。有许多思维工具,比如成本收益分析法、博弈论、SWOT(strengths、weaknesses、opportunities、threats)分析法,时间序列分析法?不同的工具适用于不同的问题。

使用这些思维工具的时候,一定不要直接用专业术语。术语是为了方便同行之间的交流,但在和外行交流的时候,术语就成了障碍。

(三)结构化表达工具

芭芭拉·明托在《金字塔原理》这本书中,除了提出 MECE 法则之外,还提出了一个"结构化表达"工具:SCQA 架构。

SCQA 是以下 4 个英文单词的缩写。

S(situation),即情境,指事情发生的时间和地点。你向读者介绍一个观点或者分析一个问题之前,先介绍大家都共同认可的背景信息。

C(complication),即复杂性,常意译为冲突。一个问题能否吸引别人的兴趣,关键在于冲突设计。

Q(question),即问题,指读者产生了什么疑问。产生了疑问,才能让别人有兴趣读下去。

A(answer),即答案,指读者在书中寻求到了问题的解答。

1."标准式(SCA)":背景—冲突—答案

用讲故事的方法进行阐述,观点引出波澜起伏,冲突设计就会激发读者的兴趣。

"公司的出勤率明显下降,员工的工作效率大大降低,需要想办法提振员工的工作士气。"这是在讲述问题背景——S。

"具体用什么方法呢?方法用对,就能花小钱,解决大问题,事半功倍。"这是设置的一个冲突——C。

"如果找到员工士气低落的原因,就能有的放矢地提出激励方案。"这就是即将给出的答案——A。

2.开门见山式(ASC):答案—背景—冲突

为了向老板阐述新的激励政策,需按照如下思路进行报告写作。

"报告的主题是:关于把公司的销售激励制度,从提成制,改为奖金制的提议。"这就是开门见山,直接抛出答案。

"公司从创始以来,一直使用提成制来激励销售队伍。这是主流三大激励机制(提成、奖金、分红)中的一种,三大机制分别适用于不同的场景。"这就是背景,把激励制度做一个完整的交代。

"但是,提成制在公司业务迅猛发展、覆盖地市越来越多的情况下,造成了很多激励上的不公平,如富裕地区和贫穷地区的不公平,成熟市场和新进入市场的不公平,甚至导致了员工拿到大笔提成但公司却在亏损的状态。"这就是冲突。

报告的第一句就是重点。

3. 突出忧虑式(CSA):冲突—背景—答案

突出忧虑式,关键在于强调冲突,引导读者的忧虑,从而激发其对背景的关注和对答案的兴趣。

"贵公司激励政策存在巨大隐患!"这就是冲突。看到这句话,读者会被导向忧虑。

"本团队已解决多个公司的激励隐患。"这就是背景。看到这句话,读者会心安,并力图寻求你的帮助。

"就是……"这就是答案。

4. 突出信心式(QSCA):问题—背景—冲突—答案

"今天全人类面临的最大的威胁是什么?"这是一个问题。

"在过去的几十年,科技高速发展,人类拥有的先进武器已经可以摧毁地球几十次。"这是一个背景。

"但是,我们拥有了摧毁地球的能力,却没有逃离地球的方法。"这是一个冲突。

"所以,我们今天面临的最大的威胁,是没有移民外星球的科技。我们公司将致力于私人航天技术,在可预见的将来,实现火星移民计划。"这是一个答案。

第四节　研究成果的口头报告

当前,越来越多的客户要求口头提供研究成果。此项议程有许多目的:首先,口头报告将把对研究感兴趣的人召集到一起,让他们共同探讨和认识研究的目的和方法;其次,口头报告也能让人发现一些不曾预料到的事情;最后,在大多数情况下,它可以强调研究结论。事实上,可以肯定地说,对公司中的部分决策者而言,口头报告将是他们接触研究成果的唯一方式——他们很可能从来不会读研究报告。其他的经理们也许只是为了唤起对口头报告内容的记忆,才会快速地浏览一下书面报告。简言之,通过口头的方式进行研究成果的有效沟通是绝对重要的。

一、口头报告的材料准备

口头报告在现今愈来愈重要。口头汇报前应做以下 4 种材料的准备工作:提纲、可视化材料、摘要与最终报告的复印件。进行口头汇报也和书面报告的原则一样,要针对报告提供对象确定其内容和形式。

(一)汇报提纲

应该向每位听众提供一份汇报提纲,该提纲应能简要介绍报告的主要部分及重大的研究成果。它不仅包含统计图表,还应留下足够的空白处供听众作笔记或做简要评论。

(二)可视化材料

国内目前流行的方式是应用 PowerPoint 软件包来作为可视化的提供媒介。该软件包容许研究员运用各种格式制作幻灯片,然后通过手提电脑或任何其他多媒体平台将它投射到屏幕上。口头汇报时应该在很大程度上通过可视化媒介来展示研究成果。在关键部分应尽可能地运用图、表等工具。在用图、表时,应该通过色彩选择提高人们对感兴趣部分的注意力。摘要、结论和建议也应尽可能地可视化。

(三)摘要

应该向每位听众提供一份摘要的复印件。这个方法将使每位参加者预先了解主要内容,而让他们在参与会议时避免埋头记大量的笔记。

(四)最终报告的复印件

这个报告是研究成果的书面证明。由于在口头报告中许多细节都被省略掉了,因此,在口头汇报的尾声阶段,应该让感兴趣的人得到一份最终报告的复印件。

二、口头报告成功的基本要素

口头报告的目标就是说服听众,获得听众的认可。在口头报告具体汇报的准备上,研究人员应该围绕以下几个方面进行。

(一)按照书面调查报告的格式准备好详细的演讲提纲

采用口头报告方式需要有一份经过精心准备的提纲,包括报告的基本框架和内容,内容和风格要与听众的特点相吻合。因此,必须了解听众的状况:他们的专业技术水平,他们想了解的核心的问题,他们的目标。

(二)尽量借助图表来增加效果

一张图表胜似千言万语。在做口头汇报时,要善于采用图表来辅助和支持你的讲话。为了使制作的图表显得十分重要和有权威性,要绝对保证图表都是清晰易懂的。每一张图表上的内容不要太多,可用不同的颜色来使图表更鲜明,也可借助黑板、幻灯片、录像和计算机等可视物加以表现。

(三)进行充分的练习

在汇报时,经常会出现紧张的情况。为减少紧张,可以采取做深呼吸和穿着舒适、贴身的服装等方法加以缓解,但更重要的是先做充分的练习。真正掌握汇报资料是减少紧张的最有效途径。汇报中最紧张的时刻常发生在报告开始时,为减少心理障碍,尤其要注意练习汇报的开头部分。

(四)要使听众"易听、易懂",与听众保持目光接触

由于听比讲更难集中注意力,故要求语言简洁明了,通俗易懂,有趣味性和说服力。汇报时要尽量看着听众,不要低头看讲稿或别处。与听众保持目光接触,有助于判断他们对汇报的喜欢或厌烦状况和对内容的理解程度。对于重点内容,要放慢说话速度,甚至可以重复。

(五)注意口头报告的非语言表达要求

自信的态度可以侧面显示出汇报者的努力程度,并影响听众对报告的接受度,因此不要无谓地道歉、过分地谦虚,从而浪费宝贵的时间。如果有一个十分复杂的问题需要说明,可先做简要概括的介绍并运用声音、眼神和手势等变化来加深听众的印象。

(六)在规定的时间内结束汇报

口头汇报常有一定的时间限制,在有限的时间内讲完报告是最基本的要求。较为多见的情况是:汇报者事先准备的汇报内容篇幅较长,而汇报时间不足。解决这个矛盾的办法就是要少讲一般化内容,果断地将汇报内容中可有可无的内容进行压缩删除,让内容更精练。汇报时,应给听众留出提问时间。口头汇报结束后,还要请用户或有关人士仔细阅读书面报告。

思考题

1.介绍市场研究报告的类型和基本结构。
2.什么是金字塔思路?什么是 MECE 法则?
3.什么是报告撰写的结构化表达工具?
4.口头报告成功的基本要素是什么?

实践题

各小组根据前面的研究方案,完成数据的收集、整理、录入并根据收集的数据撰写一份完整的市场研究报告。报告完成后,制作幻灯片进行口头汇报。

参考文献

戴海崎,张峰,等.心理与教育测量[M].3版.广州:暨南大学出版社,2011.

黄聚河.市场营销学[M].北京:清华大学出版社,2013.

景奉杰,曾伏娥.市场营销调研[M].2版.北京:高等教育出版社,2010.

莱兹伯斯,等.品牌管理[M].李家强,译.北京:机械工业出版社,2004.

马尔霍特拉.市场营销研究[M].5版.涂平,译.北京:电子工业出版社,2009.

明托.金字塔原理[M].王德慧,张珣,译.北京:民主与建设出版社,2002.

辛德强,高德华.市场调研中的信息失真及道德问题探讨[J].云南科技管理,2007(7):46-48.

许以洪,严辉武,等.市场营销调研[M].武汉:武汉理工大学出版社,2006.

许以洪,严辉武,杨卫丰.市场营销调研[M].武汉:武汉理工大学出版社,2006.

许莹,等.市场营销学——创新产品引领需求[M].杭州:浙江大学出版社,2015.

袁岳,周林古.零点调查:民意测验的方法与经验[M].福州:福建人民出版社,2005.